我不是沉默的羔羊

羔羊

——商业伦理案例选

第二辑

钱小军　姜朋

— 主编 —

清華大學出版社

北京

内 容 简 介

本书是《你知道我的迷惘——商业伦理案例选辑》的续篇，收录的案例仍选自此前几年间清华大学精品课（研究生）"伦理与企业责任"的学生结课报告，其中有七篇案例曾在第五届清华大学经济管理学院伟创力商业伦理案例写作比赛中获奖。

这些由MBA学生撰写的案例具有真实性、生动性、本土性和开放性等特点。每篇案例之后仍配发了主编撰写的评语。本书的评语采用了对话的形式，希望可以为读者理解案例中的伦理问题提供一些帮助。

本书有助于商学院MBA学生、本科生，以及职场人士了解商业社会中伦理问题的普遍存在及商业决策过程中伦理维度的重要性与复杂性，进而唤起伦理意识，养成伦理反思习惯。本书也可以为教授商业伦理课程的教师深入了解中国商业情境中的各种伦理挑战提供帮助。书中的案例可以用作组织学生开展课堂讨论时的素材，评语也可供教师在教学时参考。

图书在版编目（CIP）数据

我不是沉默的羔羊:商业伦理案例选.第二辑 / 钱小军,姜朋主编.—北京:清华大学出版社,2022.6

ISBN 978-7-302-60909-4

Ⅰ.①我… Ⅱ.①钱…②姜… Ⅲ.①商业道德–案例 Ⅳ.① F718

中国版本图书馆 CIP 数据核字（2022）第 085940 号

责任编辑: 王　青
封面设计: 汉风唐韵
责任校对: 王荣静
责任印制: 朱雨萌

出版发行: 清华大学出版社
　　　　网　　址:http://www.tup.com.cn, http://www.wqbook.com
　　　　地　　址:北京清华大学学研大厦 A 座　　邮　　编:100084
　　　　社 总 机:010-83470000　　　　　　　邮　　购:010-62786544
　　　　投稿与读者服务:010-62776969, c-service@tup.tsinghua.edu.cn
　　　　质量反馈:010-62772015, zhiliang@tup.tsinghua.edu.cn
印 装 者: 三河市东方印刷有限公司
经　　销: 全国新华书店
开　　本: 170mm×230mm　　　**印　张:** 15.25　　**字　数:** 288 千字
版　　次: 2022 年 7 月第 1 版　　　**印　次:** 2022 年 7 月第 1 次印刷
定　　价: 59.00 元

产品编号:077258–01

‖ 前　言 ‖

《我不是沉默的羔羊——商业伦理案例选第二辑》终于要付印了，距离《你知道我的迷惘——商业伦理案例选辑》出版已经过去了 6 个年头。其实，第二辑中的案例早在 2017 年就已经汇集起来。虽然后来也有个别案例的替换和增补，但对编者而言，耗时最多的主要是继续打磨案例文字，以及撰写评语。此间，编者在管理培训和 MBA 课堂上使用了部分案例，在证明案例可用性的同时，也使案例和课程的质量都获得了一定程度的提升。

在本书中，我们尝试改用对话体来撰写评语，借用甲与乙的对话，展示来自学生（或者从业者）的常见伦理困惑，传达我们作为教师和研究者的分析与认识。与其说我们在试图提供问题的答案，不如说我们在借助这样的形式推动读者深入思考，希望用这种"虚拟教室"的形式，部分呈现围绕案例展开的伦理讨论的可能样貌。

本书收录的 30 篇案例仍出自过去若干年间清华大学经济管理学院 MBA 必修课"伦理与企业责任"的学生结课报告，其中有 7 篇案例曾在第五届清华大学经济管理学院伟创力商业伦理案例写作比赛中获奖。第六、第七届比赛的获奖作品将收录在计划中的第三辑里面。

现在，本书即将面世，作为编者，我们希望借此机会衷心地感谢各位作者。他们叙述和分享的这些鲜活事例，为我们的课程也为案例选做出了巨大贡献。特别是，如果没有他们的慨然授权，我们的案例选是无法成书的。

感谢长期以来支持商业伦理案例写作比赛的各位评委：北京大学光华管理学院杨东宁老师、北京师范大学经济与管理学院李欲晓老师、复旦大学管理学院郑琴琴老师、浙江大学管理学院莫申江老师，以及我们的同事——清华大学经济管理学院吴志明老师。得益于他们的默默付出，我们的案例写作比赛才能持续稳健推进，案例选才能顺利成书。

也要特别感谢我们的同事杨斌老师。没有十多年前他邀请我们加入清华大学经济管理学院 MBA 伦理课的教学团队并给予我们诸多指点、帮助和支持，就不会有我们案例选的面世。他在第一辑和第二辑成书过程中所提供的指导意见，不仅帮助我们更好地做好案例选，更是我们秉承初心不断努力的动力。

还要感谢本书的责任编辑。借用李宗盛的一句歌词，"决定是容易的，可是等待是困难的"。感谢她细致的工作和对我们交稿迟延的宽容与理解！

最后，还要感谢广大读者。第一辑出版后，我们得到了很多高校同行、学生、校友及从业者等众多读者的鼓励和肯定，希望我们的第二辑能尽快完成。这些都不断激励和鞭策我们，让我们不敢放弃。

今天，这本书终于完稿付梓，衷心感谢大家。

钱小军　姜朋

2022 年 3 月于清华园

‖目 录‖

医生俞鸿[*]

A

前言

晚上 11 点半，余州人民医院泌尿外科主治医生俞鸿终于结束了一天的工作，拖着疲惫的身体搭大学同学兼同事石文刚的顺风车回家。路上，他又一次接到了医药销售代表陈小敏的电话。陈小敏在电话中再次建议俞鸿在给患者的处方中尽可能增加自己公司的核心产品——特效巴米尔，以替代原来常使用的余州市制药一厂的阿司匹林，并表示会给予俞鸿一定的"协助支持"。俞鸿还是和以前一样，推说自己需要再考虑考虑，然后匆忙挂断了电话。

到了家，俞鸿一边吃着在楼下大排档打包的炒饭，一边回想着一天的工作。这其实只是自己一个非常普通的工作日：从早 8 点一直忙到晚上 10 点半，没有休息，午饭、晚饭都只是随便扒了几口，没有喝过水，只去过一次厕所，明早 8 点还要去查房。更可悲的是，自己昨天没有回家，只是在手术结束后在附近稍微眯了一下。

眼下，俞鸿还不能休息，他还得抓紧时间看文献、搞标书，准备申请国家自然科学基金，为以后晋升副高级职称做铺垫。

在城中村狭小的出租屋里，听着楼下依然喧哗的重金属歌曲，他什么话都不想说，只是坐着发呆。女友在旁边抱怨说，闺蜜的男友给闺蜜买了婚戒，同时还开始装修婚房了；而俞鸿的家庭不但不能支援出首付，俞鸿还死脑筋不会挣钱，自己看不到在一起的希望……对这样的抱怨，俞鸿也习惯了，不过随着年龄的增长，俞鸿也开始犹豫：是应该继续坚持，还是该想办法挣钱好结婚。透过那扇原本就透不进多少光的窗户，俞鸿望着对面的"握手楼"陷入了沉思。

余州人民医院

余州人民医院有着数十年的历史，后来改制隶属于当地最大的医疗集团。集团下辖余州人民医院、余州市立医院、余州第二人民医院等五家医院。余州人民

---

[*] 本案例系第五届伟创力商业伦理案例写作比赛获奖作品，由清华大学经济管理学院工商管理硕士蔡宁、杨红影撰写，仅供课堂讨论。其中的企业及人物均已经过掩饰处理。作者无意说明相关组织经营成败及其管理措施的对错。

医院是其中最大的也是历史最悠久的一家。

改革后，医院之间竞争加剧。几家医院的管理层都希望自己的医院在服务本地群众的同时，能够继续扩大经营，保持发展，实现盈利，因此纷纷推行绩效管理，以期获得更多的盈余，从而有能力持续地购买新设备、引进人才，进而吸引更多的患者，实现医院的良性循环。

余州人民医院对科室的运营有很多考核要求，包括患者满意度、门诊均次医疗费用、患者医疗保险使用情况、科室收支等。

对医生个人，医院也制定了多项考核指标，其中就包括若干学术科研的要求，如在国家级刊物发表论文、申请课题、发表 SCI[①] 论文、论文影响因子达到一定值……这些要求实际上进一步加重了临床医生的工作负担。

改革后，实现财务上的盈余成为院级领导的关键考核指标之一。院级领导往往把这些指标进行分解，下达到各个科室，由各个科室自己想办法。在治疗病人的过程中，使用包含多种诊疗手段的复合式医疗方案，是一些科室让自己的收支保持盈余的有效方式。

俞鸿刚来的时候，曾找过一些资深的医生及医疗销售代表谈论此事，表达了自己对使用包含额外多种诊疗手段的复合式医疗方案等一系列做法的合规性的担心。但是俞鸿发现从制药企业到医院，没有人愿意正面回应他的担心。人们普遍认为这是一个不能碰的"禁区"。作为这个利益链条上的重要一环，很多医生对此现象习以为常，并且认为俞鸿的担心是大惊小怪。

一位工作了二十余年的老医生甚至还发了一通脾气："谁来调查？这只是冰山一角，谁想把整座冰山挖出来？没有人会配合，除非他脑子进水了。"而医药公司的代表除了担心对公司的影响，也害怕冒犯自己的客户，更不会配合调查。

相当程度上，"没有人会配合"很可能是一句实话。这个行业存在双重的信息不对称。病人不具备相应的医学知识，不能科学地判断自己的病情，也不清楚药物属性，无法知晓用何种药物治疗更合适。具体来说，一方面，由于存在合规性的要求，制药企业和病人之间不能直接沟通，病人不可能从制药企业那里了解药品的质量、有效性、成本，无法判断药品的价格是否反映其价值；另一方面，病人也并不了解医生所开的药品是否适合自己的病情。"反正医生给患者开什么

---

① SCI，即 Sciences Citation Index 的简称，中译为《科学引文索引》，由美国科学情报研究所（Institute for Scientific Information，ISI）于 1968 年开始出版。它收录了特定时期内特定期刊群落中每一位作者所发表的论文，以及被国际科学界在正式著作中引用的情况，在扣除自我引用后，试图在一定程度上反映该论文对相关科学发展的影响及其重要性。王业宁等：《正确评价基础研究成果》，载杨玉圣、张保生主编：《学术规范读本》，河南大学出版社 2004 年版，第 701 页。钱荣贵：《"核心期刊"与期刊评价》，中国传媒大学出版社 2006 年版，第 10-12 页。在我国，很多科研单位曾对科研人员在 SCI 检索的刊物上发表论文提出硬性要求，并以此作为晋升的重要评价指标。

处方，让患者做什么检查，患者都只能自己接着。"一位谨慎回答了俞鸿少数几个问题的老医生说。

事情就是这样，医生既是病人眼里的权威，又在某种意义上成为医药公司的产品终端。信息不对称、权威和控制能力大部分都集中在医生这个环节，而他们又认为在上下游链条中，自己是最苦、最累、受非议最多，甚至安全都得不到保障的一环，并且很可能还是"最穷""最委屈"的那个。

余州人民医院的困境

余州人民医院曾经是附近省份各大医学院毕业生争抢进入的好单位。但是，最近负责招聘的人事主管却抱怨说人越来越难招了。不仅如此，很多主治医生还选择离开，去各大医药类公司的研发、产品等部门任职。这导致医院的各类人才越来越紧缺。

英国《金融时报》曾刊登过一篇消息来源为中国国内的报道。《环球时报》对这篇文章做了"出口转内销式"的刊登，很好地诠释了这篇报道涉及的问题。"工资低是医学专业无法吸引中国最好的学生的原因之一，临床专业学生毕业半年内平均月薪为 2 239 元，其中医生和护士月薪最低，而全中国毕业生毕业半年内平均月薪为 3 051 元。许多医生抱怨，越来越多的病人诉诸暴力。中国医院协会的调查显示，2012 年平均每家医院发生 27.3 起袭医事件，而 2008 年是 20.6起。据报道，全国 316 家医院近 40% 的受访医务人员因医院暴力事件增多而计划转行。"①

宏观背景方面，据《2000 年世界卫生报告》，中国的人口占世界的 22%，而医疗总支出(包括政府投入和所有病人自付的医疗费)仅占世界医疗总支出的 1%。

中国社会缺乏对医生职业的重视和尊重。现实中，医生这样一个在其他国家拥有崇高地位的职业，在中国却是声名狼藉。有时，医生甚至成了人人喊打的过街老鼠，尽管中国的医学博士约占博士总量的 1/5，是博士中最大的一个群体，甚至可以说在中国，几乎没有哪个行业的从业者的受教育水平比医疗行业更高。

俞鸿

俞鸿毕业于余州一所大学的医学院，本硕连读，获得硕士学位后通过招考进入了余州人民医院这家三甲医院。六年后，经过评审，获得主治医师资格。这个

---

① 《中国的医生不是社会精英　社会地位和收入不高》，载《环球时报》2013 年 10 月 8 日。https://finance.huanqiu.com/article/9CaKrnJCye0。2021 年 1 月 29 日访问。原题《中国的医生不是社会精英》，作者帕提·沃德米尔，司马闻译，载英国《金融时报》2013 年 10 月 6 日。

速度在医生中已经算是比较快的。

俞鸿的家境并不富裕。父母在20世纪90年代双双下岗。家人一直以俞鸿为荣,他们喜欢炫耀自己的孩子是大城市重点医院的医生。但是俞鸿自己却有诸多怨言。上一次中学同学聚会时,听着自己在外企工作的同学纷纷购车买房,再看看自己,研究生毕业工作六年,却还领着每个月7 000元的工资,俞鸿不免黯然神伤。自己省吃俭用却连购房首付款都还没凑齐,又无法从父母那里得到资助;随着余州的房价越涨越高,凑齐首付款的希望越来越渺茫,女友对自己的怨气也越来越大。

这还只是家里的压力,工作上的压力也不小。医生是昼夜节律最紊乱的职业之一,特殊的工作方式是在和人体生理进行对抗。来自家庭、收入、医患关系等方面的压力,也给医生造成了极大的精神负担。医生每天都要面对死亡和病痛。有人说医生麻木,但医生毕竟也是人,心理冲击比普通人多很多。

科室每个月都会召开运营会议。每次会上,俞鸿都感觉自己成了实现科室目标的关键障碍。他预感到自己年底的考核打分铁定是最后一名了,因而心理压力越来越大。不过,这其实还不是俞鸿最担心的,关键是拖累了科室的整体业绩让他心里很不好受,特别是愧对一直很照顾自己,对自己很有期待的梁主任。

梁主任

梁主任从医近三十年,是个非常温和的老医生,一直很照顾俞鸿,在俞鸿的职业道路上给了很多指导,在专业方面也给了很多建议。这让俞鸿颇为感激。梁主任也对别人说起过,俞鸿对医术的精益求精,对病人的认真负责,对职业操守的秉持,让他常常想起年轻时的自己。

俞鸿是几个没达成科室分解盈余指标的医生中的最后一名。不过梁主任并没有强迫俞鸿去达成什么计划指标,还是非常关照俞鸿。只是俞鸿常常在想,该如何在科室待下去呢,自己是不是很对不起梁主任?

石文刚

石文刚是俞鸿大学同宿舍的好友,出身于小县城的商户之家,父母经营餐馆多年。他从入校开始就参加各种社团组织,在同学中相当受欢迎。石文刚毕业后也进了余州人民医院,先在消化外科任职,而后在多个科室轮岗,每年都是所在科室的先进个人,指标完成得非常好,患者满意度评价也挺高。他贷款在城郊新小区购买了一套两室一厅的住宅,还买了一辆卡罗拉小汽车。这让俞鸿颇为羡慕。

两人常常一起在大排档吃烧烤喝啤酒,无话不谈。无意间,石文刚谈到自己轮岗过的科室的医疗过程：一个阑尾手术，术前让病人做了 100 多项检查；一种很简单的肠胃病，居然让患者照了黑白 B 超，再照彩色 B 超，照了 CT，还要再照核磁片。

俞鸿一直强调患者不会接受这么复杂、昂贵的医疗方案。石文刚却笑着告诉俞鸿，患者不懂这么多事情，要的是心安。如果你只是给出一个恰到好处的医疗方案，那么患者可能不但会质疑你为什么没有全面检查，还会进一步怀疑你的医术。另外，如果治疗后真有什么其他问题发生了，患者也会怪你没有给出一个完整的医疗方案。这时候连你的领导也帮不了你，毕竟很多医疗病例存在复杂的复合症状。给患者一个"完整"的医疗方案，既让患者心安，又圆满完成了科室的指标，何乐而不为？总之，给患者一个价格虽高但"有名"的药物，让患者吃得心安，挑不出毛病，不仅可以和医药公司的人搞好关系，还可以为医院创收，也能增加自己的收入，好处多着呢！

协助支持

由于俞鸿常常和石文刚混在一起，他还发现石文刚基本不用工资卡取钱。这也让俞鸿浮想联翩。

BAG 制药股份有限公司的医药销售代表陈小敏之前也暗示过，使用自己公司相关药品的医生可以获得外出学习、参加研讨会的机会。这些医生受邀参加学术或行业会议，费用都由医药公司承担；他们同时会被聘为顾问，从医药公司处得到咨询费作为报酬；他们的研究也会得到医药公司的赞助。对医药公司来说，这叫"协助支持"。

不过数目上可就大有讲究了。会议费和咨询费有可能只是个名目，这些医生实际上并未参加会议或是提供咨询服务。会议费和咨询费也可能弹性很大。如果一位医生恰好被邀请在会议上演讲，那么他还能得到一笔演讲费。而所谓演讲可能只是照本宣科，内容都是赞助公司拟好的。

其实这在国外也不罕见。从 2011 年 8 月 1 日起生效的奥巴马医改法案（《医师报酬阳光法》）也并不禁止医药公司给医生好处，而是将其完全公开。美国田纳西州一位名叫乔恩·W. 德劳德（Jon W. Draud）的医生，在过去四年里通过为医药公司做顾问或发表演讲，就获得了超过 100 万美元的收入，其中光是两次受邀为辉瑞演讲的收入就达到 30 万美元。

陈小敏也一再向俞鸿表示，相关"协助支持"酬劳并不是由自己公司发放，而是由一家远在互城的第三方旅游公司发放，同时各类学术或行业会议也是由该第三方旅游公司承办组织，和 BAG 制药股份有限公司没有任何联系，所以也没有任何违规之处。这将是医生凭自己合法劳动获得的合法收入。现在俞鸿周围不少医生同事已经通过这种演讲获得了可观的收入，在余州购置了自己的房子。

俞鸿觉得自己明明寒窗苦读近二十年，可是现在获得的回报却完全不相称，女友常常埋怨，父母也确实对自己购房结婚给不了支持。这个"协助支持"可能是像俞鸿一样的年轻医生获得可观收入的唯一方法了。但是俞鸿始终非常谨慎地对待此事，一直没有接受陈小敏的提议，而是坚持使用余州市制药一厂的便宜的基本治疗药物，同时也坚持没有给每个病人都开出复合诊疗方案。

陈小敏

陈小敏从余州药科大学毕业后就进入了医药行业，目前担任 BAG 制药股份有限公司余州学术区西片区的医药销售代表。陈小敏年轻漂亮，人也勤奋，又善于察言观色，业绩很不错，挣了很多钱，年仅 28 岁，就已经靠自己的能力在余州市城区买了一套房子，还买了车。这让陈小敏参加高中同学聚会时，赚足了同学们羡慕的目光。不过她偶然听到同学们在背后议论，说做医药代表赚的都是黑心钱、害人钱。虽然已经在这个行业打拼了多年，这样的话听得也不少了，但是从自己的同学和朋友口中听到这样的评价，陈小敏心里还是有些难受。

陈小敏刚进入医药行业时，内心也曾纠结过：虽然这是一份高收入的工作，但是在人们的眼中，医药代表就是提个公文包到医院贿赂医生的销售，甚至有人认为医药代表祸害了医生这个职业。医生原本是治病救人的白衣天使，如今在很多人眼中却成了为拿回扣故意开进口药，吸老百姓血汗钱、救命钱的"吸血鬼"。她曾向很多前辈倾诉过自己的困惑。前辈告诉她：医药代表的工作是在帮助医生了解药品知识，是传播知识的媒介，把功能、疗效更好的药品推广给有需要的病人。陈小敏也开始这样催眠自己。这样想，至少会让自己心里少些负罪感。

这次，陈小敏遇到了一块"顽石"——余州人民医院泌尿外科的主治医生俞鸿。她跟进俞鸿已经 6 个月了，也只是建议他在给患者的处方中尽可能增加自己公司的核心产品——特效巴米尔，以替代他常使用的余州市制药一厂的阿司匹林。特效巴米尔是阿司匹林的替代药品，功能效果是一样的，只是价格会贵很多。作为回报，互城的旅游公司将提供免费外出学习、参加研讨会的机会，并聘其为公司顾问，同时旅游公司也会支付其咨询费和研究的赞助费。这不仅是 BAG 制药股份有限公司一家的做法，很多医药公司都是这么做的，也有医生接受这样的方案。但对于如此明显的双赢方案，俞鸿却一直推脱说需要考虑。

陈小敏为了和俞鸿搞好关系，顺路时会去接他的女友上下班。时间长了，两人已经成为无话不谈的好朋友。俞鸿的女友对俞鸿颇有怨言：在一起三年了，年纪也老大不小了，到现在却还没凑够买房的首付款。亲戚听说她男朋友是医生，都觉得是个高收入职业，纷纷表示赞叹和羡慕。可实际上俞鸿的收入确实不多，家里又总催着买房结婚，自己倍感压力。为此，她和俞鸿不知道吵了多少次，贫贱夫妻百事哀，不知道还应不应该继续坚守这段感情。

余州市制药一厂

余州市制药一厂是一家长期与余州人民医院等本地医院合作的国有企业。其药品质量等都有相关医疗质量体系保证，多年来药品种类和包装等都没有太大变化；同样，药品价格也没有太大变化。

余州市制药一厂的医药销售代表近年来发现自己的药虽然便宜，却越来越竞争不过 BAG 制药股份有限公司昂贵的类似药品，正在逐渐失去长期业务合作伙伴的订单。

BAG 制药股份有限公司

BAG 制药股份有限公司是一家跨国制药公司，在医药领域具有世界级的领先地位，研发能力也非常强。

BAG 制药股份有限公司一直在蚕食原属于余州市制药一厂的市场份额。BAG 制药股份有限公司的医药销售代表们在余州各家医院中忙碌的身影，BAG 制药股份有限公司在大中华区不断上升的销售额都证明了这一点。BAG 制药股份有限公司的医药销售代表们坚信，在未来市场上自己的药物毫无疑问可以完全占领相关市场，这似乎只是时间问题罢了。

特效巴米尔

虽然政府为解决群众看病难和看病贵的问题下了很大功夫，不断深化医疗体制改革，降低群众医疗负担，但是很多医药公司自有对策。

例如，原来阿司匹林每片的价格是 3 分钱，由于价格限制和制药企业之间的竞争，现在已经无利可图，于是 BAG 制药股份有限公司停止生产阿司匹林，转而生产特效巴米尔，其实就是阿司匹林泡腾片。二者相比，特效巴米尔的价格上涨了近 150 倍。而这种情况普遍发生在各种药物上。

如何选择

俞鸿觉得自己其实是可以达成目标的。首先，只要从现在开始在处方中尽量换掉低价的余州市制药一厂的药物，比如用 BAG 制药股份有限公司的特效巴米尔换掉阿司匹林，同时增加治疗过程的诊疗内容，那么自己完全可以在年底考核中超额完成指标。

其次，使用 BAG 制药股份有限公司等公司的产品，似乎好处还不止如此，比如可以获得第三方旅游公司的"协助支持"，获得出去参加研讨会学习和讲课的机会，获得额外的讲课酬劳，完成自己的首付计划。

再次，陈小敏经常顺路接送自己女友上下班，而且每次来医院都会给自己带水果等，这让俞鸿觉得陈小敏非常够意思，自己似乎欠了她的人情，毕竟自己长期没有采用陈小敏的方案，也会影响她的业绩。

所以，接受陈小敏的建议似乎既不违反规定，又能实现自己和陈小敏的双赢。只是俞鸿隐隐担心，如果这次用 BAG 制药股份有限公司的特效巴米尔换掉阿司匹林，下次自己会不会像石文刚那样，给只有小病的病人做非常多的复合检查呢？俞鸿陷入了选择困境。

俞鸿的选择

也许是碍于自己从小谨慎的性格，俞鸿和家人商量许久，最后也没有接受陈小敏的建议。接下来的三个月，BAG 制药股份有限公司的特效巴米尔还是没有出现在俞鸿的处方中。这样一来，俞鸿再一次失去了获得 BAG 制药股份有限公司"协助支持"的机会，离实现自己的购房计划又远了一步。

同样，复合诊疗方案出现在俞鸿方案中的频率也不高，俞鸿离完成科室指标的目标也更远了。

科室情况

院级领导来俞鸿科室参加科室运营会议的次数越来越多了。今年院级盈余指标很不理想，这样下去，医院将没有资金购置先进医疗设备及引进人才，最终患者将不愿意来医院，而这会形成一个恶性循环。泌尿外科是拖后腿的科室之一，看到指标的完成情况后，院级领导要求梁主任给出有效的改进措施，否则他科室主任的位子就要让给有能力的人。

俞鸿见过院领导指着指标质问梁主任的场景，也眼见梁主任在科室中叹气的次数越来越多。梁主任似乎苍老了很多。现在，俞鸿常常在想自己是否也该像一些同事那样跳槽去医药公司做研发——在制药企业似乎待遇可观，而且没有那么累、没有那么大的压力。

石文刚的劝导

石文刚所在的科室不但指标完成得好，而且在患者中口碑还不错。大家纷纷说这个科室的医生能够下功夫，很负责任，针对每种病情都展开全面深入的检查，换句话说，从头到脚查一遍，各种设备过一次，确保患者没有其他问题，绝对健康。

俞鸿在学校就以吃苦耐劳出名，也因为性格谨慎失去了很多机会，但是学习成绩一直都远在石文刚之上。只是现在俞鸿却似乎混得比石文刚惨多了：在科室内业绩指标难以完成，在家里被女友抱怨。而且眼看也到适婚年龄了，还一直没有实现自己的购房购车计划。这样下去，家庭矛盾只会越来越大。想到这里，俞鸿有点后悔三个月前的选择了。

石文刚也在不断地开导俞鸿，劝他接受陈小敏的建议，而且多使用复合诊疗方案既不违规，又能让大家都过得更好。如果俞鸿实在觉得难于抉择，那么不如考虑针对公费医疗的患者和自费医疗的患者给出不同的方案。俞鸿觉得石文刚的折中建议现在看来似乎是一个好选择，毕竟，如今在某些医院，连一个简单的医院挂号都可以成为其他非医疗从业人员的获利手段，作为医院灵魂的医生也应该有权考虑自己的利益。

陈小敏的愧疚

和俞鸿接触下来，陈小敏对他却是有些佩服的。从业几年来，陈小敏见过很多医生，确实也遇到过俞鸿这样的，面对家里家外这么大的压力，还依然不为利益所诱惑。但很遗憾的是，陈小敏自己的父亲前段时间生病却没能遇到这样的医生。父亲患了感冒，不但做了血液检查还做了 B 超，后来还开了七天的点滴，以及各种保肝药和抗生素，前前后后花费了近 4 000 元。随着时间的推移，陈小敏发现自己周围的亲友也常常抱怨医院的治疗过程、收费问题及背后的灰色地带等，隐藏了很久的愧疚感再次占据了她的心。

患者的质疑

由于 BAG 制药股份有限公司的大力宣传和引导，特效巴米尔越来越出名。患者看到宣传后，常常会拿着按俞鸿的处方开出来的药跑回去问他："医生，你看这个药是不是不好啊，我看电视上都说了，特效巴米尔才是最新研发出来的、最有效的。这个便宜货会不会没用？我最需要的是治好病啊！多花点钱没关系。"

每当遇到这些患者，俞鸿往往哭笑不得。自己明明尽力帮患者降低医疗费用，实行非过度医疗，减少对药物的依赖，想不到患者却反过来质疑自己。

医闹事件

5月的一个早晨，俞鸿刚走进医院大厅就听到了喧闹声。医院的医闹事件不少，俞鸿对此已经习惯了，但还是抱着看看的心态想过去了解一下。结果走到半路就被同事给拦住了，让他回家避避。见俞鸿一头雾水，同事解释说：一名经他诊疗的患者的家属带着一群人来医院大吵大闹，点名找他，说是医生不尽责，没有为患者做全面检查，开的药也不对，导致患者病危。

俞鸿是医学院的高才生，对自己的医术非常自信，这么多年一直本着对患者负责的态度出诊，平时对搞医闹的患者也报着同情的心态。现实环境下，不可否认少部分医疗机构和医护人员的确给医疗界的整体形象抹了黑。既有一些小病大治、收受红包等不良行为，也有见死不救的漠视行为、转卖病人的不齿之举。极小部分医务人员医德的低下，再加上部分只求吸引眼球的无良无知媒体的扭曲报道，让医患关系成为中国社会中广泛存在的一道醒目伤疤。这加剧了医患矛盾，更直接导致医闹事件频频发生。

现在医闹事件居然发生在了自己身上，俞鸿越想越气，抑制不住心中的怒火，拿着病历本想要去跟患者家属对质。可是快走到大厅门口时，除了看到拿着木棍而且情绪激动的家属们与戴着头盔的保安对峙的情景之外，俞鸿惊讶地发现远处有几个带着对讲机的熟悉的"医闹"老面孔。俞鸿开始明白前辈们的好心劝告：医院大事化小、小事化了的做法让小部分人员成了"医闹专业户"，主动去医闹、专业代理医闹。和他们讲道理只能是自找苦吃。

犹豫再三，俞鸿最终经不住同事和医院领导的劝说，选择了回家避避风头。俞鸿看着拥挤的城中村里的小出租屋，想着自己窘迫的生活现状，越来越怀疑自己的坚持。是否该去医药外企呢？毕竟那儿开出的薪水可是现在的两倍多，而且没那么多危险。

俞鸿的纠结

俞鸿刚给舅舅家的表妹提供了高考志愿填报的建议。他反复强调的一句话就是，科室老中青三代医生全算上，共有20多名医生，包括一名全国知名专家，只有一个人的孩子选择了学医。俞鸿自己也常对周围人说："从医这么多年，我决定，以后我的孩子'男不学医，女不学护'。如果我的儿子非要学医，我将只允许他学兽医。我以负责任的态度，坚决反对任何向我咨询的人去当医生护士。"

舅舅来质问俞鸿的时候，俞鸿彻底爆发了："在医院挂号看病，一个号不到10块钱，加上1块钱的病历费，一共是11块钱。到动物园看个猴子还需要10块钱，找个算命的看几眼，还得百八十呢！医生用了至少十年时间学到的专业知识就值这点钱？培养一个主治医师至少需要 15 年，培养一个主任医师至少需要 20 年。在余州市发改委的网站上，规定的肾切除手术是每例 480 元。这是什么概念？我就不说后勤支持人员了，只是现场的 4 名医生、2 名护士、1 名麻醉医生，为病人忙活三四个小时，平均每人每小时劳务费不到 23 元。这还不包括手术后出了问题医生要掏腰包赔钱的情况。试问拿杀猪刀的一小时能拿多少钱？这不是劳务费多少的问题，这是对医生人格和价值的侮辱，这是对知识和学历的侮辱！我就纳闷，那么多医院，为什么没有一家医院有血性敢于站出来取消如此低廉的手术费呢？你还想让你女儿当医生吗？"

俞鸿还找出了几则新闻给舅舅看：7 月 4 日早晨，南京中大医院消化科主任毛翠华猝死于家中卫生间。据悉，毛主任每天门诊要看 100 多个病人。7 月 4 日夜间，噩耗再次传出。上海长海医院海宁分院的麻醉科医生姚谨涵值夜班时直接倒在了值班室，年仅 29 岁。7 月 5 日下午，贵州三穗县人民医院一名麻醉医师在奋战了 11 台手术后坐下休息，却再也没有起来。7 月 8 日下午，山东兖州中医院心内科主任陈华因过劳猝死，享年 53 岁。

表妹在俞鸿的坚决劝告下，报考了食品卫生专业。俞鸿感觉非常满意，觉得表妹工作以后一定会因为今天的决定感激自己。

平静之后，俞鸿明白自己老老实实地治疗可能完不成目标。不过现在是 7 月份，时间还来得及，只要自己接受 BAG 制药股份有限公司医药销售代表陈小敏的提议，当然还包括接受其他医药公司的提议，积极增加复合诊疗过程，这样不但可以完成科室目标，还能完成自己的家庭小目标，同时也能让患者满意。这真是一举三得的选择。

"要不要抓紧机会改变自己的医疗模式呢？何苦要到处得罪人还让自己也难过呢？真的需要坚持自己的选择吗？自己是正确的吗？或者再进一步，自己还要继续在医院工作吗？"俞鸿不断地思考着，煎熬着。

B

背景（国外）

各国对于医药行业的不合规行为越来越重视。在美国，12 年来共有 10 起《反海外腐败法》案例，其中 5 起发生在医疗行业。除了辉瑞这样的跨国制药巨头，[①]

[①] 曾亮亮、王龙云：《辉瑞自曝行贿行为　中国成跨国公司行贿案重灾区》，http://news.sohu.com/20120817/n350863790.shtml。2012 年 8 月 17 日发布。

遭到类似指控的还有一些医疗器械厂商。多数贿赂行为均涉及新兴市场国家。

2012年12月底，礼来制药（Eli Lilly）同意支付2 940万美元罚款，以了结美国证监会对其触犯《反海外腐败法》（Foreign Corrupt Practices Act，FCPA）[①]的指控。这项指控称，1994—2009年，礼来制药在多国的子公司向政府人员支付不正当报酬，以获取在当地的业务。

同年8月，辉瑞也用6 000万美元和解费终结了对其在保加利亚、克罗地亚、捷克等八个国家的行贿指控。在此前一年，辉瑞和强生曾因触犯《反海外腐败法》而分别被罚款6 000万美元和7 000万美元。

背景（国内）

俞鸿坚持了自己适度医疗的理念，熬过了艰难的一年。相比国外的轰轰烈烈，他更关心国内的发展。他从同事那里打听到，2013年7月北京A医院心内科承办了一场为期3天的会议，与会者包括许多国内心内科方面的主要专家。看上去它与以往的类似会议没什么不同，但事实并非如此。

在会议期间，发生了一些不寻常的事情。有医药企业发出通知，暂停邀请医生参加学术活动，也有医院要求对医生的对外活动严格备案。

这种紧张的气氛是从7月11日开始蔓延的。那一天，中国公安部宣布了一条消息，警方在多个城市调查发现，葛兰素史克（Glaxo Smith Kline）为打开药品销售渠道和提高药品售价，涉嫌在中国三大城市通过旅行社帮助组织会议并虚报会务费用进行套现，套得的现金被用于向政府部门官员、医药行业协会和基金会、医院及医生行贿。6年间累计涉案金额近人民币30亿元。包括葛兰素史克中国区运营总经理梁宏在内的四名高管被刑事拘留。该公司英国总部则派遣资深的内部审计师和律师前往上海协助调查。

现在事情仍在发酵。有消息称，除葛兰素史克外，还有多家在华外资制药企业遭到调查。这一消息被辉瑞、默克（Merck）、礼来、罗氏（Roche）等多家外资制药企业否认。但7月19日比利时制药商优时比（UCB）证实，当周受到中国国家工商行政管理总局的调查。[②] 英国制药公司阿斯利康（AstraZeneca）也在7月22日发言称，中国警方于19日访问了该公司位于上海的办事处，并带走了一名职员进行问话。[③]

[①]　该法制定于1977年，后经过1988年、1994年和1998年三次修改。其旨在限制美国公司贿赂国外政府官员的行为，并对在美国上市公司的财会制度做出了规定。

[②]　http://intl.ce.cn/specials/zxxx/201307/19/t20130719_24589588.shtml。2019年8月28日访问。

[③]　http://www.bjnews.com.cn/news/2013/07/22/274639.html。2019年8月28日访问。

结局

　　医疗行业不断受到社会舆论的关注，甚至连行业内人士也加入了讨伐大军："患一个流感为什么花 4 000 多元？那是因为除了用正常的抗病毒药物以外，竟然连保肝药都用上了。""现在病人可怜，就是可怜在被医生骗了还感恩戴德。"面对媒体说这些话的人是 BAG 制药股份有限公司一个名叫陈小敏的高级医药代表。

　　陈小敏也是在良心备受煎熬的情况下，尤其是自己身边的两位亲友接二连三地被他们所信任的医生狂宰之后，站出来说话的。与其他医药代表不同的是，陈小敏还用科技手段，拿到了部分医生接受医药代表"协助支持"的重要证据。

　　在医院的内部通报会上，俞鸿发现自己的好友石文刚和梁主任的名字赫然在列。后来，院级管理层通报了以梁主任为被告人的判决：梁主任身为国家工作人员，利用职务便利，非法收受他人财物，为他人谋取利益，其行为已构成受贿罪。法院一审判处梁主任有期徒刑 10 年 6 个月，涉案 73 万余元受贿款予以没收，上缴国库。梁主任提起上诉，但二审法院维持了原判。

　　俞鸿则作为道德楷模医生典范在全院大会上受到表彰，还进入了医院"留住骨干人才奖励计划"。周围有人夸赞他的运气。俞鸿却觉得，应该不全是运气，或许和自己在恰当的时候坚持了自己，做出了正确的选择有关。

　　一年后，俞鸿用医院的奖励和自己的积蓄买下了一套两室一厅的房子。房子很小，还在郊区，每天上下班在路上要花 3 小时。

附录

　　最高人民法院、最高人民检察院《关于办理商业贿赂刑事案件适用法律若干问题的意见》（2008）第四条：

　　医疗机构中的国家工作人员，在药品、医疗器械、医用卫生材料等医药产品采购活动中，利用职务上的便利，索取销售方财物，或者非法收受销售方财物，为销售方谋取利益，构成犯罪的，依照刑法第三百八十五条的规定，以受贿罪定罪处罚。

　　医疗机构中的非国家工作人员，有前款行为，数额较大的，依照刑法第一百六十三条的规定，以非国家工作人员受贿罪定罪处罚。

　　医疗机构中的医务人员，利用开处方的职务便利，以各种名义非法收受药品、医疗器械、医用卫生材料等医药产品销售方财物，为医药产品销售方谋取利益，数额较大的，依照刑法第一百六十三条的规定，以非国家工作人员受贿罪定罪处罚。

评析：

　　俞鸿家境很一般，靠自己努力，从医学院硕士毕业，进入三甲医院工作多年。作为主治医师，他收入不高，连买房的首付款也还没有凑够，同时还要面对很多考核：患者满意度、门诊均次医疗费用、患者医疗保险使用情况等。为了晋升职称，还要申请课题，在国家级刊物发表论文、发表 SCI 论文，刊物影响因子的高低也有讲究。最让他头痛的是，医院改制为医药集团，院方把财务盈利指标分解下达到各个科室，医生也背负了盈利任务。制药公司的医药销售代表找到他，希望开展合作。俞鸿只要积极使用该公司的药品，就可以得到资助，外出学习、参加研讨会，还可能被聘为"顾问"，拿到"咨询费"……

　　甲：如果你是俞鸿，你怎么办？

　　乙：孟子曰："有恒产者有恒心。"主人公俞鸿是位资浅医生，收入微薄，无房无车，完全符合"无恒产"的标准。因此完全可以不必纠结，不必如此坚持，至少可以等攒够了钱，买了房，有了"恒产"之后，再讲"礼"、求"德"，也不算迟。

　　甲："无恒产者无恒心"？可是孟子分明也说过"无恒产而有恒心者，惟士为能"的话啊！

　　乙：还真是。

　　甲：士者，君子也。是古代最低等级的贵族。[1] 如此看来，至少在古代，德性的修为是与身份相关联的。本案例中的主人公也是"有身份"的人，受过高等教育，更重要的，是一名医生。医生作为一种"职业"身份，其从业者需要接受法律，如《执业医师法》和职业道德的规范和约束。

　　乙：什么是职业道德？

　　甲：所谓职业道德，是"从事一定职业的人在其特定的工作或劳动中的行为规范。是人们在工作岗位上同社会中的其他成员发生联系的过程中逐渐形成和发展起来的"。[2]

　　乙：定义只说了是如何形成的，却没说有何作用啊！

　　甲：职业道德是一种外在的行为规范——这一点类似于法律，违反了它便会招致否定性的评价。而职业道德规范之所以能够确立，也与行业内部从业者的共识密不可分。现实中，医生除了受到法律与职业道德的约束，还要接受供职机构

---

　　① 按《现代汉语词典》的解释，士是"古代介于大夫和庶民之间的阶层"。

　　② 《简明伦理学辞典》编辑委员会编：《简明伦理学辞典》，甘肃人民出版社 1987 年版，第 565 页。

（雇主）的管理和考核。

乙：如此说来，职业道德是一种他律，而伦理选择不应是基于自律主动为之的吗？二者不一样吧？

甲：是的。事实上，即使有了职业道德作为某一职业从业人员的行为指引，也会留下许多灰色地带。就拿医生来说，如何面对病患？是满面冰霜，还是满面春风——哪怕自己已经很疲惫？如何与病患交流？是"你不说我也不问""你不问我就不说"，还是主动询问病情，积极介绍诊疗方案？如何给病患开药？在功效近似的情况下，是开贵的药，还是开便宜的？

乙：这些都要看医生自己如何选择。

甲：还不只这些。作为个体的人，医生还肩负着对家庭、对自己的责任。同时，医生还需要一并承担起对职业的、对患者的、对雇主的多重责任。这些并存但却指向不同对象的责任有时不免彼此冲突，因而需要当事人自行排出顺序甚至做出取舍。

乙："此事古难全。"

甲：是的。人与人的差异也正因为对上述责任对象的排序不同而显现出来。通过这些差异，可以窥见当事人秉持的伦理原则和伦理立场，也有助于了解这是一个怎样的人。

乙：既然是人，就可能发生改变。

甲：是的。改变有时是纯粹由于内心的变化导致的，但很多时候也可能是外部环境影响的结果。外部环境对个人的立场、观点、行为的影响到底有多大？当我们做选择时，外部环境是否会是我们需要考虑的因素之一？

乙：我明显感到，俞鸿受到的外部环境的压力很大！

甲：环境与组织的要求、期望与我们的道德价值之间可能存在严重冲突——组织要求的高，或者低，或者不明确，都可能对个人产生影响。

乙：能具体一点吗？

甲：当组织的要求比较低，放任甚至鼓励员工用不太道德的手段完成任务时，该怎么办？员工会不会努力适应并逐渐习以为常、同流合污？或者，当组织要求比较高，但工作任务却没有因此减低，而社会环境比较差时，该怎么办？为了完成任务，放弃组织的道德准则要求，冒失掉职业前途的风险吗？再或者，在自己的价值观与外在环境不一致的时候，除了适应、顺从，是否别无选择？顺应（社会）环境是唯一正确的生存之道吗？是否存在"做变革的推动者"又"不做变革的牺牲品"的两全之道？

乙：人微言轻，怕是做不到吧？

甲：那么梁主任呢？他可是资深医生，一个科室的负责人，更是行业里的权威啊!

乙: 但在他之上还有院领导, 再往上还有各级主管部门……

甲: 如此说来, 位高并不必然带来 "言重", 或者虽然位高也 "言重", 但压力随之增大, 反倒更须谨言、慎言?

乙: 很可能就是这样。

甲: 一味顺应的结果呢? 当变革来临时……

乙: 就可能成为牺牲品? 就像梁主任?

甲: 我觉得梁主任的结局更像是一个隐喻, 暗示了俞鸿另一种选择的终极后果。

乙: 我想起来了, 文中提到梁主任觉得俞鸿像年轻时的自己。

甲: 同理, 也可以认为, 梁主任可能是未来的某一个俞鸿。

乙: 某一个俞鸿?

甲: 是的。个人的发展前景有多种可能。每个人手中都掌握着转换开关, 今天的哪怕一个微小的动作, 都可能影响甚至决定自己未来的走向。

抉　择*

城市初冬的夜幕降临得很早。忙了一天的许陆耘晚饭后就把自己关在了书房里。明天是合规部限定提交自查结果报告的最后一天。许陆耘却迟迟拿不定主意……

制药行业

许陆耘在神农集团子公司华佗公司主管北区销售工作。从业多年的他经历了制药行业的时代变迁，目睹了三个阶段的行业演进：跨国公司引入的专业化学术营销阶段；大型国企、民营企业进入后兴起的关系营销阶段；第三方代理平台盛行后带来的利益营销阶段。直到 2013 年，全球制药业巨头葛兰素史克公司商业贿赂案件引发了医疗行业的反腐浪潮。葛兰素史克公司在全球收获了总计高达 20 亿美元的罚单。制药行业历经整顿，得到一定净化。跨国公司更多出于经营安全的考虑，发力于企业内部推广行为规范建设。然而，大型民企、第三方代理平台仍私下进行着利益营销，通过与医疗专业人员构建利益链，进而让医生长期偏好某种产品。这种颇有争议的行为，一时间使全行业呈现特定历史阶段的冰火两重天乱象。

神农集团属于传统的技术创新型企业。一直以来，华佗公司依托母公司在全球的产品专利优势，通过让患者获得区别于竞争对手的临床治疗价值，在深耕的孤儿药①领域领先于业内。因此，华佗公司的销售顾问不仅在国内制药行业独善其身，而且依靠技术壁垒避免了"红海"里的恶性竞争。

上一年的年底，神农集团的一款重磅产品 G 产品专利到期，大量仿制品竞相上市。当年下半年，这些"李鬼"们以低价策略和高利益营销模式快速侵占了一些医疗服务机构。于是，华佗公司里一直做学术营销的销售顾问们，不得不在局部市场直面利益营销的残酷竞争。

突如其来的电话

大约两天前，下午四点半，许陆耘接到了公司合规部的电话："许总，经查

---

　　* 本案例由清华大学经济管理学院工商管理硕士常青撰写，仅供课堂讨论。其中的企业及人物均已经过掩饰处理。作者无意说明相关组织经营成败及其管理措施的对错。

　　① "孤儿药"，又称罕见药，是用于预防、治疗、诊断罕见疾病的药品。由于罕见病患病人数少，市场需求小，研发成本高，少有制药企业关注其治疗药物的研发，故得名。

实，你部 11 名销售顾问本月报销涉嫌使用虚假发票，我部高度怀疑他们违反了企业行为宪章中有关《药品推广行为准则》的规定，请速查收合规部发给你的邮件。"

仔细研读邮件内容后，许陆耘的心凉了大半截。已经 11 月了，全年的销售即将收官。遇到这样棘手的事，当年业绩肯定要受影响不说，还要担负违反企业行为宪章的恶名。

邮件最后写明：基于对许陆耘的信任，经销售部与合规部协商，合规部同意给予许陆耘三天时间先在北区内自查，三天后将自查结果形成书面报告汇报合规部。合规部在此期间保留彻查权限，之后视北区许陆耘自查结果再进一步决策。

多年的职场历练让许陆耘迅速平静下来。他做出三个决定：一是召开紧急会议。会议上要求全体涉事人员本着实事求是原则，反映实情。要求涉事人员认真反思，在一个工作日内写好说明材料。二是事情查明前，暂停相关人员的一切业务活动。三是要求 11 名销售顾问的上一级区域经理，在一个工作日内完成与他们的一对一谈话，由经理撰写和提交谈话后的说明材料。这些材料的提交时间都被要求在 24 小时内。忙完这些，散会时已经接近晚上七点。许陆耘留下 11 名涉事人员中一位有升职可能的业绩明星曾萍。曾萍是一位在职 3 年以上的员工，软硬兼施的一番谈话后，许陆耘心里对这个天降横祸多多少少有了点儿底……

探究真相

第三天，在收到涉事销售顾问及其直线经理的说明材料后，许陆耘逐一约谈了这些销售顾问。结果发现，这 11 名销售顾问普遍存在违反《药品推广行为准则》的现象：存在行为不合规问题，报销所用发票是假的。

具体为什么假？虽然销售顾问们跟许陆耘讲起来各有各的所谓合理"理由"，但基本上都是因为真实发票不合规而不能使用，于是去购买发票冲抵，结果买到了假发票。有的销售顾问为提高业绩，赠送礼物给医疗专业人士，因为是出于个人目的，存在与医生的利益交换，违反了《药品推广行为准则》。既然不合规，这种购物发票就无法在公司报销。在这种情况下，销售顾问就去购买餐费发票冲抵这部分花费。按照规定，会议用餐每月不多于一次，每次人均费用小于等于 300 元，在《药品推广行为准则》中是被允许的。

问来问去，许陆耘异常震惊：购买发票这种行为没有成为过街老鼠，反而被小部分人认同，关键是大家在做这件事情时，很少有人意识到这是错误的、是有法律风险的！

一天的谈话下来，许陆耘发现 11 名使用了假发票的销售顾问中，竟然有 7 名来自营业三部，这也是营业三部的全体销售顾问。这引起了许陆耘的怀疑。最终，他在两名销售顾问身上取得了突破。据交待，他们是通过该团队内的李斌联系购买的餐费发票。许陆耘推测，营业三部所有人实际上都是通过李斌联系并购买的，只不过其他人未承认而已。在与李斌谈话时，李斌拒绝承认。最后只是说他把卖发票人的电话给了问过他的同事，但这些同事有没有买，他不知道，也没有提示同事们去买。

事情基本明确了：这些销售顾问迫于竞争压力，在产品专利到期面临"李鬼"们的不公平竞争时，为维持既往的良好业绩，违反了华佗公司的企业行为宪章《药品推广行为准则》。只是，这 11 人的行为的严重程度各不相同。

梅红经理与张永经理

11 名销售顾问来自 3 个销售团队，除了业绩明星曾萍来自营业五部外，其余 10 人中有 7 人属于营业三部张永经理麾下，3 人归营业一部梅红经理管辖。曾萍作为销售骨干调任营业五部前，在营业三部与张永共事两年多。

张永和梅红，尤其是张永，是否也与此事有关呢？张永团队的所有销售顾问都在报销中被发现使用假发票，这是不是张永为提高业绩，暗示下属与竞争对手死磕而产生的结果呢？许陆耘猜想事情可能远比他看到的复杂，很可能是一起群体违反企业行为宪章的事件。许陆耘决定先从梅红那里突破。

梅红加入华佗公司以来一直业绩突出，仅用了三年半时间，即在许陆耘的推荐下破格晋升为区域经理。

产假刚结束，上班不足半年的梅红禁不住对自己有知遇之恩的老上级许陆耘一番恳谈，坦承自己对 3 人中 2 人的情况事先知情。这 2 人在竞争对手采取利益营销的不公平环境下，为达成业绩指标，铤而走险，向个别医疗专业人士输送了利益。

这下问题严重了，梅红知情，但没有制止，采取了睁一只眼闭一只眼的态度。

事发以来，张永一直在有意回避与许陆耘过深地谈及此事。当天下午，与张永的谈话简单直接，张永很干脆地承认知情，因为气不过对手一直采取的不公平竞争手段，发现下属的行为后，也就没有制止。一来二去形成自然现象，团队内由背地里个别人效仿对手向医生输送利益演变为开始公开讨论，进而集体向李斌提供的一个不法商贩购买餐费发票。这种状况已经持续了 3 个月。

许陆耘知道这位老下属的率真性格和销售结果导向的作风，没等他再说下去，就果断结束了谈话。

抉择困境

有时候，法不责众不是不想责众，而是因为没办法责众。这次事件涉及包括 2 名管理骨干在内的 13 名员工。如果如实将自查结果上报合规部，不仅这 13 人的职业前途堪忧，而且接下来自己管理的部门也可能面临大量人员缺岗，进而导致年度业绩指标无法达成，企业利益受损。如果不如实将自查结果上报，万一合规部彻查，纸怎么能包得住火呢？那时，许陆耘自己的职业生涯可能都成问题。

经过一整天的一对一谈话，许陆耘明显感到北区一些营业人员合法、合规观念淡薄。大部分涉事的销售顾问居然对购买发票这种行为是违规的还有些不以为然。而在华佗公司，遵纪守法、合规营销恰恰是从业的前提。

许陆耘觉得自己是有责任的。正是由于之前没有狠抓营业人员的思想意识，规范其行为，才最终陷入今天的管理困局。这次事件，是自己工作失职造成的。此外，在制度制约和文化影响两方面，许陆耘明显感觉没有做好后者。企业制定了合规制度，自己在贯彻制度的过程中，在文化引导层面有所忽略。想到这儿，许陆耘下决心要严肃处理。

张永一直是北区的一员勇将，当年之所以能从第三方代理平台通过层层竞聘加入华佗公司，凭借的就是其销售力。许陆耘能从张永身上看到所有销售精英的特点——迎难而上，勇于挑战，目标导向极强，工作上常有创新点子，当然也很喜欢弯道超车。上一财年直到第四季度，北区还在为业绩指标发愁，最后是张永团队的绝对超额，才使许陆耘获得完美的报表。这样的干将不可多得。

梅红在产后哺乳期，至少她的工作是安全的。

那张永就犯了不可饶恕的错误吗？光靠制度就能带好团队，无异于光靠临床指南就能做好医生一样荒谬。有时候，法外尚需留情。

夜色渐浓。许陆耘不由自主地把思维切换到情、理、法三个维度。于情，张永忠诚于企业忠诚于自己。于理，张永动机单纯，不得已为之。这些都是支持保张永的理由。再说，事实上华佗公司有底气在推广行为上这么要求，也是因为公司多年来靠深耕领域的孤儿药、靠专利技术躲开了红海竞争。但某些国内企业和第三方代理平台的医药行贿早已是公开的秘密。公众并不区分你是外企、国企、民企，还是第三方代理平台的私企，认为天下乌鸦一般黑。

医药行业存在潜规则。别人都这样做是不是意味着自己也可以心安理得地这样做？许陆耘尝试着把自己代入张永的境况，结论当然是否定的。业绩只是多与少的问题，合规却是生与死的问题。张永是昏了头？还是倔强的不服输性格导致了这样的结果？这个底线一旦被突破，业绩自然会上升，因此还会不断被突破下去。与此同时，另一个声音却在不断告诉许陆耘，"小孩子才分对错，成年人只看利弊"。

夜幕更深了。许陆耘开始权衡利弊：难道13人因为行为不合规被惩罚、被劝退，进而影响北区全年销售的局面，会是公司高层愿意看到的吗？如果他们真愿意看到，合规部直接下来彻查岂不是顺理成章？为什么还要安排北区内自查这个环节呢？许陆耘想到这里，觉得这次事件的处理核心应该是以儆效尤，并不是赶尽杀绝。

夜很深了。许陆耘仍在纠结于明天要做的抉择。许陆耘透过书房的窗，望着满天繁星和一弯残月，下意识地燃起一支烟。烟雾在他面前缭绕，久久无法散去……

管理决策

第二天一早，许陆耘拨通了自己的上级领导——负责营销的刘副总的电话。简单寒暄后，他把话题带到这次事件。刘副总的话很有水平："事情还是需要秉公处理，企业行为宪章的内核是公司价值观，有违公司价值观的人，无论是谁，决不能姑息！对你们的事情，我听到合规部汤部长的汇报后很吃惊。本来合规部准备马上彻查你们，但是我相信你的能力，相信你能站在全局角度，还事实以真相，处理好这件事，管理好这次内部危机。所以，我提议先让你们自查，汤部长向行政副总韩总请示后，回复同意我的提议。看来大家还是愿意相信你许陆耘的。"

是刘副总出手干预了流程。放下电话，分裂了一夜的许陆耘仿佛看到了彼岸。

于是，许陆耘开始动笔起草给合规部的书面自查结果。两位摸爬滚打过来的销售经理自然得保，为了以儆效尤可以给予重罚。可是要保张永，就得适当保他下面的一些人。那保谁？杀谁呢？李斌这匹害群之马是必须劝退的，否则大面上根本交代不过去。李斌铤而走险成功后，如果私下不传播，别人又怎么会效仿？这些效仿的销售顾问必须重罚，但还是别严重到劝退吧，11月劝退这么多人全年业绩肯定完了，对这些员工也不人道啊！还是视情节轻重给予不同的扣罚，不要赶尽杀绝才好。这样处理，总能起到警示作用了。刘副总干预并不是他想姑息这件事，而是希望既不影响企业业绩，又达到维护企业行为宪章的目的。这就是权衡的关键。此外，许陆耘总要考虑自己的职业安全度。自己都不安全了，还谈什么对企业的责任、对团队的贡献？

最终，为了保销售经理，为了不大面积劝退销售顾问，为了不演变成以新错误掩盖旧错误、自己被拖下水的局面，许陆耘将事实原原本本向合规部进行了书面汇报，只不过额外多做了三点：第一，自己首先主动站出来担责；第二，以重墨强调了张永和梅红的动机，强调了涉事的11人事后悔改态度良好；第三，从企业利益角度，建议采取保留工作职位，进行重罚的原则。他直接申请给予惩罚，惩罚结果写得一清二楚，很重，为的是在企业内息事宁人，在北区内以儆效尤：

（1）自请扣除管理严重失职的北区总监许陆耘职务补贴 1.2 万元。

（2）扣除管理严重失职的两位区域经理张永、梅红职务补贴 8 000 元。

（3）申请劝退提供假发票来源的营业三部销售顾问李斌，以警示北区营业人员。

（4）扣除假发票当事人奖金 3 000 元至 8 000 元不等。

（5）对于不合规的推广行为不予报销，因为同意报销则意味着公司同意这种不合规的行为。具体到本次的 11 名销售顾问的 1 万多元招待费，一律不予报销。

（6）今后北区一旦再出现推广行为不合规、违法和违反企业行为宪章的事件，对当事人直接劝退，对情节严重者予以辞退。

报告交上去，一周内获得批复。合规部同意许陆耘的重罚意见，不再派专员查办北区的 11 名涉事人员。事情过去了。

此后，一切恢复了平静。北区当年再次全额完成业绩指标，张永仍骁勇善战，目标导向很强，手段极刚。梅红承诺严格管理，保证不再发生类似事件。

一切都恰如其分的完美……

后记

次年 9 月，梅红带领的营业一部再次出现 2 名销售顾问使用假餐费发票报销事件。这次，合规部直接彻查，他们接受谈话后被劝退。梅红主动递交辞职申请，华佗公司未予进一步追究。梅红跳槽到一家外资制药企业担任销售经理。

张永及其所带团队并未发生违反行为宪章的不合规事件。但是，当年未能完成业绩指标。

又过了一年，到了 9 月，华佗公司宣布将专利已过保护期的 G 产品交给第三方平台代理销售，G 产品的销售顾问另行安排工作。在与人力资源经理配合完成人员遣散时，张永手段太刚，再次出现未按照企业流程规定办事的现象，导致一名员工与公司发生劳动纠纷，员工为此申请劳动仲裁。律师分析，因张永未能履行合规的离职流程，公司肯定会在劳动仲裁中败诉，企业声誉将因此受损。

由此，许陆耘对当年看似充满智慧的管理决策有了新的反思：利弊是不是真能取代对错？在"是与非"面前真能有所谓的双赢答案吗？

G 产品交给第三方平台代理后，华佗公司又可以合规了，但行业乱象还将持续。这种行业乱象的背后，企业、医生、患者事实上是三输的，那么谁赢了？

评析：

案例中的医药公司凭借产品专利优势，在业内一枝独秀。该公司的销售人员也因此得以避免沾染业内"潜规则"的积习。然而，随着一款重磅产品专利到期，大量仿制药上市，优势不复。该公司的一些销售人员为提高业绩，与医疗专业人士进行利益交换，真实发票因为不合规而不能拿回公司报销，于是去购买发票冲抵，结果却买了假发票，被公司合规部门发现，交由身为北区总监的主人公处理……

甲：也许是刚读完《医生俞鸿》，印象太深，我总觉得这篇案例是它的姊妹篇。

乙：我也有同感。如果连起来看的话。这篇《抉择》其实叙述了另一种情形，即俞鸿不是选择留在余州人民医院并坚持自己的立场，而是选择离开，进入医药企业做了销售代表，又会遇到怎样的挑战。

甲：我记得俞鸿当时的一个选择是进入医药企业从事研发工作。如果是这样的话，在他拿着不菲的报酬潜心研究的时候，他的销售顾问同事们靠着向他医院的前同事们进行利益输送而赚取利润，俞鸿是否会心安理得？这和待在医院里，坚持做好自己，靠科室里的同事多开药完成绩效考核，自己跟着"吃大锅饭"，拿绩效奖金有什么区别？

乙：类似的问题还有很多。制药企业的产品质量出现问题，研发人员是否要顶住来自销售部门的压力，主张停售或者召回？[①] 又如，制药公司把专利过期的产品交给第三方平台代理销售，把脏活累活外包出去，自己就没有责任了吗？对外包公司如何销售不闻不问是负责任和符合伦理要求的做法吗？抑或是有意识的"白手套"行为？

甲：身处一个行业或组织内，被"潜规则"包围的状态下，能否独善其身，确有疑问。不过，这篇案例可供讨论的内容还不只限于此。比如，问题暴露后，如何处理不合规的下属，是进行"外科手术"，并痛定思痛，还是仅仅做些"消毒""包扎"，敷衍过去？"外科手术"就足够了吗？是否还需要一些"化疗""放疗"等"医治"手段？"外科手术"（开除所有有问题的经理和员工）的做法是不是对公司负责任的做法？怎样从公司的短期利益和长期利益出发看这个问题？怎样做算是尽到对下属、对公司的责任？

乙：确实，从这个角度看，这个案例不仅延续了《医生俞鸿》开启的话题，而且把问题的焦点从个体从业者的伦理纠结提升到了管理层面的伦理抉择。这是它的贡献，也应当成为这篇案例的讨论重点。

---

① 吕进玉、林志吟：《复星医药旗下公司召回 5 万支注射剂》，载《第一财经日报》2019 年 10 月 29 日 A04 版；林志吟：《二甲双胍杂质风波未已　中国药企开启自查》，载《第一财经日报》2020 年 6 月 20 日 A09 版。

网络大 V "小兔子"是否接单？*

2016 年年初，网名为"小兔子"的微博大 V① 接到了一份来自"味好美"方便面品牌的委托。对方希望借助其微博名人的感召力与小兔子原创漫画的出众宣传效果，将受食品安全问题丑闻严重影响的市场人气和品牌信誉重新拾起。作为一名拥有近 600 万粉丝的微博红人、原创漫画手，小兔子对这份订单十分犹豫，一面是团队利益、发展前途，一面是社会舆论、粉丝数量，他是不是该接下这单委托呢？故事还要从他开设微博说起。

走上大 V 之路

小 Q 大学学的是建筑学专业，2008 年本科毕业后赴美国知名大学继续深造，取得了景观学硕士学位。作为一名"学霸"，他毕业后供职于一家著名的景观事务所，是圈内一位小有名气的设计师。而更为人熟知的是他的微博用户名"小兔子"。在年轻人的圈子里大家都或多或少听说过他这位网络名人。至 2015 年年底，他已经拥有 577 万粉丝。在百度百科上搜索"小兔子"词条，可以看到对他的介绍："宅圈同人画手，真相帝、吐槽帝、重口味。经常涂一些讽刺社会现状和恶搞舆论话题的条漫，吐槽适当且略有重口。"用非网络用语通俗地翻译过来就是笔法辛辣的网络幽默漫画家。

自幼喜欢日本动漫的小兔子一直笔耕不辍，自 2000 年年初就开始在中国机动战士联盟（Mobile Suit League，MSL）论坛与动感新时代论坛发表自己的单张机器人造型作品，常用笔名"兔子"。2010 年，小 Q 刚刚走出校园，逐渐有了些自由的时间进行创作，于是开设了名为"小兔子"的微博。开通微博后，小兔子延续着自己的纯粹爱好——"人型机甲"系列漫画的创作，粉丝们大都是"高达"系列漫画的拥趸。

2011 年 1 月，小兔子无意间根据两大网络公司骂战的新闻创作的恶搞型的长图漫画开始走红微博圈，粉丝从几千名迅速增长至上万。小兔子由此发现，贴近生活和大众的创作比自己的纯粹个人爱好更容易引起共鸣，而且稍带重口味的

* 本案例系第五届伟创力商业伦理案例写作比赛获奖作品，由清华大学经济管理学院工商管理硕士杨楠、白宫鼎撰写，仅供课堂讨论。其中的企业及人物均已经过掩饰处理。作者无意说明相关组织经营成败及其管理措施的对错。

① 在新浪、腾讯、网易等微博平台上，拥有众多粉丝且经过认证的微博用户，其微博昵称后都会附有类似于大写的英文字母"V"的图标。网民故用"大 V"来指称此类微博用户。

调侃、出其不意的情节可以很好地定位自己，迎合广大年轻人需要带有原创性的娱乐漫画放松心情的市场。此后他开始将微博的重心逐渐向带有故事性的轻松恶搞方向转移。2011 年的《高铁女侠》《京门九侠》《少先队长》等脑洞大开的短篇漫画为他拉来了众多的粉丝。到处都可以看到这些搞笑图片被转发。尤其是《少先队长》这则短篇漫画，将时事中热议的五道杠小学生和当时热映的漫威电影《美国队长》嫁接，用戏谑的笔法调侃了国内的教育现状。虽然当时由于时间有限，小兔子画得并不细腻，同时又由于涉及了恶搞政治人物使漫画显得有些敏感，但内容上的出其不意让他走上了大 V 之路。

小兔子深刻地意识到，出众不出位的内容是营销自己的不二法门，合理把握搞笑与低俗间的尺度是增加粉丝的重要指标。到 2013 年年初，他的粉丝总数已超过 20 万。小兔子逐渐从默默无闻变成了微博大 V、网络红人、草根名嘴。他也将更多的业余时间投入微博的更新中。

2013 年 1 月，刚刚跻身大 V 行列的小兔子从微博上接到了一封与众不同的私信，一家啤酒品牌希望他通过漫画软植入广告推广产品，并为他开出了 3 000 元的酬金。一直以来，微博作为小兔子将自己的兴趣展示给公众的平台，都是业余性、非营利性的。这是他第一次有机会通过微博用自己的名气、创造力和粉丝数量获利。这让他兴奋不已。然而，他也在思考广告漫画是否会将自己的人气拉低，受到粉丝的非议。

不过，小兔子对这件事有一定的信心。他认为利用自己的知名度在主营领域外开辟广告市场与明星承接广告十分相似。好的企业、产品、创意能够同时提升名人的人气，至于广告是否会拉低人气完全取决于内容和频次。如果市场反响良好，这是将普通账号做成经营性微博账号的一大步，应当勇敢地尝试一次。画作几经修改，小兔子的创意也几易其稿。虽然自己并不十分满意，所幸在微博推出后，粉丝的反响较为平静，并没有出现自己担心的"掉粉"现象。

小兔子意识到，这是一个潜在的商机，应当加以利用，寻找更好的甲方，将内容提升档次，并保持一定的频次。但这毕竟是开通微博三年来的第一单生意。如果就这样守株待兔，工作的收益实在太低，不如主动出击，将广告业务纳入自己的漫画板块，使原本传统媒体通过明星代言的枯燥广告变得趣味横生。这对于自己和读者应当能形成一种双赢的局面。

为此，小兔子开始搜集网络营销方面的信息。他发现有不少同行都将广告作为微博内容的一部分，而且有着不菲的收益。像演员姚晨这种超级大 V 的账号竟然估值过亿。企业也逐渐意识到大 V 营销具有传统广告营销不具备的优势：首先是价格低廉，相比一块重要且醒目的广告位或是某明星的代言，一则微博的受众不少，价格却相对低廉。其次是其定位更加准确，在受众人群中容易形成爆炸式、网络化的传播。例如，凭自己在漫画圈的人气，如果替某位新人背书，其知名度就会迅速提升，而且把握住的都是爱好者这个精确的圈子。再有就是利用大V的营销手段更加多样。相比传统的广告推送，大V们往往可以做到"润物细无声"的软植入，或是以身说法的平易式营销。这使原本枯燥的广告更加有人情味和可读性。

但是自己想要跻身大V的广告圈也面临不少困难。例如，这次的啤酒广告就和自己的身份并不相符，一个酒精过敏的漫画家给啤酒打广告，这连她自己都觉得搞笑。再有就是自己的身价目前较低，与付出的劳动并不相符；还有诸如如何让涨粉和发广告并行不互相影响、是否需要合同与法律保护、如何纳税、如何规避企业与产品风险等一系列问题。小兔子决定找朋友们帮自己出些主意。

成为职业段子手

2013年春节期间，小兔子通过自己的博友结识了一位广告经纪人小白。

小白与小兔子年纪相仿，大学毕业后在南方从事广告工作，过着一个普通人的生活。如果说区别，那就是小白自己喜欢写"段子"，让周围的人笑一笑。直到2011年他从微博上结识了"天才小熊猫""李铁根"等"段子手"，他才发现了一个由段子造就的全新商机。

那一年，一家公司收购控制了新浪微博上排名前五十的草根账号中的半数，其中的"冷笑话精选""微博搞笑排行榜""我们爱讲冷笑话"都是段子账号。仅"微博搞笑排行榜"一个账号的年利润便高达150万元。而这些段子基本都是通过网络抄袭而来，由该公司雇佣员工搜集转帖。[①] 独具慧眼的小白认为这种非原创的段子可能活不长久，毕竟现代社会最需要的就是个性，自己应当绑定当时网上走红的各位段子手做原创的段子平台。而那家微博段子公司的结局也正如小白所料，在经过一段时间的火爆后逐渐沉沦，落得个"粉转路人"的悲情结局。

经过与网络红人们一年的频繁接触，2013年年初，小白创立了一家文化传播公司，开始网罗段子手，通过团体签约，形成一个松散的联盟，并采用类似于艺人经纪公司红人带新人的方式，建立起一种全新的原创段子商业模式。在微博圈，这种效应要比娱乐圈大得多。大V们通过互相关注与转发，将彼此的粉丝共享，让粉丝数量有了稳定的增长，大大提升了原有的知名度。小白的角色类似于经纪人，通过自己熟悉的广告客户接到订单和要求，将其分配给自己的段子手朋友们，由他们加工上线。这样就形成了自己专攻谈判、商务、合同，段子手专攻产品研

---

① 曾鸣：《段子手的权力游戏》，微信公众号：GQ中国，2015年5月。

发的生态模式。

为了让大 V 们安心创作,小白为他们在广告中增加了转发抽奖的奇招。由于广告往往转发率较低,小白专门留出一部分广告佣金用于转发抽奖活动。这一方面实现了广告效应,另一方面由于转发量增加而提高了广告收入,让补贴带来了超额盈利,可谓一箭双雕。当然,这种补贴的做法也遭到了不少人的质疑,很多粉丝转发并非看中产品或是广告内容而是看中奖品。这种所谓"无脑参与"势必会造成垃圾广告的泛滥,损害微博使用者的利益。但小白却认为这种抽奖行为是商家促销的一贯手段,只是换了个平台而已,况且这些广告都是经过大 V 们精心设计的,只要粉丝持续增加,自己的生意就能越做越大。

自从开始与小白合作,由于形成了段子手联盟,小兔子的微博开始逐渐火起来,粉丝增长速度越来越快,自己的广告数量与广告收入也都有大幅度的提升。截至 2015 年年底,小兔子的粉丝已经接近 600 万,原创漫画《一条狗》《猫的报恩》《脑洞超市》都有不错的反响。其中,《一条狗》即将通过纸媒出版,其动画与影视作品也均在筹划之中。植入广告则形成了专门的板块——一组以小熊猫、小兔子、外星人为主人公的长图漫画系列。广告内容主要以电商、各类 App、网游及其他传统产业组成,每月刊登四到五期。由于小兔子将广告内容巧妙地与笑点结合,趣味性极强,又有小白公司提供的转发抽奖活动助阵,小兔子的广告漫画动辄转发上万,最高曾经超过四万,每年为他带来超过百万元的收益。

2015 年年底,小兔子辞去国外的设计师工作回国,建立了一支三四人的漫画团队,专心打理微博及微信公众号的生意,并担任了小白文化传播公司的创意总监。

一份烫手的订单

2015 年 12 月,小白交给小兔子一份广告订单,征询他是否有兴趣参与。广告客户是人们耳熟能详的味好美方便面。

小白之所以请小兔子帮忙推广味好美,主要是因为双方之前有过愉快的合作经历。2013 年 4 月小兔子曾与味好美合作,发布了软广"# 方便面拟人 # 那些黑红烧牛肉面的,你们知道她有多努力吗?!"的长图漫画。当时对于粉丝刚刚开始激增的小兔子来说,评论三千余条,转发一万余次的成绩相当不错。漫画在搞笑之余还充满了满满的怀旧情结,让很多人都看不出这是一则植入软广,甚至评论中有众多诸如"好久没吃了我要去买!"的留言。小白期望这次小兔子也能给客户一份满意的答卷。而小兔子却有些犹豫,他回答小白希望考虑下再做答复。

食品安全事件

小兔子之所以犹豫，是因为味好美的母公司不断爆出食品安全问题。先是该集团旗下的制油公司被查出购买含叶绿素铜的食用油品。叶绿素铜是一种食用色素，只不过不能标注为"天然叶绿素"[①]。其后，该集团另一子公司因向黑心油商采购劣质地沟油，导致其生产的肉酱、肉松等 12 款产品在某省下架。一个月后，该集团旗下又一家子公司购买动物性饲料用油，并用问题油品精炼制成食用油品销往该省各地，波及 363 家厂商。

接连三起食品安全事件在当地引起轩然大波，民众开始举行抗议活动，一致抵制该集团旗下品牌。以其旗下的主力产品鲜乳为例，在风暴发生前，市场占有率曾高达 40%，自抗议风潮兴起后，大幅滑落至 20% 以下。味好美等子品牌也受到殃及。另一家制造业企业负责人震怒之下要求该集团各厂区全面加入抵制行列，全面下架停售味好美母公司旗下品牌。事件中，味好美母公司旗下两家子公司市值蒸发超过百亿元。

不仅如此，抵制运动也开始呈现蔓延态势。2015 年 8 月，一则"良心导游向游客揭露味好美惊天内幕"的视频在社交媒体中热传。视频中一位女导游称味好美使用的地沟油数量是之前的 56 倍。接着又"揭露"该集团对抗议持无所谓的态度。其间，女导游还对新闻媒体未能及时报道提出质疑。一些名人、微博大 V 相继转发该视频表示支持。

前车之鉴

问题食品事件令小兔子对是否要接下这次的订单产生了巨大的疑虑。如果广告出了问题，遭到粉丝声讨，自己创造的核心价值"粉丝"数量就会急剧下跌，自己的各方面利益也会大大受损。他曾经计算过，如果自己兢兢业业，每月可以增加粉丝 2%，而如果一次微博内容惹人反感，导致 10% 的粉丝流失，就意味着自己连续五个月的努力付诸东流。要知道，为味好美打广告失败是有前车之鉴的，自己好几个"同事"都遇到过滑铁卢。

2015 年 9 月 11 日，拥有 800 余万粉丝的同行"W 君"由于转发了味好美冠名赞助的某网络娱乐节目，并留言"上周的味好美时尚之王节目中，小鲜肉们挑战极限，与野兽的流行大片超刺激！自行戳图感受下！对了，参与活动还有奖品

---

① 天然叶绿素 a 的卟啉环结构螯合元素为镁原子，但可能被氢原子或重金属铜所置换，前者会变黄或变绿且不易褪色。

哦～"。此举遭到粉丝的一致谴责。其微博评论中充斥着类似的留言："味好美都接？""所以说好的不买味好美呢？""天天打广告，你可真是越来越低级、无趣了""味好美你都帮忙"……

而另一位拥有 2 300 余万粉丝的大 V、小兔子的好友"老 M"因在 2015 年 9 月 27 日转发了另一则味好美果汁广告也受到重创。评论中的留言第一条就是："因为喜欢博主的宠物所以关注你，你广告越来越多我也选择性无视，这么一个之前食品安全问题炒得沸沸扬扬的商家的广告你也接？找上你这么个没底线的东西，再见！"之后的留言也大都是"味好美！差评""抵制味好美""这种广告真的好无聊"之类。老 M 为了这则广告牺牲了上万的粉丝。

更令小兔子担心的是一旦"网络暴民"纠集上阵的话，自己百口莫辩，受到的伤害也许要比失手的两位同行大得多。要知道，该集团若是再爆出食品安全问题，哪怕法院宣判企业无罪，哪怕并不涉及味好美这家子公司，但可能和被激怒的网民讲清楚道理吗？掉粉还可能只是小事，要是微博因此被围攻可就惨了。

这方面，小兔子吃过亏。2012 年，小兔子曾将网上红极一时的两位名嘴微博对骂事件画成了漫画并发布。本来他以为这个段子是则娱乐新闻而已，自己也只是中性地将事件的梗概以画作形式呈现，谁知此举严重激怒了其中一位名人的粉丝群体。在这条微博后面几乎全是赤裸裸的谩骂与声讨。小兔子之后及以前的微博留言中也被对方的"粉丝"霸占，严重影响了自己微博的观赏度与形象。

这件事让小兔子觉得挺冤枉。明明自己没有偏袒哪方，只是陈述了事实，却遭到无端的谩骂；本来期望辩解说服对方，最终却只能委曲求全地删帖、道歉，以求平息对方的怒火。然而，对方粉丝的力量是如此强大，情绪一旦被煽起，丝毫不给小兔子息事宁人的机会。小兔子最终只能以停开微博一个月为代价冷处理告终。

事后，冷静下来的小兔子认识到，网络世界与现实不同。在网上的粉丝是非理性的，往往一件小事就会引发蝴蝶效应，造成巨大的冲击与伤害。这次冤死刀下的教训充分说明：网络很危险，发言须谨慎。

小兔子又想到了自己即将要在纸媒上发行并筹划拍摄成影视作品的漫画《一条狗》。如果因为突发事件影响自己多年的心血大作，就不是微博掉粉、停运那么简单了。

未必那么坏

然而，小兔子还是有些不甘心。自己接过的每单广告都存在或大或小的风险：

电商可能涉及假货问题，游戏公司可能涉及让青少年沉迷网游的问题。如果自己什么都不做，就不会有今天的收入和个人品牌价值。这次的广告固然涉及食品安全这种敏感话题，但难题就没有办法破解吗？

小兔子觉得自己并不是替问题企业背书。加之该集团旗下出现问题的子公司并非味好美，同时这次的广告主体是《燃烧吧少年》这档充满正能量的节目，如果电视台都认可了味好美作为赞助方，那自己又有什么可担心的呢？

再者，事件似乎正在走向平静。W君和老M发布广告的时间刚好是在9月，正是导游视频在网上热传的同一时段，他们遭遇风口浪尖事件的影响属于"选错了档期"。就在2016年1月20日，自己关注的另一位拥有千万级别粉丝的"老L"刚刚发布了一条内容为"年底工作紧张，难免耽误吃饭，饿了不能抗。@味好美酸菜面中的爱马仕！我已经干了这碗热面，话不多说真是无法吐槽#一碗面的功夫#燃约战！"的广告微博。微博后的评论留言大多是正面的，即使是负面评论也是关于博主又来打广告不务正业之类的闲谈。似乎抵制味好美的热潮已经散去不少。

最后也是最关键的是，自己的漫画风格与恶搞态度容易消解不良反响。小兔子的广告栏目大多采用两种形式：一种是软性植入，例如早先为味好美制作的方便面拟人广告，如果不知道内幕，几乎不会有人想到这是一则付费广告，而会认为这是儿时回忆的一种怀旧情感的表达。另一种是硬性植入，采用小兔子与小熊猫、外星人的广告专栏形式出现，口味更加偏向恶搞路线。由于这种形式是广告专栏，大家阅读时往往更关注其中的笑点，而非广告产品本身，能够很好地规避风险。

想到这里，小兔子的心思又开始活动起来，到底要不要接这单广告呢？

小兔子的应对

小兔子还是拿不定主意，他决定在网上找几个博友探探底再决定是否接单。于是七八封私信发到了自己熟悉的粉丝和同行手里征询意见。私信的内容是："最近考虑画一组燃烧吧少年为主题的漫画，内容可能涉及某方便面品牌，大家是否在意？"

答复迅速反馈回来，几乎所有人都认为这会是一个挺有趣的主题，十分期待，或是附赠给他几则恶搞的点子。看来网上人们的忘性很大。小兔子拨通了小白的电话，告诉他自己同意接下这单，不过也请小白做好预案，如果有了风吹草动速速动用"水军"来和稀泥。

接下来的一个多月里，小兔子几易其稿，终于完成了画作的设计并在线发布。

小兔子非常巧妙地设计了这样的故事：自己作为主人公只是一个平凡的不能再平凡的每天吃着味好美方便面看着娱乐节目的小人物，然而一天自己突然被精灵拉进了电视里，穿越到了《燃烧吧少年》的世界。精灵告诉自己可以通过艰苦的训练实现一个愿望。小兔子为此经受了让人忍俊不禁的"魔鬼训练"，甚至练成了秃子（网上很多粉丝笑称他为秃子，兔子的谐音），最终达到了要求。精灵前来询问他的梦想，小兔子诡笑着回答出"再实现十个梦想"后就被精灵从电视中踢回了现实世界。结尾一格还标注着一行小字："实现大家一个抽奖的梦想，从转发本帖的粉丝中抽一人送 2 000 元。"

　　帖子于 2016 年 2 月 5 日正式发布，上线后表现十分正常，评论接近三千，转发过万。很多粉丝在评论中热议着这次由于转发数量较高而中奖率过低，也有不少粉丝对广告内容表示肯定，热议着哪种方便面的口味更好，甚至还有人 @ 了之前被网友批评的老 M，并评论说："这才是广告，你那是啥？"

　　小兔子总算长长松了一口气。这时小白打来电话。又有新单了，看来春节期间要格外辛苦了。

评析：

　　小兔子热爱漫画，喜欢通过微博平台与大家分享自己的作品。经过几年努力，终于成为拥有近 600 万粉丝的微博大 V。因为有了名气，企业闻风而至。于是兴趣不再只是"烧钱"的活动，而是可以带来收入的"营生"。但在将"爱好（avocation）"发展为（谋生的、赚钱的）"职业（vocation）"的过程中，小兔子也遇到了困扰。

　　母公司深陷食品安全问题丑闻的"味好美"方便面生产商向其发出要约，希望借助其微博名人的感召力及原创漫画的出众宣传效果，重建市场形象。小兔子却对这份订单十分犹豫：一方面是推送广告会带来丰厚的利润；另一方面是为有"道德污点"的企业代言存在引发"众怒"而"掉粉"的潜在风险。其实，风险还不只限于"掉粉"。他本人可能会遭到网络围攻，其正在策划的作品《一条狗》的纸媒发行和相关影视作品拍摄也可能因此受到影响……

　　乙：做还是不做？看起来，是个问题。

　　甲：案例叙述的更多是主人公对于承接广告得利但却可能损害自身声名，抑或拒绝承接广告以保全声名及长远利益之类的权衡取舍。这些令人纠结的问题，其实还都只是利益层面的得与失，即"利利之争"。其与孟子所说的鱼和熊掌不可兼得的情形有些类似，却与其所说的生与义的"利义之争"存在距离，更不要说纯粹的价值观层面的冲突了。

　　乙：是的。记得您之前说过，进行伦理讨论，首要的任务便是要识别现象中的伦理问题，亦即与价值观相关的伦理挑战。基于"理在事中"的前设，本案例中小兔子面临的难题中也蕴含伦理问题，诸如：作为一个有影响力的自媒体达人，如何做（既包括在纯粹的娱乐行为中，如单纯展示自己的画作，也包括在利用这种身份开展商业活动中，如承接广告）才算是（对公众、对受众）负责任的行为？

甲：说到个人兴趣与职业（商业）的关系问题，我一直关注的一个以推送影评为主的微信公众号日前发表声明，针对有关其收钱吹捧某部"烂片"的不实之词，其表示"建号三年，没有吹过一部我不喜欢的电影。为了不（收钱）吹烂片，为了独立、尊严和体面，我们放弃了很多东西，干了很多不情愿的事情，包括借钱发工资这种事"。其还提到，主笔甚至开淘宝店、卖服装，因为"只有去离电影圈远一点的地方赚钱，我们才能真正保持独立的姿态"。他的行为与道德有关吗？

乙：这一姿态，堪称是对上述何为负责任行为讨论的补充，也是对"如何对自己负责"之问的回答。

甲：现实中，人们在讨论伦理道德话题时，往往愿意使用"道德的（moral）""不道德的（immoral）"，抑或"合伦理的""不合伦理的"两分法。其实，上述两分法都还只算是"与道德（伦理）有关"的范畴。与后者并列的概念是"与道德（伦理）无涉的（amoral or unmoral）"。

乙：不过，要把学理分类应用于错综复杂的社会生活，不容易吧？

甲：确实。本案例涉及食品行业，那就拿吃东西来举例吧。很多时候，吃还是不吃饭，吃什么食物，都是个人的私事，似乎与伦理道德搭不上边，从而是与道德（伦理）无涉的。比如，某人为了纪念介子推，数十年来一直坚持在寒食节那天不吃加热过的食物。他的行为与道德有关吗？

乙：穿衣吃饭，各有一套。没毛病！

甲：如果他同时也要求家人那天和他一起不吃加热的食物呢？

乙：一言堂的家长，随他去吧！

甲：如果他是一家公司的负责人，他可以要求公司食堂那天只向员工——当然员工可以选择不吃食堂，并到厂区外自费进餐——提供冷的免费工餐吗？

乙：这个嘛……己所不欲……不过，如果公司提供午餐是劳动合同上明确约定的员工应得的福利的话……

甲：再比如，一对年轻父母是笃定的素食主义者，即使在没有母乳的情况下，也不使用配方奶粉，只给婴儿喂食米糊等植物蛋白，导致该婴儿严重营养不良，奄奄一息。对此，医生在道义上是否有加以干预的责任？

乙：爹妈是孩子的监护人……医生要救死扶伤……

甲：很明显，食物虽然最终会落入进食者的口中，但是一旦涉及他人，是否进食，吃些什么，吃素还是吃荤，以何种方式进食，都不再只是个人的私事。其因涉及了他人的情绪、关切、禁忌、规则……而具有了伦理意义。

乙：我明白啦！伦理除了与价值观有关，还是个涵摄人与人关系的范畴。

甲：是的。

寒冬中的宇非电缆 [*]

引子

"电缆厂这已经是第三年亏损了！你们去调研下。如果真没救了，就启动关停遣散程序吧！"

张桦站在煤能集团总经理何超凡宽大的办公桌前。两人正在商讨年底工作部署和下一年度计划。何总"啪"的一声把宇非电缆厂的几份财务报表甩在台面上。隔着一张硕大的写字台，张桦仍着实感到一股寒意袭来。

张桦拾起那几份报表，翻开最近 10 月份的利润表，醒目的赤字赫然映入眼帘：至 2014 年 10 月，宇非电缆年内累计亏损已达 107 万元。张桦清楚，结合历年的经验估计，到年底，宇非电缆的亏损额将达 150 万~200 万元。

"不能再这么亏下去了！"何总望着张桦，"运营部做一份报告，标题就叫作《宇非电缆处置方案》。我计划下个月向董事会提议关停清算这家厂。毕竟它占用了我们不少资金，经营又不见起色，远期看来也没什么希望和转机了。"

"这……"张桦一边翻看着报表，一边若有所思、欲言又止。

"总不能等到股东质疑时，我们才开始行动吧？！"看着张桦一脸犹豫，何总旋即又补充了一句。

煤能集团

煤能集团是一家以提供城市电力综合服务为主营业务的大型集团企业，旗下拥有一二级子公司二十余家，涉及电力建设（设计、施工、监理）、电气设备与材料制造、新能源开发、商贸物流及房地产开发等多个领域，年度平均营业收入约 20 亿元，净利润过亿元。

何超凡是煤能集团公司的副董事长兼总经理。20 世纪 90 年代末，他以职业经理人的身份进入煤能集团，亲历并见证了煤能集团依靠电力行业背景，从一个几十人的小企业，通过多种经营成长为业务多元化、年上缴利税数亿元的综合发展集团。

煤能集团对旗下企业实行职能式管理。集团有四个职能部门——财务部、运

---

* 本案例由清华大学经济管理学院工商管理硕士刘平撰写，仅供课堂讨论。其中的企业及人物均已经过掩饰处理，作者无意说明相关组织经营成败及其管理措施的对错。

营部、人力资源部和审计部。此外，集团还通过向下属企业派驻财务主管、各企业财务集中办公的模式，对下属公司实行精细化的财务管控。

运营部

运营部作为集团的重要职能部门之一，由总经理直接分管。其职责包括：对集团及各下属企业的经营管理全过程进行计划执行和监督评价，建立健全组织绩效、计划管理、流程管理等管控体系，协调各部门、各企业的工作，保证集团经营及战略目标的顺利实现；必要时出具经营调整方案，供集团领导或董事会决策参考。

运营部总监张桦，33 岁，国内名牌大学工学学士，毕业后即进入煤能集团下属公司从事技术工作，九个月前通过集团内部选拔招聘程序当上了运营部总监。

张桦应聘集团运营部的主要动机，一是希望把握住这个从技术转向管理岗位的机会，二是出于对电力建设全产业链运营的好奇。他认为集团运营部总监这个职位可以帮助他在短时间内了解电力行业"设计—施工—监理—设备制造—物流装配"这条完整产业链上各个环节的营运模式。事实上，他在集团运营部的实际工作也确实包含了对集团下属所有业务公司的运营分析、业绩评价和方案设计。

张桦担任运营总监九个月以来的工作得到了包括何总在内的集团领导的广泛认可。之所以能有这样的局面，不仅是因为张桦工作细致认真负责，上任以来梳理完善了公司的运营流程，加强了职能部门与各企业间的沟通协调，建立了集团数据的收集与反馈渠道，由此产出的相关工作成果对决策参考提供了良好支持，还因为张桦与前任运营部总监和其他部门总监不同，是从下属公司提拔任用的管理干部，在工作中特别善于加强与基层的沟通，不忘倾听一线员工意见并积极换位思考，为他们多做考虑。因此，他率领运营部提出的方案既与集团整体战略方向相符，又考虑周全、操作性强。他也成为员工眼里正直亲民而少有机关戾气的年轻干部。

宇非电缆厂

宇非电缆厂是煤能集团的全资子公司，主业是生产和销售各种型号的中低压电缆和电线，年产值达 12 000 万元。

电缆厂有员工 52 人，包含一线技术工人 30 人，机械、电气及线缆业工程师多名。这些员工均具有丰富的电线电缆生产制造经验、严谨认真的工作作风，以及强烈的质量责任心。

自建厂伊始，电缆厂即严格按 ISO 质量管理体系标准的要求建立了严密、完善、有效的品控体系，坚决实行产品质量否决权，在全员中牢固树立了"质量就是企业的生命"的理念，从而确保了优良的产品质量和服务质量，始终保持了100%的产品出厂合格率。

该企业以诚信经营和质量可靠深得用户赞誉，其产品广泛应用于本地及周边地区的城乡电网项目、诸多大型建筑建设，以及居民用户的家庭装修。在2011年以前，公司运营和财务状况良好，营运规模基本保持在每年7 000万元的产值水平，年创利约230万元。常年持续稳定的经营状态下，宇非电缆逐渐形成了相对固定的客户构成：电网公司(70%)、配电安装工程企业(20%)、零售客户(10%)。其中，电网公司订单因付款条件好、销售毛利较高、回款有保障，长久以来一直是宇非电缆赖以生存和发展的最重要、最优质的客户。零售则多来自城镇居民基于家庭装修需求的采购。

行业背景

电线电缆是广泛应用于传输电力与信息、实现电磁能量转换的一大类电工产品。作为电力和通信产业的重要配套产业，电线电缆生产在国民经济中占据重要地位。

尽管从线缆行业的总量来看，中国已于2011年超过美国成为全球最大的电线电缆生产国，但是行业发展却并不成熟。在同质化与低技术水平的竞争态势下，行业整体呈现利薄、质量差等特点。这是因为：一方面该行业的进入门槛较低；另一方面地方政府主管部门缺乏对投资的合理引导，导致该行业产能严重过剩。2009年，全国大中小型的电线电缆企业已近万家。产能过剩催生了恶性价格竞争，导致整个线缆行业盈利水平进入低迷状态，利润率越来越低，市场越来越混乱。

而线缆生产是一个料重工轻的行业。随着市场上铜价和各种原材料价格大幅上涨，迫于生存压力，不少企业为谋取利益可能会选择不诚信的经营行为，甚至故意使用劣质原料进行生产，以此来降低成本。因此，行业整体呈现质量普遍较差、产品不合格率较高的特点。

一枝独秀的经营理念

"质量就是企业的生命"是宇非电缆在过去20年间一直秉承的经营理念。在2014年9月国家质检总局发布的《关于公布产品质量国家监督抽查连续合格企业名单的公告》中，连续六年抽检合格的宇非电缆榜上有名，也是本地唯一一家上榜企业。这在市场竞争异常惨烈的线缆生产行业实属不易。

与此形成强烈反差的是，几乎在同一时期，市工商行政管理局发布了《流通领域电线电缆商品质量检测提示》，提醒消费者在购买电线电缆产品时应谨防假冒伪劣产品。2014 年第三季度随机质量检测结果显示，市场流通领域电缆电线产品的合格率仅为 38.9%。

2012 年的巨大亏损

然而，宇非电缆的好日子似乎到 2012 年就到头了。这一年，受全球供应短缺预期及美国实施第二次量化宽松（Quantitative Easing，QE）政策的影响，铜价剧烈波动，前所未有。伦敦金属交易所（London Metal Exchange，LME）的铜期货价格从年初的每吨 3 000 美元扶摇直上，到年底已飙升至大约每吨 9 000 美元。

电线电缆行业是一个料重、工轻、利薄的行业，铜材采购价格占电线电缆成本的 80% 以上。因此，对新接订单铜材采购成本的控制良好与否，将直接决定企业当年能否盈利。

恰恰在这一年 3 月，宇非电缆在电网公司的年度线材采购框架协议招标[①]中再次成功中标，取得了约 4 000 万元的销售订单。当时的沪铜价格约为每吨52 000 元。由于没有预料到铜价会在后来连续上涨，也因为一时资金紧张且无法准确预判实际交货周期，宇非电缆没有在获得订单后即刻对订单所需铜材进行一系列如套期保值的锁价工作。等到下半年电网公司客户陆续要求宇非电缆生产送货时，铜价已涨至每吨 70 000 元。

面对电网公司这个最重要客户的框架采购协议，宇非电缆总经理权衡再三：若单方面失信违约、不继续履行框架招标协议，虽然不需要承担铜价急剧上涨带来原材料采购价格高于产品销售价格而致的巨大亏损，却会面临因不履行合同承诺，无法通过下一年电网公司供应商诚信评价，最终失去其合格供应商资格，进而失去电网公司这个长期优质客户的局面。深思熟虑之下，宇非电缆做出了"继续履约"的艰难决定。

与此同时，电网公司方面也友好表示：框架采购协议因未能预期到原材料价格剧烈波动而设置单价调整条款，协议价格虽不予调整，但如果宇非电缆能克服困难，继续履行合同，将在下一年度框架招标时酌情给予宇非电缆更大的订单配额，以弥补其 2012 年的亏损。

宇非电缆将客户反馈的相关情况和他们谨慎做出的重要决定呈报并请示了煤

---

① 框架协议招标：招标人采用集中一次组织招标，在一定时期内根据需要、分批次采购技术标准、规格和要求相同的货物或同一类型的服务。通过这种招标方式，招标人与中标人形成统一的货物或服务采购框架协议。框架协议中一般只约定协议有效期，采购货物或服务的技术标准、规格和要求，以及合同单价，不约定或大致约定采购标的数量和合同总价。

能集团，集团表示同意。于是，宇非电缆在当年剩下的七个月内硬着头皮、扛着巨大亏损的预期继续履行框架协议。宇非电缆2012年度审计报告显示，当年实现产值9 824.36万元，净亏损315.63万元。

命运多舛的2013年

进入2013年，宇非电缆因上一年度的巨大亏损，现金流受到影响，财务状况不佳。对供应商付款的延后处理，也使原材料及辅材的采购价格高于同行业的竞争对手，削弱了它在其他细分市场上的竞争优势。

然而这还不是最糟糕的。春节后，就在大家都焦急等待新一年电网公司线材框架协议招标如约到来时，却传来一个让宇非电缆、煤能集团，甚至当初给出友好承诺的当地电网公司物流采购部都始料未及的消息：因工作流程调整与变革，原由省市电网公司执行的年度线材框架协议招标停止了。

直到2013年6月，宇非电缆才得到消息：因实施阳光采购，电缆作为电网公司采购的一级物资，其采购权将由国家电网公司收回并实施统一采购，不再由省市电网公司具体执行。也就是说，上一年的承诺将无法兑现。

更糟糕的还不限于此。采购权被国家电网公司收回后，面对全国近万家线缆生产企业，基于优选供应商的考虑，国家电网公司对拟参与投标的线缆企业设置了一些门槛，其中包括"财务状况良好"这一项。宇非电缆终于痛苦地彻底领悟到：电网公司这个最重要的客户，终于还是失去了。

在2013年剩下的半年时间里，宇非电缆迅速调整营销方向和资源布局，加强了对配电安装工程企业的跟进及对终端零售客户的促销，到年底分别实现了2 400万元和900万元的销售额。尽管通过努力，对工程和零售这两个细分市场的销售额均较往年有约三到七成的增长，但全年一共仅有3 300万元的订单，无论如何也达不到宇非电缆厂的盈亏平衡点。据2013年度审计报告，宇非电缆当年实现产值3 376.37万元，净亏损97.32万元。

未见起色的2014年

面对连续两年的亏损和每况愈下的经营状况，集团以"对亏损负有一定经营责任"为由，对宇非电缆原总经理进行了降职处理，将其调派至其他下属企业。至于宇非电缆的后续经营，考虑到工程客户与集团下属安答电器（一家以生产高低压配电柜为主营业务的制造厂）的客户领域高度重合，集团做出决定：自2014年2月1日起，由安答电器经营班子接管宇非电缆，整合资源，共同拓展工程客户，以期实现扭亏为盈，争取早日重新具备参与电网公司投标的资格。

　　然而，10 月的财务报表显示，宇非电缆年内累计亏损已达 107 万元。这预示着宇非电缆必将难以平静安稳地跨过新年。

　　张桦此前几乎从未接触过电线电缆行业，面对何总要求的《宇非电缆处置方案》，一时间感到无力与悲哀。难道一家运营了 20 年的企业的关停清算建议报告就要从他这个外行手上递出去吗？不管怎么样，他都决定先去宇非电缆走一趟，再决定报告怎么写。

与生产品控部经理的交谈

　　张桦与兼任安答电器和宇非电缆总经理的李智光通过电话，知会他自己将在晚些时候去宇非电缆调研，随后驱车 30 千米来到了位于城北郊的宇非电缆厂。按照李智光的指示，张桦此行由宇非电缆的总经理助理兼生产品控部经理陈舒畅负责接待。

　　陈舒畅今年 54 岁，原是一家大型电缆生产企业的车间主任，具有丰富的电缆生产与管理经验。早年宇非电缆厂的建立及生产设备引进就有他的一份功劳。从建厂之初到现在，陈舒畅兢兢业业，一直负责生产及质量控制。2014 年 2 月安答电器总经理李智光接手后，认定他是厂里最懂电缆的人，随即任命他为宇非电缆总经理助理，还把厂里的销售事宜也授权他一并代管。于是，宇非电缆"采购—生产—销售"这条价值链就由陈舒畅掌管了 2/3。基本上，如果有人说"宇非电缆实质是由陈舒畅在经营"，厂里是不会有人反对的。

　　陈舒畅对张桦的到来充满期待，毕竟这是集团派下来的人。如果说以前厂里遇到问题无处反映或汇报给李智光也得不到回复与解决，自己又不方便越级直接向集团汇报的话，现在张桦的到访与调研，使陈舒畅终于有机会反映情况了。

　　陈舒畅向张桦介绍了宇非电缆的盈利模式和发展历程，也把厂里的人力资源、生产设备及经营管理情况一一道出。与陈舒畅聊过之后，张桦了解到：

　　(1) 陈舒畅正在着手调整销售政策和人员队伍，在销售附加值率 13% 的控制水平下，2014 年全年有望完成 4 200 万元订单（工程企业客户 3 100 万元、终端零售客户 1 100 万元），2015 年计划努力完成 5 000 万元销售指标（工程企业客户 3 700 万元、终端零售客户 1 300 万元）；

　　(2) 电缆厂人员配置已经非常精简，没有进一步减员的空间，大部分员工都是建厂之初即入职的技术熟手，工作年限长，对宇非电缆厂既有感情又有贡献；

　　(3) 李智光虽然兼任宇非电缆总经理，但实际对厂里的经营管理事宜鲜有过问，接管十个月来只到过厂里两次，对电缆厂的关心关注不够，进而影响了电缆厂生产经营的决策效率；

　　(4) 厂里不具备自主研发先进技术和专利产品的实力。

张桦在陈舒畅的陪同下，绕着生产车间走了两遍。因为订单量不足前些年的一半，车间基本处于半停工状态。一线的生产工人也因而得以有空用他们独有的淳朴与热情对张桦这个年轻的"钦差大臣"的到来表示欢迎。他们向张桦反复诉说电缆厂曾经的辉煌，讲诉自己与电缆厂一起成长的过往、对现今状况的无奈与思考，以及对未来的迷茫与憧憬。

事实上，张桦在决定来宇非电缆调研之前，对电线电缆行业做过一些初步的调查，也查看了该厂历年的财务报表。如果说来之前宇非电缆对张桦而言就是一堆冰冷的数字，透着衰败的气息，那么此行之后，张桦心中油然升起一股说不清是责任感还是使命感的强烈感觉。在他印象中，宇非电缆不再是陈旧的机器设备外加醒目的赤字，而是一个个对企业怀有感情与期待的、对企业付出过青春与汗水的鲜活生命体。

调研结果

张桦和他的团队总共花了三天时间在宇非电缆厂进行调研、访谈和测算，也抽空到李智光所在的安答电器了解情况。经过周密的测算与估计，张桦心中有了基本结论：

（1）在现行费用及成本控制水平、销售毛利率水平下，宇非电缆厂的盈亏平衡点约为 4 200 万元，按资金周转率 3.5 次 / 年计算，维持该厂保本运营的资金需求约为 1 200 万元。

（2）维持现有资源投放不变，在不开发新产品且仍无法参与电网公司投标的前提下，宇非电缆厂的极限销售水平是 6 000 万元 / 年。

（3）结合线缆生产行业特征，宇非电缆注定是个资金密集型企业，经营风险受铜价波动影响较大，市场集中度差，低端市场恶性竞争手段频现，行业整体盈利能力低，难以期待企业未来能有较大的发展空间。

（4）结合陈舒畅预计 2014 年年底可实现 4 200 万元销售订单、张桦团队测算的 4 200 万元盈亏平衡点，再连续比对历年的财务报表，张桦还发现造成宇非电缆 2014 年账面依旧亏损的原因是：宇非电缆为安答电器承担了约 120 万元的财务费用。本年 3 月，安答电器迫切需要资金周转，但其自身贷款额度用尽，无奈之下李智光便借同时管理安答电器和宇非电缆的机会，用宇非电缆的名义举债 2 500 万元，实际投入安答电器周转使用，且一直没有归还。

与总经理的沟通

张桦将调研情况向总经理何超凡进行了初步汇报。何总认可张桦和他的团队得出的调研结果，认为张桦只需要把前三点结论写入他要的《宇非电缆处置方案报告》中，就能很好地完成他交办的任务了。关于第四点调研结论，何总特别提示没有必要写入报告，理由是：线缆生产行业资金投入大、经营风险受铜价波动影响较大，即便 2014 年宇非电缆没有为安答电器承担财务费用、没有出现账面亏损，也难改它在这个传统行业中作为落后产能，行将被淘汰的命运；况且李智光资金转移使用的违规操作一旦暴露给董事会，包括财务部在内的集团职能部门和相关领导都得承担监管责任。

同时何总也表示，通过此次调研看到了张桦的学习研究能力、数据分析能力及良好的团队领导力，未来会将更重要的工作职责交给他，希望他在业务上更上一层楼，不要辜负领导的期望。

张桦明白总经理何超凡的暗示：如果在报告中将全部调研结果向董事会和盘托出，可能会引致更大范围的调查和不稳定。而且此举与领导的想法背道而驰，他也担心日后会失去何总对他工作的支持。但一想到宇非电缆厂里那些淳朴的基层技术工人，他内心深处还是不愿意以"关停清算"作为本次报告的主旨，毕竟账面亏损实非电缆厂自身原因所致，何况真实的调研结果显示，电缆厂在大家的努力下经营状况已趋向好。

情怀抑或责任？

张桦清楚自己的多重角色：作为总经理何超凡的下属，理应站在对上级负责的角度，执行领导意图；作为集团运营部总监，他有义务还原事实真相，基于对股东负责任的使命，为董事会科学而客观的决策提供参考支持；而当他去下属企业调研时，他又觉得应该站在员工的角度，更多地考虑如何让员工与企业共同谋求发展。

然而，岂止于此。作为一名技术出身的电力人，张桦内心更有一种为全社会安全用电、为万家灯火安全点亮而提供基础保障的不舍情怀。

宇非电缆厂每年销售给终端零售客户的电线约为 1 000 万元。按照每户家庭住宅（按 90 平方米计）需要购买 1 000 元电线用于基础装修计，则每年约有一万户本地家庭向宇非电缆厂购买电线。如果按照平均一户家庭四个人来计算，则十年下来将有 40 万当地老百姓使用宇非电缆的产品。这在常住人口仅有 160 万的这个小城市，达到了 25% 的比例。

在混乱的电线电缆行业中，随时都有可能买到以次充好或假冒伪劣的电线。张桦希望宇非电缆的持续经营能让本地老百姓在选购电线时始终有一份确信安全保障的选择。张桦甚至觉得，这不仅是他个人的情怀，同时也应该是企业的一份社会责任。

在充斥着同质化和恶性竞争价格战的线缆行业，普通消费者要想在建材市场上购买到合格的电线，不是一件容易的事情。同型号、同品牌的产品，在同一家五金店出售时，可能会有几种不同价格，普通消费者往往弄不清这里面的门道，要么最后以价格来决定购买，要么就直接去宇非电缆厂设在建材市场的门市部直接采购宇非电缆。对当地老百姓来说，选择宇非电缆几乎就等同于选择了用电安全基本保障。

劣质电线的危害

如同张桦所忧心的那样，电缆是属于国家实施生产许可证管理和强制性产品认证目录的产品，其质量好坏直接影响消费者的生命安全、机器设备的正常使用及能源消耗。而那些价格便宜的电线往往是劣质电线，外观上看与正品几乎没有差别，但实际使用的过程中却存在极大的安全隐患。

国家对电线电缆执行《电缆国标 GB5023-1997》《额定电压 450/750V 及以下聚氯乙烯绝缘电缆 GB/T5023-2008》等标准。对不同规格的电缆电线在"标志""绝缘老化前抗张强度""护套老化前抗张强度""导体电阻"等项目上有严格要求。而劣质电线往往在以上项目中难以达标。

劣质电线一般分为两类，一类是假冒伪劣产品，一类是非标品。普通消费者纵然有火眼金睛识别出了假冒伪劣品，但对所谓的"非标线"，仍是难以鉴别。而"非标线"往往存在两类显著问题：一是使用再生料进行生产；二是电线线径偏小。这两类问题都会给安全用电带来极大的隐患。

例如，国家对线缆制造有明确规定：电线电缆的铜导线应该使用电解铜。因为铜芯导体占了电线成本的 70%~80%，一些企业为了减少成本而使用再生铜或铜包铝、铜包铁、铜包钢来冒充铜。这类材料的导电性能很差，极易造成导体电阻超标，增大电流在线路上通过时的损耗，加剧电线电缆的发热，从而极易引发电气火灾。

又如，电线截面线径偏小，即线径的实际横截面积小于标识的横截面积。这主要是部分企业为了压缩成本，偷工减料造成的。线径偏小同样会引起导体电阻超标问题，长时间或同时使用电磁炉、彩电、空调、冰箱、电脑等大功率家用电器，电线会发热、发软、发烫，不仅耗电，而且容易发生短路，甚至可能引发火灾，酿成重大灾难。

据消防部门统计：近年来 60% 以上的火灾事故均与电线电缆老化、短路有关，而其中 70% 是因为电线电缆的质量存在问题。

张桦的决定

经过再三思考，张桦最终没有选择将宇非电缆厂关停清算、遣散员工作为推荐的处置方案写入报告中。

张桦选择在一个星期五邀约总经理何超凡共进晚餐。席间，张桦感谢何总对他的栽培与指导。何总笑言一切得益于张桦自身的上进与追求。两人把酒言欢、称兄道弟。终于，在一个张桦认为气氛还不错的场景下，他再次提起了宇非电缆厂的处置方案一事。

张桦认为，现代企业不应固守传统的以追求股东回报最大化为目标的运营方式，基于企业所能承担的社会责任，应逐步把关注的范围扩大到员工、客户、环境等多个方面，努力为除股东之外的更广大的利益相关方负责，以实现以人为本和可持续发展。对企业的历史经营活动进行货币计量的财务信息无法充分反映企业面临的机会和风险，也不能充分体现企业的价值，宇非电缆就是一个典型的例子。

张桦说，希望何总能够收回年底即向董事会提议关停清算宇非电缆厂的决定，给电缆厂员工们更多的时间，就企业的生存、发展或转型做更多的思考和尝试；电缆厂建厂近 20 年，员工也伴随着企业初创和发展慢慢成长成熟、成家立业；如今企业出现问题了，就将资金迅速撤回，对企业实行关停，支付给员工一笔补偿之后将他们推向社会，未免有些不近人情，毕竟一个员工后面就是一个家庭。

此外，煤能集团作为伴随这座城市共同成长壮大的企业，应为本地老百姓的安全用电提供基本保障，这份保障理应包括提供质量可靠的产品。因此，除非证据确凿，否则实在不应草率地让老百姓熟知的"宇非电缆"品牌消失在市场上。

推杯换盏间，何超凡也无奈地表示，股东只看报表，自己作为职业经理人也承受着来自董事会和股东的巨大压力。然而，他从张桦身上看到了自己年轻时的稚嫩、执着和热忱。最终何超凡松口同意给宇非电缆厂一年的时间做更多的调整与尝试，代价是张桦要为他隐瞒安答电器挪用宇非电缆贷款一事直至集团内部处理完毕，以及起草一份《宇非电缆 2014 年度运营情况报告》给董事会，表明集团经营层已重点关注这家连续三年亏损的企业，正时刻为投资人履行资产保值增值的义务。

后记

张桦于 2015 年 1 月初向集团经营层提交了《宇非电缆 2014 年度运营情况报告》。集团办公会议审议通过后，向公司董事会提交，用以说明宇非电缆作为连续三年亏损企业的运营状况及发展趋势。董事会对集团经营层主动报告亏损企业管理情况表示赞许，并责成集团密切关注该企业的运营情况，如下一年度持续亏损，务必不迟于 2016 年 3 月提出处置方案。

集团下文恢复了安答电器和宇非电缆两家企业的独立经营管理，任命陈舒畅为宇非电缆代理总经理，对安答电器总经理李智光降职处理，任命安答电器副总经理吴天新接替李智光主持工作。同期，集团财务部相关人员亦因资金监管不到位被行政处理。

张桦每两周都会去一次宇非电缆，时刻关注着这家正历经寒冬的企业的生存与发展。

评析：

在行业产能过剩的大背景下，宇非电缆这家仅有五十余名员工，曾经年产值过亿的电缆生产企业，却连续三年每年亏掉百万元……

甲：张桦和总经理何超凡在那晚推杯换盏之前的立场与出发点不同，因此建议也很不同。何超凡作为职业经理人，要为股东和董事会负责，因此财务报表成为他决策的重要参考。从股东和董事会的角度看，这可能是一个烧钱的窟窿。而张桦还考虑到了为企业兢兢业业工作了数十年的员工们，以及当地政府和老百姓：从当地政府的角度看，这是当地唯一一家连续六次抽检质量合格的上榜企业；从员工的角度看，他们从工厂创办时起就在这里工作，企业的存废关乎自家生计；从消费者的角度看，企业有责任为数十万的本地用户提供优质安全的产品。到底该怎么处置这家企业？

乙：职业经理人难道还需要为股东和董事会以外的利益相关方负责吗？利益相关方多了，诉求难免有冲突，能够满足所有利益相关方的解决方案不一定存在啊。

甲：可是"企业的生存和发展依赖于企业对各利益相关者利益要求回应的质量，而不仅仅取决于股东"[①]啊！如果你是掌握着建议权，足以影响母公司管理层决策的主人公，你该如何行事？你该优先从哪个立场出发？是该壮士断腕，及时止损？还是该"刀下留人"，施以援手？

乙：容我想想……

甲：读完这个案例，我想起两则故事。

故事一。暴风雨过后，沙滩上形成了许多浅水洼，里面困住了成百上千条小

[①] https://baike.baidu.com/item/%E5%88%A9%E7%9B%8A%E7%9B%B8%E5%85%B3%E8%80%85%E7%90%86%E8%AE%BA/4556787#1。2021 年 1 月 31 日访问。

鱼。水洼里的水一旦干涸，小鱼就会干死。一个小男孩把水洼里的小鱼捡起，并用力扔回大海。有人问他："水洼里有几百几千条小鱼，你怎能救得过来？既然救不过来，你为何要在这里坚持？谁在乎呢？""小鱼在乎！"男孩答道。

故事二。龟岛上每年都会再现小海龟回大海的盛况。作为序幕，总有几只小海龟率先在日暮时分溜出沙窝。通常，也总会有几只海鸟发现沙滩上的美味，俯冲下来。只是这次有些特别。几个游客见状忍不住出手赶走了海鸟，并将几只小海龟成功送入海中。很快，成千上万只小海龟出现在了沙滩上，浩浩荡荡爬向大海。与此同时，大量的海鸟也趁着落日的余晖从天而降，开启了它们的饕餮盛宴……

乙：同样是救助行为，结果却相差很大！

甲：那么该如何评价？是从救助的动机出发？是看救助行为本身？是看救助对象？还是看救助行为的实际效果？

乙：我太难了……

甲：可以去读读西蒙·斯涅克的《无限的游戏》①这本书，也许可以从中获得一些启发。

---

① ［英］西蒙·斯涅克：《无限的游戏》，石雨晴译，天津科学技术出版社 2020 年版。

申太集团高管离职 [*]

董事长的纠结

2019 年 7 月的午后，办公室里凉爽怡人。申太集团董事长杜晓龙站在通透明亮的落地窗前，凝望着楼下在烈日下穿梭的人群和车辆，心里却一直不能平静。旁边的办公桌上，放着一份审计监察部的调查报告。报告的主角是在集团创业阶段曾给予他极大协助的得力干将张皓。

两个月前，集团审计监察部收到一封匿名信，举报集团旗下上市公司申太太阳能的董事长兼总经理张皓在光伏^①电站建设招标过程中收受工程总承包方大额现金，创造有利条件并最终促使阿尔公司中标，成为近 500 兆瓦（MW）^②光伏电站的总承包方。

随着集团规模的不断壮大，近年来申太集团投入了大量的人力和物力进行内部风险控制体系建设，制定了《干部道德守则》和《十条禁令》等文件，持续加强员工道德建设，对通过公事为个人谋取私利的行为采取零容忍的态度。可以说，申太集团之所以能够从当初一家经营环保材料的小型民营企业发展到今天拥有上市公司的民营控股集团，与杜晓龙严厉果断的管理手段不无关系。他也时常在核心高管面前强调集团纪律至上的文化，对触碰集团红线的行为零容忍，无论其职位高低。

对于一名违反公司制度、触碰红线的高管，又是自己颇为器重、一手提拔起来的得力干将，究竟是该严格按照制度让他离职以维护公司一贯的立场，还是破例让他继续留下？留下后又如何向公司其他员工交待？究竟该做出怎样的选择？杜董事长陷入了沉思。

申太集团

申太集团创立于 20 世纪 90 年代，最早从事环保材料的生产和销售业务。随着近年来环境问题日益突出，申太集团所从事的环保产业也迎来了发展良机，公司的净利润持续增加。杜董事长敏锐地意识到，虽然公司已经积累了一定的资本，

---

* 本案例由清华大学经济管理学院工商管理硕士杨国辉撰写，仅供课堂讨论。其中的企业及人物均已经过掩饰处理，作者无意说明企业成败及其管理措施的对错。

① 光伏发电，亦即太阳能光伏发电，其原理是利用太阳电池半导体材料的光生伏特（Photovoltaic, PV）效应，将太阳光辐射能直接转换为电能。可分为集中式和分布式两种。

② 兆瓦，即 MW，million watt 的缩写。1 兆瓦（MW）等于 1 000 千瓦（kW）。

行业地位稳固，但是如果仍然保守地依靠公司自有资本去发展，通过证券市场公开募集股份（initial public offering，IPO）的方式上市，很可能会因为漫长的审批流程，错过当前的市场机会，被竞争对手超越。他认为借助资本力量壮大业务并抢占市场份额的时机已经到了。

2009 年，公司完成了对一家壳上市公司的收购，并在当年将申太集团的环保材料资产板块注入上市公司，成功完成借壳上市，并将上市公司更名为申太环保。由于集团本身资产质量优良，具备较好的盈利性，自借壳上市以来，申太环保已数次通过非公开发行股票的方式，从资本市场募集了大量的资金，进而在全国范围内投资设厂，迅速扩张规模。

随着全国各地的工厂陆续投产释放产能，申太环保的业绩持续改善，截至2009 年年底，上市公司已实现了近十亿元的净利润，资产规模达数百亿元。

申太太阳能

虽然在原有环保材料主业领域已经取得了巨大成功，但杜晓龙却并不满足于现状。2017 年，经过对中国可再生能源市场的研究和论证，申太集团制定了以光伏为切入点，进军可再生能源领域的发展战略，以期在可再生清洁能源领域有所作为，对现有的环保材料主业起到协同作用。

结合集团的发展战略，杜晓龙任命张皓负责为申太集团在资本市场上寻找合适的壳公司，在短时间内完成光伏资产的注入，并完成相当规模的非公开发行股票资本运作，迅速扩大集团资本规模。

这个任务对于张皓来说极具挑战性。作为早期出国留学并归国工作的职业经理人，张皓为申太集团引入的先进管理理念很大程度上促进了申太集团在初创期的迅速增长。但是，这么大体量的资本市场收购行为，对于张皓来说也是头一次。

接到任务后，张皓迅速组织团队制定工作方案，并督促集团的人力行政部门按照其要求进行人员招聘，在短时间内迅速聚拢了一批专业投资人才。经过近半年的项目筛选后，最终锁定一家老牌上市公司作为收购标的。该公司属于传统制造行业，近几年一直处于微利状态，若出现亏损且没有明确可期的扭亏措施，其股份未来很有可能被特别处理（special treatment，ST）[①]，进而面临被退市的

[①] "特别处理"是 1998 年 4 月 22 日起，沪、深证券交易所对财务状况或其他状况异常，导致投资者难以判断公司前景，权益可能受到损害的境内上市公司的股票实行的处置措施。具体内容为：在公司股票简称前冠以"ST"字样，以便与其他股票相区别。ST 公司股票报价的日涨跌幅被限制为 5%。触发 ST 处置的条件包括：上市公司最近 2 个会计年度的审计结果显示的净利润为负值；最近一个会计年度的审计结果显示其每股净资产低于股票面值；最近一个会计年度的财务报告被注册会计师出具无法表示意见或否定意见的审计报告。具有退市风险预警功能的标识是"*ST"，其条件是境内上市公司连续 3 年亏损。

风险。

经过近一年的努力，张皓所带领的收购团队克服各种障碍，经过与目标公司大股东的多轮谈判，最终以申太集团可接受的价格完成了对该公司的收购。在开展收购的同时，张皓安排了另外一个光伏电站开发团队，在全国范围内开发光伏电站的建设路条。[①] 截至 2017 年年底，张皓的开发团队已开发了近 1 000 兆瓦的光伏电站路条，为后续往上市公司注入资产创造了坚实的基础条件。

申太集团正式接管该上市公司后，将其更名为申太太阳能，正式进军太阳能光伏领域。由于前期已储备了足够的路条资源，后续的资产注入也迅速有效地得以开展。2017 年下半年，申太太阳能以自有路条项目开展非公开发行股票募集资金，拟为旗下约 500 兆瓦光伏电站募集 40 亿元建设资金。在张皓的带领下，工作组高效地配合券商、律师和会计师的工作，在当年年底向证监会申报了发行股票预案并完成了意见反馈。2018 年 6 月，募集的资金全部到位，申太太阳能的光伏电站建设也陆续开工。申太集团通过太阳能光伏行业进军可再生清洁能源领域迈出了坚实的第一步。

张皓在收购申太太阳能和注入资产过程中的表现，令杜晓龙非常满意。考虑到过去若干年张皓对申太集团发展的贡献，杜晓龙任命张皓担任申太太阳能董事长兼总经理。

光伏市场

全球市场

全球光伏市场新增装机容量超过 50 吉瓦（GW）[②]，同比增长 16.3%，累计光伏容量超过 230 吉瓦。传统市场如日本、美国、欧洲的新增装机容量将分别达到 9 吉瓦、8 吉瓦和 7.5 吉瓦，依然保持强劲的发展势头。新兴市场不断涌现，光伏应用在东南亚、拉丁美洲诸国的发展势如破竹，印度、泰国、智利、墨西哥等国装机规模也快速提升，如印度已达 2.5 吉瓦。

中国市场

虽然国际上仍然存在对中国光伏组件的双反（反倾销、反补贴）情况，但总体上中国光伏产业仍保持回暖态势。在国际光伏市场蓬勃发展，特别是中国光伏市场强劲增长的拉动下，国内光伏企业产能利用率得到有效提高，产业规模稳步

---

①   路条是对国家发展和改革委员会同意开展某项工程前期工作批文（如《关于同意 ×× 工程开展前期工作的批复》）的俗称。

②   吉瓦，即 GW，光伏发电的功率单位。1 吉瓦（GW）等于 100 万千瓦（kW）。

增长，技术水平不断进步，企业利润率得到提升，在"一带一路"倡议引导及国际贸易保护倒逼下，中国光伏企业"走出去"的步伐也在不断加快。展望未来，在政策引导和市场驱动下，中国光伏产业发展预期继续向好。

2015 年，中国光伏的新增装机量毫无疑问地排名全球第一。国际能源署（International Energy Agency，IEA）光伏发电系统计划（Photovoltaic Power Systems Programme，PVPS）[①] 和国际可再生能源署（International Renewable Energy Agency，IRENA）关于中国新增装机量的统计数据分别为 15.15 吉瓦和 15 吉瓦，与中国国家能源局的官方数据 15.13 吉瓦较为接近。而中国也以 43 吉瓦的累计装机容量成为全球光伏发电装机容量最大的国家。

光伏电站投资成本

光伏电站是典型的资本密集型行业。光伏电站的建设业内一般采取工程总承包（engineering procurement construction，EPC）的形式，由投资方通过招投标确定总包方。总包方负责项目的建设，建成后再由投资方回购。虽然光伏电站建设工程有总承包商，但是光伏电站的核心资产，如光伏组件、逆变器和光伏支架等，其供应商都由投资方自行通过招投标的形式确定。

2015 年对于大型地面集中式光伏电站建设的总承包价一般为每瓦 7.5~8 元。也就是说，建设一个 10 兆瓦（MW）的光伏电站，总承包价为 750 万 ~800 万元。由于光伏电站投运后，后期运行维护成本投入较低，只要所发电量能够稳定上网，光伏电站便可以获得稳定的现金流。正因为上述特性，对于上市公司而言，以光伏电站资产为标的进行资本运作，如通过非公开发行股票募集资金等，资本运作效率是非常高的。结合近年来日益严重的环境污染问题，各地对清洁能源愈加青睐，国家也在财政、税收和电价等方面出台了多项针对新能源产业的优惠措施，以支持其发展。申太太阳能正是在这样的背景下，发力可再生能源领域，并借助资本的力量迅速取得了一定的市场地位。

光伏组件招标

申太太阳能将建设 500 兆瓦光伏电站的消息一经上市公司公开，国内众多光伏组件生产商纷纷向申太太阳能抛来橄榄枝。

2019 年以来，随着光伏组件技术的不断提升和上游原材料的价格下降，光伏组件的成本降幅明显。2007 年，中国太阳能组件的成本约为 36 元 / 瓦，随着

---

① IEA PVPS 是国际能源署（IEA）内设的一个合作研发项目。自 1993 年设立以来，PVPS 各参与方一直致力于将太阳能转化为电能的各种联合项目。

技术革新和产能的不断释放，光伏组件成本已降至 4 元 / 瓦左右。这个降幅是巨大的。以一个 1 兆瓦的光伏电站为例，之前的组件成本可达 3 600 万元，而如今建设同等规模的光伏电站，光伏组件成本投入仅需 400 万元。

由于光伏组件的生产并没有很高的技术要求，国内的光伏组件生产商数量众多，除了一线的生产商如中国英利、天河光能、晶澳等品牌厂商外，还有为数众多的晶硅组件厂商。近年来国家不断调低光伏电站的上网价格，由于不能通过大规模的生产来降低成本，这些规模相对较小的光伏组件厂商面临巨大的生存压力。

申太太阳能的董事长张皓全权负责该光伏电站的招投标工作。在组建了招标委员会后，张皓带领团队陆续与数十家国内光伏生产商进行了洽谈。张皓本身并不具备光伏行业的专业背景，因此他在其核心管理团队中招聘了多位在该行业具有丰富经验的管理人员，从技术、成本和组件性能等多方面对供应商进行挑选，最后选定了三家入围公司。综合来看，三家公司都属于国内知名的组件生产商，其中就包括向张皓输送利益的阿尔公司。

三家入围供应商光伏组件的价格和性能并没有实质性的区别，但如果严格按照招标委员会制定的技术和性能标准，阿尔公司的产品劣于另外两家组件供应商。评委会的技术专家也建议从另外两家公司中进行选择。但是，正是通过这次招标，张皓发现他当年在国外留学的同学余某目前正担任阿尔公司的销售总监，如果获得此次申太太阳能的招标，无疑会对阿尔公司当年的业绩有极大的提升。在评标阶段，余某已不止一次主动与张皓联系，向老同学解释此次招标对他个人和阿尔公司的重要程度，还承诺如果最终中标，可以提供更低的价格，并且向张皓提供物质回报。

由于张皓并不具备光伏组件的专业判断能力，其间他曾数次与招标委的专家进行会谈，确认使用不同组件对未来光伏电站的发电效率会有多大的影响。例如，在电站 25 年的运营周期内，光伏组件会逐渐表现出发电性能衰减的现象，并且随着运营时间的增加，衰减现象会越来越明显，一般组件供应商都会在合同中承诺在 25 年的运营周期内总衰减率不高于 20%。但是由于国内已运行的光伏电站都是近些年刚投运，至今还没有运营年限超过 25 年的电站，所谓的衰减率也仅是实验室的理论数据。正是由于现实数据的缺乏，团队里的光伏专家也仅能通过理论依据向张皓进行解释。

经过反复的内心挣扎，张皓决定接受与余某的交易。最终在他的主导下，申太太阳能最终与阿尔公司达成了光伏组件合作关系。评委会专家对这样的结果略感惊讶，但他们都是张皓新招聘入公司的管理人员，因此并未追问原因。

匿名举报信

2019 年的 5 月，申太集团的审计监察部收到一封来自公司外部的匿名举报信。信中详细讲述了申太太阳能董事长兼总经理在组件供应商招投标中利用职务便利，收受阿尔公司大额现金，通过违规操作为阿尔公司中标提供便利的过程。

接到匿名举报后，审计监察部立即向杜晓龙进行了汇报。在杜晓龙的授意下，审计监察部针对光伏组件招投标流程进行了专项审计，经过两个月的取证调查最终确认了张皓的违规事实。张皓对自己收受供应商阿尔公司现金的事实供认不讳，但也提出三家组件供应商的产品质量并没有明显差别，且阿尔公司可以提供比其他两家更低的价格。

在审计监察部完成调查并向杜晓龙汇报后，张皓主动找到杜晓龙，表示自己深刻地认识到了此次事件的影响，愿意接受该事件带来的任何后果。

董事长的决定

经过复杂的内心斗争后，杜晓龙最终与张皓进行了深入沟通，肯定了张皓在过去十几年对申太集团的发展所做的贡献，但是也和张皓谈到了申太在过去近 20 年的发展中所贯彻的文化理念，以及倘若留下张皓将对公司的文化体系建设和员工的管理带来的负面影响，对正处于快速增长期的申太集团来说，未来的负面影响是很难估量的。因此，他最终决定让张皓离开公司，但是也给予了张皓一笔相当可观的补偿金，以作为他在过去十几年为申太集团所做贡献的补偿。

张皓接受了杜晓龙的决定，最终离开了申太集团。后来，他整合自己在行业里的积累，创业组建了一家环保行业咨询公司，与申太集团还保持着合作关系。

评析：

申太太阳能董事长兼总经理张皓假公济私，在招标环节收受投标方好处，帮助其中标。事发后，却因母公司杜董事长"念旧"，居然得以全身而退，离开公司时还拿到了一笔相当可观的补偿金……

乙：这个结局有些出人意料。按照人们通常的理解，至少应当将张皓现实腐败给公司造成的损失从其历史功绩中扣除，以计算出其对公司价值的净值。而在这个案例中，集团公司杜董事长却似乎是将张皓的功过分开计算的：张皓要对贪腐承担责任，故须离职；但对其历史功绩需要补偿，因此在其离职时，给予补偿金。这样的处置，对其他在公司里就就业业做事的员工公平吗？难道不是在鼓励做坏事？难道不应该赏罚分明，有功则奖，（更重要的是）有过则罚吗？

甲：这个案例让我想到了前一段看过的电视剧《特赦 1959》，里面涉及了对徐远举、周养浩等原军统人员的处置是否太过宽大的话题的讨论。① 其中一种观点认为，周等罪大恶极，本不应受如此优待，甚至认为对其不杀不足以平民愤，应当严惩、镇压。

乙：我也想起来了，电视剧《乔家大院》中，复字号顾掌柜掺杂使假从中谋取私利，被东家乔致庸发觉，免去其大掌柜之职，但却念及他为乔家服务几十年，赠予身股，以为养老之资。它们都和这个案例中的情节很相似。

甲：上面这些对包括败德行为在内的恶行的不同看法与做法，其实反映了人们在"道德应得"（moral desert）问题上的认识差异。通常，人们将"道德应得"理解为某个人的行为在道德上应当得到的奖赏或惩罚，应当与其德性或道德品格相称，亦即罗尔斯所说的："常识倾向于假设：收入、财富和一般生活中的美好事物都应按照道德上的应得来分配。"②

乙：然而，罗尔斯反对这种观点。

甲：是的。他认为："调节社会基本结构与规定个人义务和责任的原则并不涉及道德应得，分配的份额并不倾向于要与它相称。""奖励德性的观点是不切实际的。""没有一个正义原则旨在奖赏德性。"③ 从这个观点出发，有助于诠释前述电视剧及本案例所反映的对德行有亏者的善待问题。

乙：也就是说，徐远举、周养浩之流得到宽大处理，顾掌柜取得身股颐养天年，张皓领取高额离职补偿金，均与他们的"道德应得"或"德性"无关。

甲：是这样的。这个案例和上述影视剧所讨论的人性问题，广泛存在于现实生活中，因而颇有讨论的价值。如何对待犯了错的人，是该秉承"一为不善，众美皆亡"的原则？还是该念及以前其为组织做的贡献，给予宽大处理？甚或考虑他的养老问题，给予免职补偿？这些判断和选择，涉及的不只是涉事的个体，也可能对公司的文化产生某种影响，涉及组织内部和组织以外的"利益相关群体"会如何看待组织的问题。

---

① 徐远举，湖北人，毕业于黄埔七期，1948 年时任保密局西南特区区长兼重庆行辕第二处处长。查获《挺进报》、拷打江竹筠等皆系其所为。周养浩，浙江人，早年毕业于上海法政大学，1948 年时任保密局西南督察室主任兼西南特区副区长。沈醉口述、沈美娟整理：《魔窟生涯——一个军统少将的自述》，人民文学出版社 1987 年版，第 321-323 页。

② ［美］罗尔斯：《正义论》，何怀宏、何包钢、廖申白译，中国社会科学出版社 1988 年版，第 310 页。

③ ［美］罗尔斯：《正义论》，何怀宏、何包钢、廖申白译，中国社会科学出版社 1988 年版，第 311-312 页。

免费的头等舱机票[*]

吃到一半的喜宴

"黑夜给了我黑色眼睛,我却用它去寻找光明……"熟悉的手机铃声突然响起,作为新郎的哥哥,正在婚宴上张罗招待亲朋好友的吕聪突然紧张起来。今天是国庆节放假的第二天,属于休息时间,客户是不会拨打这个工作手机号的。吕聪不太情愿地拿起工作手机看了一眼。来电号码是马经理的,吕聪不由自主地站了起来,手中的筷子也没放下,心想"这个时间打电话准没好事"。

电话那头,马经理温和又着急地说:"小吕,在休息吧?有件急事需要你赶快联系一下。牛总今天晚上想要带家人去三亚,但牛总在平台搜索了一下,今天的经济舱机票全部售空了。你联系一下雷总看看能否协调四张经济舱机票。领导要得比较急,想今天晚上就坐飞机走,你尽快给我回信儿。"吕聪愣了愣神,赶紧应和说:"好的,领导,我现在立刻联系。"

挂了电话,吕聪不敢懈怠,立刻拨通了远方票务公司总经理雷格的电话:"雷总,我们大老板牛总今天想要买四张飞三亚的经济舱机票,但是目前没票了,你看能否协调一下?"雷格反应迅速:"明白。"几分钟后雷格打电话过来说:"经济舱机票售罄了,只有头等舱的机票,你看要不给领导出头等舱的机票?按照经济舱的价格给领导结算,差额部分我们自己承担,领导问起来就说我们票务公司有航空公司给的免费升舱资源。你看这样行吗?"吕聪半分钟没有说话,回答说:"我想一下,一会儿给你电话。"

寄托梦想的各方

无难网和远方票务公司

无难网从成立之初就受到业界和社会的广泛关注,凭借母公司的客户、渠道等优势发展迅速,目前已涵盖普通商品、房地产、汽车、机票、旅游等丰富品类。不同于其他电商平台的竞价推广策略,无难网的所有广告宣传资源都是免费申请,面向所有商户开放,并且仅向商户收取极低的交易手续费。

———————————
* 本案例由清华大学经济管理学院工商管理硕士裕二郎撰写,仅供课堂讨论。其中的企业及人物均已经过掩饰处理。作者无意说明相关组织经营成败及其管理措施的对错。

远方票务公司从无难网成立之初就主动跟进，成为其第一批上线商户，也是无难网目前唯一的机票销售合作伙伴。虽然后来其他国内主流票务平台也找到无难网寻求合作，但均受限于远方票务公司帮助无难网搭建的独立机票销售系统，无法做到兼容，合作止步于意向。

远方票务公司看中无难网的是它背后母公司的员工、对公客户及个人客户的差旅出行业务。因此，远方票务公司投入大量科研力量研发系统，增加客服人员，提高服务水平。但由于所处地理位置偏远，雷格无法与无难网的领导频繁交流互动，从无难网开业以来，雷格只与牛总见过一面。因此，远方票务公司在无难网的业务拓展缓慢，每天只有百位数的个人客户上无难网购买机票。此外，无难网在开展暑期旅游、"双十一"、周年庆等重要时点的营销活动时，由于机票行业不积极主动，在牛总等领导眼中暂不属于重点行业，因此远方票务公司也就未能从无难网方面获得太多的营销费用支持。

主掌大权的牛总

无难网开业之初，为了在市场上快速打响品牌，在开店活动中，曾给过各个行业不少支持。远方票务公司也获得过活动营销费用赞助支持，但最近两年就很少了。

牛总作为无难网的一把手，拥有财务和人事审批权。无难网开展的所有营销活动的费用都要由牛总签字才能生效。动动笔几百万元的营销费用就签批出去了。因此很多企业高层主动拜访牛总，与牛总保持频繁的互动。每次拜访之后，企业对应的网店就会获得无难网的免费广告资源支持和营销费用支持。逢年过节，很多企业高层更是排队等着约见牛总，络绎不绝。

科技出身的雷格

雷格毕业于理工院校，之后一直从事研发工作，在航空系统开发方面经验丰富。很多大的机票销售平台的初始系统都出自雷格之手。雷格做事喜欢直来直去，不善于人情往来。雷格常和研发人员一起加班解决问题，但对于航空业务板块负责人吕聪，却从没请他吃过饭。

雷格很清楚自己这方面的状况，也在学着逐渐改变。远方票务公司是他的第三次创业，前两次都失败了。他希望借助无难网来实现第三次创业的成功，甚至上市的梦想。

似云似雾的马经理

马经理曾经与牛总共事多年。无难网成立后，牛总直接将马经理从其他部门调来担任团队负责人。牛总出席很多重要场合时都由马经理全程陪同。

艰难奋斗的吕聪

吕聪原来在公司分支机构工作。无难网成立后，他通过千里挑一的选拔幸运调入总部，参与无难网的筹建。无难网成立近三年来，吕聪不敢有丝毫懈怠，经常加班工作至深夜。在无难网的第一年，在年终考核中有机会获得"优秀"的他，因部门人员调整，被调整到新成立的部门，领导把原本属于他的机会给了别人，吕聪只获得了一个"良好"。

在新的部门他继续努力，把原本不被看好的机票业务做成了无难网的第三大业务，成了支柱板块。一个部门只有一个"优秀"名额，部门全年最努力也最有业绩的是吕聪和孙辰两个人，但孙辰前年已经获得一个"优秀"，按照惯例这个"优秀"机会应该轮流给其他人。吕聪原本以为这次十有八九可以获得"优秀"，但去年的考核结果公布后，让人大跌眼镜，孙辰依旧获得了"优秀"。吕聪也想去找领导沟通反映，但想到既然领导给了孙辰"优秀"一定有其原因，就没去问。一段时间过后，吕聪听同事私下聊到孙辰的父母是下属分公司的处级干部，有人看见他们年底前专门来总部请领导吃饭。

今年吕聪依旧如创业般富有激情，依旧兢兢业业，希望领导能看到自己的努力，但他也明白，和领导没有交集也许就代表着没有机会。上个月吕聪第一次有机会陪同牛总出差。牛总对吕聪印象良好，还鼓励吕聪继续努力。吕聪对自己今年年终考核获得"优秀"又多了一些希望。但他也担心，今年领导会不会又一次把"优秀"给了孙辰？

经济舱价格的头等舱

沉思了五分钟，吕聪给雷格回电："雷总，就按你说的办，赶快出票吧。"收到雷格发的出票成功信息后，吕聪立即将信息转给了马经理。马经理在微信里问："为什么会是头等舱？"吕聪回复说："经济舱的舱位目前都售罄了，雷总公司有免费的升舱资源，可以付经济舱的价格但出票是头等舱，给领导的机票就是按照这种方式出的票，也让咱们大领导及家人感受一下航空公司的内部福利。"末尾还不忘加上三个露着大门牙的大笑脸表情。马经理回了一个"赞"的表情。

过了一会儿，马经理补了一句："对了，这个钱你先垫上，等回头牛总回来后，牛总转给你。"吕聪立刻答复："领导，这个是远方垫的，不着急，让领导先出行，回头再说。"马经理又发了三个"赞"的表情。

总算解决了十万火急的大事，吕聪关上微信，一脸的苦笑。回到宴席，继续招待亲朋好友……

一切变得美好起来

国庆节假期结束了，吕聪重新开始了紧张忙碌的工作，机票的事情已被忘在脑后。但他明显感到工作越来越顺利了。

主动要求听取汇报

吕聪一直在紧盯着机票销售市场的政策变化。关于机票业务下一步的发展策略，他曾多次向马经理反映应该调整目前无难网的机票发展策略，转而采用"航司直营＋企业差旅"的发展思路，邀请龙头航空公司直营入驻无难网，同时借助母公司的优势资源和远方票务公司的服务力量，集中发展差旅业务。但之前的几次反映并没有得到马经理的积极回应，每次都是"咱们回头再研究一下"。写的几份报告也都被打回再做修改，然后就不了了之。

10 月下旬的一天上午，吕聪突然接到马经理的电话："小吕，赶快准备一份机票行业的发展规划，牛总下午两点要在会议室听取机票行业发展规划。"吕聪窃喜，之前准备的材料终于可以派上用场了。当天下午牛总召集了所有团队的负责人，认真听取了吕聪的汇报，对吕聪的"航司直营＋企业差旅"发展思路大加赞赏，鼓励吕聪按照这个思路加油干，争取在年底前取得突破。吕聪深受鼓舞。

活动资源持续增加

"双十一"活动马上就要到了。这是所有电商平台的狂欢节。无难网也积极参与，从国庆假期后就成立了筹备小组着手策划，每名行业主管都在加班加点策划活动、申请资源、宣传推广等。吕聪也在紧张地忙碌着。但吕聪觉得"双十一"是服装、手机数码等行业的狂欢，像去年一样机票的旺季应该是在春节，不是"双十一"，所以没有太花费精力策划活动方案。奇怪的是，这次活动策划者主动联系吕聪，提到针对这次活动牛总特意提出机票行业要作为重点行业参与进来。

在活动经费资源的申请中，吕聪报的方案之一是活动期间凡购买机票的客户每人获赠 20 元的无难网电子券。牛总在听活动方案汇报时，突然提出每张机票发放 20 元券太少，力度太小，应提高到每张机票给客户返 60 元的券，这样才能调动客户的购买欲望。就这样，机票行业的活动经费预算提高到吕聪最初设计预算的 3 倍。当然活动效果也很出彩，远方票务公司的机票销售情况很好，取得了各方都满意的结果。

受邀分享成功经验

11 月下旬，无难网举办电商专业知识培训班，全集团各个分支机构的骨干员工都来参加学习。这是全集团员工之间互相交流学习、总部向分支机构传达最新工作方向、核心企业进行全集团展示推广的好机会。无难网的主要负责人作为总部的老师要给培训班授课，同时也邀请部分商家做经验分享。被邀请参加分享的商家都是国内龙头知名品牌，主讲人也都是其关键部门负责人。培训班的组织者根据牛总的指示，特意邀请远方票务公司总经理雷格作为重要商家代表参与培训班的分享环节。雷格面向该集团全国的分支机构骨干员工讲解了其在无难网的成功经验，也借机推广了一把其机票差旅业务。现场反应热烈，效果明显，雷格感到非常荣幸和满意。

阳光照向吕聪

随着牛总对机票板块的重视和支持，远方票务公司在无难网的销售份额越来越大，越来越多的集团员工和客户选择在无难网购买机票。趁热打铁，吕聪向集团高层领导递交了一份申请，希望总部鼓励全集团各个机构都上无难网购买机票，后续再逐步把全集团的差旅统一起来。集团高层非常认可这一想法，批示全集团各分支机构加快推进。按照高层批示，各个分支机构主动联系吕聪，要求推广远方票务公司的差旅服务，有些机构甚至发文要求所有员工必须上无难网购买机票，否则不予报销。机票业务成了无难网的热门板块，一些境内外分支机构主动联系吕聪，希望将龙头的航空公司接入机票平台，集团内部对无难网与大航空公司的合作也是赞誉有加。各方声音都汇聚到了牛总那里。于是牛总在开会时谈起机票业务发展的次数也便多了起来。

增加行业人手

机票行业一直是吕聪一个人在负责，编写需求、业务沟通、问题化解、策划活动、营销推广等都是吕聪一个人做，他每天十分忙碌。吕聪多次向马经理申请增加人手。马经理一直说人员紧张，希望吕聪能够克服困难。

11 月下旬的一天，马经理把吕聪叫到办公室，给吕聪介绍了两位新同事，让他们跟着吕聪一起负责机票行业。吕聪高兴极了，不停地说："谢谢领导！谢谢领导！"

领导提起考核

12 月初的一个晚上，马经理请部门员工聚餐。餐后吕聪和马经理同行。吕聪一直在寻找机会向领导提出自己对员工考核的想法。吕聪觉得今晚是一个好机会，应该告诉马经理，三年来自己一直勤奋努力，但连续两年仅获得良好，希望

领导能够在今年的年终考核中考虑给予他优秀。上车后，吕聪还未说话，马经理
主动提起考核："小吕，今年你工作很努力，也做出了很大成绩，今年在年底的
考核中我会考虑的。"吕聪窃喜，领导已经明白他的心思，期待年底考核的好结果。

说不清的免费机票

12 月中旬的一天，马经理突然发微信给吕聪："小吕，上次牛总订机票的钱
一共是多少？"吕聪马上警觉起来，弄不明白马经理为何突然这么问。这是牛总
让马经理问的？还是马经理自己要问的？为什么事情过去这么多天了还要问？马
经理的话让吕聪不知所措。于是，吕聪装起了糊涂："领导，我忘记了，我需要
问下。"吕聪立刻联系雷格，两人协商起来。最后吕聪将雷格的微信回复"由于
远方与航空公司长期的合作关系，这四张机票是航空公司给予我们的免票资源，
没有花钱，请领导知晓"转发给了马经理。马经理回复了一句："我们不要欠人
家人情嘛，该给人家的要给人家，先这样吧，以后再说。"便没了下文。

不知道是不是以头等舱的价格出票？

不知道是不是以经济舱的价格出票？

不知道是不是真的有免费机票资源？

不管怎样，事实是这四张机票成了免费的头等舱。

未完后续

星期一刚上班，吕聪就接到了马经理的电话："小吕，到我的办公室来一下。"
吕聪赶快拿着笔记本去了领导办公室。

马经理询问了几个很小的业务问题，最后说，"我这周六休年假，想带家人
去昆明度假。现在我看机票非常紧张，你帮我问问雷总是否有便宜点的机票。要
三张。"吕聪忙答道："没问题，把您想坐的航班号告诉我，我去问下。"

走出马经理的办公室，吕聪又一次陷入了思考中。票源信息都是公开的，票
源紧张意味着市场上已经没有低价优惠的机票，马经理让问雷总便宜的机票，是
不是让雷总再一次向航空公司"申请"获得航空公司"赠送"的免费机票？以后
是否还会有更多的人来询问"便宜的机票"？吕聪陷入沉思中……

评析：

三年来，吕聪勤奋努力，毫不懈怠，一心只想在年终考核中得到"优秀"，
却总与"优秀"失之交臂。第一年，本来有望被评为"优"，结果由于部门人员调整，
被调到新部门，只拿了个"良好"。在新岗位上，他"小荷才露尖尖角"，把本不

被看好的机票业务做成了无难网的第三大业务，关系过硬的同事却"早有蜻蜓立上头"。国庆节假期，吕聪忽然接到顶头上司的电话，公司一把手要带家人外出旅行，希望他能帮忙购买机票。正是好好表现的机会。吕聪忙向票务公司的老总求援，为领导申请了免费的头等舱机票。然而，时隔不久，顶头上司要带家人出游，也请他帮忙购买非常紧俏的机票……

甲：分析一下，吕聪的困境与哪些因素有关？

乙：首先，与他自己过于渴望在领导面前表现，以便得到"优秀"的评价有关。

甲：在无难网，"好好表现"与考评"得优"有必然关联吗？在职场，"好好表现"应该包括动用公司的客户资源给领导个人"溜须""打进步"吗？

乙：这是个问题。我注意到，吕聪遇到弄机票的事一直没有说"不"。我在想，如果第一次，上司找他为公司一把手家人找机票，他没能买到并如实告知，那么还会有后来顶头上司也提出请他帮忙解决自己及家人出游的机票的事吗？

甲：这正好契合了伦理学上的一个重要命题。"普通的道德规范要求相似的人在不同的情况下进行不同的行为，而具有不同能力的人在相似的情况下应进行不同的行为。""如果你能做某事，那么你可做某事；如果你不能做某事，那么你就不该做某事。"① 前半句说的是"应当蕴含能够"。后半句是它的逆否命题，"不能够蕴含不应当"。这两条或许可以为遇事"说不"提供理论上的支持。

乙：说得好！

甲：不过，主人公面临的难题并不只是他自己造成的。需要看到公司内部存在的公私不分的现象。高层管理者——从案例叙事来看，其也只是公司的高级经理人，而不是实际控制人，公司另有母公司——居然会"以厂为家"，把为家人出游购买机票这样的私事交由下属去层层落实，而且不主动询问机票费用，更遑论及时付款，占"公家"的便宜。而后，上行下效，中层经理也有样学样。这才有了主人公的为难。

乙：古人所说，"源浊而望水清，理不可得"，② 指的就是这种情形吧！

① ［美］维吉尼亚·赫尔德：《道德规范作用领域的分工与律师角色》，载［美］赫尔德等：《律师之道》，袁岳译，中国政法大学出版社1997年版，第14页。

② 《贞观政要》诚信第十七。骈宇骞译注，中华书局2016年版，第170页。

社交类应用迷思 *

A

欢和[①] 公司产品经理志瀛再一次对产品的方向产生了困惑。志瀛负责的公司重要社交类应用产品"爱陌易"其实就是帮助靠在线分享图片起家的主流社交网络平台"挨寂寞"的用户互相发消息的陌生人交友程序。主要用户在海外的爱陌易已经有三年多的历史，一度还是移动社交领域的明星产品。然而，近一年来，爱陌易明显后劲不足，活跃用户数量持续下降。看着日报中逐日下降的数据，想想公司给团队制定的年度目标仍遥遥无期，志瀛不禁陷入了深深的迷茫之中。

欢和公司介绍

欢和公司靠工具类应用程序起家，多款产品曾经在应用程序商店（App Store）排名中进入前 50 名。2014 年是公司历史上的一个重要里程碑，公司产品的月活跃人数超过 1 亿。2014 年之前，公司现金流一直为正，没有任何贷款和融资，完全依靠产品、广告和分成来获得收益。

公司旗下包括工具类产品、基于网络协议的语音传输产品[②] 及社交类产品等多个业务领域。在这些业务领域中，并没有所谓的"核心"业务或"主打"业务。欢和公司所有的产品团队都是彼此独立的。由于每个产品发布时都是使用不同的公司名称，因此也很少存在不同产品之间相互吸引用户并"借势"的情况。

按照公司的规划，希望能在不久的将来上市。为此，需要不断优化产品结构、调整产品线，积累更多的资源。

爱陌易团队及其产品

爱陌易团队共有 20 个人，核心成员包括产品经理志瀛、客户端负责人可时

---

* 本案例系第五届伟创力商业伦理案例写作比赛获奖作品，由清华大学经济管理学院工商管理硕士李墨耘撰写，仅供课堂讨论。其中的企业及人物均已经过掩饰处理。作者无意说明相关组织经营成败及其管理措施的对错。

① "欢和"出自汉冯衍《与宣孟书》："思厚欢和之节，乐定金石之固。"

② 基于网络协议的语音传输（Voice over Internet Protocol，VOIP）是一种语音通话技术，经由网际协议（IP）即互联网进行语音通话、多媒体会议等通信活动。

和服务器端负责人易为三人。另外还有武威和赵齐两位项目经理负责项目的进展。

团队的唯一产品是"爱陌易"，一款围绕"挨寂寞"用户互相沟通的产品。挨寂寞是个主流的图片分享社区，但其用户之间无法发送私信，也无法实时聊天，只能通过发照片及相互留言的方式进行沟通。三年前，欢和公司成功捕捉到这个商业机会，推出了帮助挨寂寞用户相互发送消息的产品爱陌易。仅短短几周，爱陌易的注册用户就超过了百万，并一度在当时 App Store 社交类应用中排名第一。

之后，随着基于地理位置信息的推荐系统、基于用户活跃度的推荐系统等上线，爱陌易一路走高，成为公司的明星产品。2013 年，爱陌易产品每日活跃用户[1]数量逼近百万。目前，这部分产品是除了工具类应用之外，公司下载量最大的产品。[2]而且，该团队的产品注册用户数量在 2015 年达到 2 500 万，是当时公司注册用户最多的产品。

爱陌易团队核心成员

可时

可时是追随总裁一起创业的公司元老，也是爱陌易产品最主要的贡献者。刚开始，爱陌易产品团队总共只有可时和墨非两人，分别负责客户端和服务器的开发。产品经理的工作则直接由总裁完成。可以说，爱陌易是可时与公司总裁一起建立起来的。

易为

易为在大学里学的是计算机。在教育背景这一点上，他和公司三位创始人有些相似。毕业后，他没有进入互联网行业，而是一直在相对传统的通信领域工作。2014 年，在接到欢和公司的邀约之后，易为决定在 30 岁这个对于 IT 技术人员来说已经不年轻的岁数换一个行业，重新开始自己的技术道路。

加入公司没多久，由于墨非离职，易为成为服务器端的负责人。然而，易为接手后不久，就频繁出错。最严重的一次生产事故导致整个公司服务器宕机一个多小时，损失数十万美元。

因此，易为非常需要在工作中找到新的亮点，为公司创造更多价值，同时稳固自己的地位，弥补之前造成的损失。

---

①　每日活跃用户（daily active user，DAU），即在一个统计日内，登录某网站或使用了某个网络产品的用户（重复登录的用户须被去除）。其数量常被用来反映网站、互联网应用或网络游戏的运营情况。

②　工具类产品使用时无须注册，因此只能统计下载量，无法统计注册用户数量。

志瀛

志瀛两年前加入欢和公司。起初，他并不在爱陌易团队。他凭借出色的学习能力及对产品、市场的分析和理解能力，很快就成了公司重点培养的产品经理。一年半之前，总裁把爱陌易产品交给了志瀛。不过，虽然成了爱陌易产品的主要负责人和掌舵者，由于总裁对这个产品倾注了大量感情和心血，志瀛在做决策时，总要与总裁反复沟通，才能最终确定。

爱陌易的发展历程

爱陌易的研发过程是典型的"野蛮生长"。在开发初期，大家并没有想到该产品的生命力有那么强，因此在技术方案上，选择的是运行速度和开发速度最快的方案。然而，随着产品的不断迭代，以及功能的不断加强，产品的瓶颈越发明显。因此，团队花了一整年的时间对产品架构进行调整。这也导致那一年全年都没有重量级功能上线，用户活跃度持续走低。2015 年年初，爱陌易的每日活跃用户数量已经下降到 80 万左右，每天的营收在 4 000 美元左右。

2015 年 3 月，公司给爱陌易团队定下了新的年度目标：到次年 4 月，每日活跃用户要达到 200 万，或者每天的营收达到 20 000 美元。按照公司新的考评方式，如果能够达到该目标，那么团队的三名核心成员志瀛、可时和易为将分享一笔数量可观（200 万元以上）的特别奖金，团队其他人也会有数量不等的奖金。

经过团队一段时间的努力，2015 年 7 月，每日活跃用户虽然下降到 60 万左右，但是营收增加到了每天 8 000 美元以上，高峰期每天的营收甚至能突破 10 000 美元。

挨寂寞公司的动向

挨寂寞最初只是个分享图片的在线社区。随着用户量的增加，在图片分享之外，社交属性日渐凸显。2012 年，挨寂寞被富宝公司收购。2015 年 7 月，挨寂寞系统更新，提供了新的反馈功能。而这正是爱陌易团队打算在同年 10 月增加的新功能。9 月，挨寂寞再次更新系统，在一个不起眼的入口，提供了消息发送功能。

爱陌易团队调整产品方向

挨寂寞产品提供消息发送功能在爱陌易团队中引起了轩然大波。整个团队都意识到，该功能的推出，意味着挨寂寞和富宝公司可能已经盯上了基于挨寂寞的社交市场。现在爱陌易所在的领域有可能已经成为大鳄计划中的一部分。对于跟挨寂寞及富宝公司的技术和产品团队在细分领域正面对抗，所有爱陌易团队成员都没有信心。

为此，志瀛想了很多办法，并多次与总裁沟通，了解各种方案和渠道。之后，志瀛召集可时、易为和两位项目经理武威、赵齐，一起讨论产品未来的方向。最终得出了两个确定的结论和一个不确定的结论。

两个确定的结论是：①爱陌易这个产品无法跟大公司盯上的细分领域正面对抗。预计该产品按照目前的趋势，还有 1 年左右的寿命。②要达到公司设定的目标，必须开发一个新产品。否则，整个团队就有解散的危险。

一个不确定的结论是：究竟应该开发一个什么样的社交产品？对于互联网社交产品来说，有两性关系类和非两性关系类两种产品。而对于两性关系类，也有严肃的（偏向于婚恋）和不严肃的两个方向。一般而言，非两性关系类产品运营困难，付费比例低。两性关系类的产品中，严肃类的产品需要更多的线下资源和活动，门槛较高；而不严肃的方向则相对门槛较低，但是竞争者很多，成功的很少。

在讨论中，志瀛表示，对于严肃类社交，付费率低，推广和运营需要长期的培育，难以达到公司定的短期目标；只有做不严肃两性社交类产品，才有可能在消耗较小资源的情况下达到目标。

易为表示不愿意做不严肃的社交类产品，为此宁可放弃潜在的奖金。然而其他参与讨论的成员都表示希望尽可能向团队年度目标努力。由于易为加入团队时间较晚，最终他的意见没有被采纳，志瀛和其他团队成员依然决定进一步研究目前较为成功的程序，将付费排名靠前的"炙约"作为重点对标产品。

炙约产品的陷阱

经过一段时间的研究，志瀛认为自己已经基本了解了炙约成功的几个要素：

（1）基于用户魅力的推荐算法，将大量的优质用户推荐给普通用户。

（2）配对算法。两个用户如果选择喜欢对方，完成配对，就能进一步进行接触聊天。这大大刺激了用户的活跃度。

（3）付费方式。当用户看到自己心仪的对象时，如果没有完成配对，则必须支付一定的费用才能联系。在有优秀推荐算法的前提下，能极大地刺激用户的付费欲望，提高付费率。

整体来说，这套体系挖掘出用户内心深处对于认识更多异性的渴望，并使用简单的方式，使异性交友变得更高效，让用户变得更活跃。而大量具有魅力的优质用户的存在，是这个产品成功的基础。

按照这个研究结果，志瀛设计了产品方案。为了击败对标竞品，志瀛打算在炙约的基础上，增加视频聊天的功能。在讨论中，可时和易为都表示，由于原来没有接触过视频聊天的开发工作，而且在时间非常有限的情况下，产品的开发有一定的风险和挑战。不过，两位技术负责人同时表示，会把这个项目当作接下来几个月最重要的事情来做，会带领手下用 120% 的努力来冲刺这个目标。

于是，在志瀛的推动下，设计、客户端开发、服务器开发等各组力量都全力投入新产品开发。团队平均每人每周工作都超过 60 个小时，技术负责人每周更是工作超过 70 个小时。

然而，随着对于炙约的深入研究，越来越多的事实被发掘了出来。

炙约的优质用户来源

毫无疑问，优质用户是社交类平台吸引更多用户的基础。作为一个短期内快速上升的产品，炙约当然也需要大量的优质用户才能推广。

然而，由于炙约无法直接与对方进行沟通和聊天，必须先选择喜欢对方才可以。因此，志瀛判断，在炙约程序中存在大量伪造的优质用户。这些用户有着撩人的头像和照片，在自我介绍中包含露骨的挑逗。然而，如果用户不付费，无法直接跟这些用户沟通，也就无法直接了解该账户究竟是由真人还是程序维护的。

刺激付费之后的陷阱

为了尝试炙约提供的各种高级功能，志瀛支付了价格不菲的费用，成为高级用户。然而，好景不长，志瀛很快就发现，自己的账号被炙约删除了。

志瀛正打算申诉时，发现炙约的用户协议规定该程序对于"有违反道德行为"的用户保留删号的权力。由于炙约的产品极具挑逗性的各种暗示，很容易在该程序中发出粗俗、露骨的信息。在这种情况下，炙约往往能够掌握充分的证据来证明该用户有"违反道德的行为"。

显然，炙约是个虚假程序网站，包含很多虚假用户。当一个新用户登录时，会有大量虚假的帅哥／美女主动与其打招呼或聊天，并可能附带非常露骨的挑逗信息。用户想回复就必须支付价格不菲的费用。而付费之后，其账号就会被程序删除，再也无法登录。这种明显的欺骗性程序，由于感官刺激和挑逗性，在付费排名上非常靠前，预计每天收入超过 10 万美元。而且这种产品的用户即使被骗了，往往也不会去主动投诉；即使有用户投诉，导致程序被举报、封禁和下架，只要换一个产品名字、包装和公司介绍，就可以再次上线。

炙约之外的陷阱

另一个产品"多情恼"在约会类应用中不断攀升。志瀛发现，多情恼的产品思路与炙约如出一辙，貌似背后是同一个公司、团队在同时开发和运营这两个产品。很有可能当炙约被频繁举报并被下架之后，多情恼就会被作为下一个炙约来运营，用类似的方式再一次进行交友、社交欺诈。

B

第二次产品方向会议

志瀛再次召集所有相关负责人开会，介绍了炙约的情况，还结合付费榜的情况，征询大家的意见。

两位项目经理表示，为了达到目标可以尝试采用与炙约相同的做法，即利用虚假程序获得收益，争取达到团队的年度收益目标。赵齐认为，当前的目标较为明确，就是要尽快获得收入，不必考虑长期的运营和品牌问题。武威则强调，新产品上线前应当启用一个全新注册的公司名称，不能让新产品影响欢和公司的名声。

可时表示，鉴于炙约这类产品开发的工作量很小，可以找一两个人利用业余时间完成这个产品。团队的其他成员还是要争取使用现有方案，否则团队会处于无事可做的尴尬局面。

易为则强烈反对这样做，并表示宁可放弃年度目标，也要保证公司不会被牵扯到这种涉嫌欺诈的行为中去。

志瀛回应说，如果不考虑使用这种方式的话，无法保证原有产品方案能够成功，或者说，有很大概率会最终失败，这样团队就面临无事可做，甚至被解散的窘境。

会议最终不欢而散。究竟应该怎么走，志瀛依然没有想到好的办法……

评析：

一个团队长期高度依赖一款即将过气的互联网产品。而今，团队需要完成一个难以完成的年度业绩目标，他们找到了一款可以仿效的对标产品，同时也发现了一个可以快速见效的方案。只是，该产品、该方案的核心秘密是骗人。做，还是不做？看似简单的问题，却让数位IT精英举棋不定……

乙：这个案例让我想起了叔本华的一段话："精神愚蠢，势必内心空虚……内心空虚的人渴望外来刺激。因而，他们在选择外来刺激时从不感到厌恶，看看众人趋之若鹜的消遣多么可悲可怜，看看他们怎样社交，听听他们怎样交谈，看看那众多在门口闲谈的人，留意那些躲在窗帘后窥视的人，就可以明白这一点。众人渴望各种社交，盼望各式消遣娱乐，追求各类奢华，主要就是因为内心空虚，然而追求奢华让很多人堕入挥霍，终于陷入困苦。"①

甲：这段话固然揭示了人性中劣的一面，但更劣的其实是利用这种人性中的劣势去谋取不当利益。

乙：我忽然想到，如果这一次爱陌易团队按照炙约或者炙约＋多情恼的模式做了，那么接下来会怎样？欢和公司将来会走向哪里？

甲：相信很多人在孩提时代都听过诸如"放羊的孩子骗人被狼吃掉了""匹诺曹撒谎鼻子会变长"之类的故事。而讲这些故事的人都是成年人。长大了的孩子也还会继续和他们的孩子重复上述故事。

乙：讲故事是要揭示说谎的害处，进而让孩子明白要讲真话、不说谎的道理。

甲：只是这种做法颇有问题。故事仅仅描述了放羊孩子多次说谎最终无人救援结果被狼吃掉，以及匹诺曹每当说谎鼻子就变长的"事实"。然而，就算两个事实都是真实的，能从实然推出应然吗？能从中推出人应当不说谎话的结论来吗？

乙：从实然推应然？恐怕还不能。

甲：故事固然努力地在说说谎不好，却没有提供讲真话会有好结果的证据，更没有给出人应当讲真话的理据。不是靠说理，而是靠吓唬、恐惧迫使小孩子就范。而从诸如"成年人只讲利弊，小孩子才讲对错"之类的"箴言"，以及案例中人物的表现来看，很多成年人似乎也不那么信服故事里讲的道理。

乙：为什么成年人要将自己都不信服的故事讲给小孩子听？是可以讲的故事太少了吗？还是说诚信只存在于童话故事中，至多只存在于孩童的世界？人在成年的那一刻就将注定与诚信的世界渐行渐远？失信、说谎、骗人才是成年人世界的标配？抑或是，给孩子讲关于诚信的童话，是成年人童心未泯的表现？还是希图在孩子身上找寻，并让孩子保有自己已然失落的东西，从而希望让其过上"我们所未经生活过的""新的生活"？

甲：你说呢？

---

① ［德］叔本华：《人生智慧箴言》，李连江译，商务印书馆 2017 年版，第 26 页。

投　　标[*]

A

10月是北京最好的季节，空气凉爽、舒适惬意。可是坐在办公室里的李明却情绪低落。正在发呆的他被电话铃声带回了现实："李主任，昨天说的那个事情你考虑得怎么样了？咱们不能再拖了，明天是最后一天了。"

新城建筑设计公司

新城建筑设计公司的前身是改革开放后成立的一家国有事业单位，2003年完成改制，目前是一家员工持股的民营设计公司，共有员工500多人，总部下面有20多个工作室。

硕士毕业至今，李明在这家公司工作了八个年头，已是公司骨干。公司总经理张总对李明的专业水平也颇为赏识。2015年年初，李明提出申请并得到张总的首肯，自己带领团队成立独立核算的设计工作室，按照产值上交50%给公司，算作管理费和房租，其余部分为工作室员工提取奖金。这种模式在李明所在的行业比较普遍，算是企业内部创业，既能提高员工的积极性，又能实现对工作质量的控制。不过对于李明来讲，由于是刚开始做，寻求公司高层的支持是非常必要的。

李明是建筑学硕士出身。他的工作能力也得到了公司很多同事的认可。刚上班那会儿，带他做设计的师父谢工曾经批评与李明同年入职的小吴说："你看你做的这个图，乱七八糟，你看看人家李明的图……"类似的事情在李明工作这几年中发生过多次。在入职后的最初几年，李明连续中了好几个标，可以说一时风光无两。李明还一次次刷新了公司的纪录：一起进公司的员工中年薪最高的；公司最年轻的设计工作室主任……他还是大学同学中第一个国家一级建筑师。顺风顺水的李明也非常喜欢这样的工作状态：努力工作，取得成功。2016年秋天，李明开始攻读MBA学位。公司的很多女员工私底下都叫这位具有艺术家气质且外表俊朗的设计师"李Sir"，颇为亲切。这也可以看出李明在女员工中的高人气。

和李明同时毕业的王刚是另一个类型的设计师。王刚从小学习小提琴，非常喜欢唱歌、喝酒、打麻将。白天，王刚似乎有一半时间都在打盹，但是到了晚上

---

*　本案例由清华大学经济管理学院工商管理硕士张可航撰写，仅供课堂讨论。其中的企业及人物均已经过掩饰处理。作者无意说明相关组织经营成败及其管理措施的对错。

则仿佛换了一个人似的，精力充沛，天天和朋友们出去吃饭、唱歌到很晚。王刚的朋友很多，公司内外都有。

2014年年底，李明向张总提出自己做工作室的想法后，李总语重心长地对李明说："小李啊，我知道你心里一直有股劲儿，想自己做点事。我非常支持你，不过你还得找个帮手。这样吧，你和王刚搭个班子，你们俩一起做，凡事商量着来，这样会好点。"显然，张总虽然认可李明的专业水平，但对他的社交能力和公关能力还是不太放心，让王刚和李明搭班子，也是希望李明能顺利做下去。

李明知道王刚和张总经常一块打麻将，是牌友。对于张总的建议，李明不好拒绝，于是同意了张总的意见。李明是工作室的主任，王刚是副主任。不过，从内心来讲，有点儿清高的李明对于王刚这种三流学校毕业的，设计水平很不怎么样的设计师并不认可。

投标项目

9月初，王刚的一位亲戚提供了一个信息，治州仓山公司有个大型办公楼建筑项目准备启动，前期需要做规划设计工作。王刚的亲戚认识对方的高层领导，能帮助介绍。这是个集办公楼、酒店、商业为一体的综合体项目，建筑面积接近10万平方米，在当地也算是个比较大的项目了。李明和王刚商量了一下，决定主动推进一下这个项目。

成立以来，工作室只做过几个很小的项目，并且项目的回款很慢，目前只有30多万元，但花费却已经超过110万元，部分员工工资都是靠李明和王刚的个人储蓄及公司总部的垫款。如今已是下半年，如果再没有大项目，年初总部确定的200万元产值目标和150万元的回款目标无论如何也实现不了。按照公司的规定，如果工作室第一年活不下去，就只能摘牌。李明和王刚可以选择的机会不多，如果能顺利拿下治州这个项目，今年的目标就可以超额完成。

在进一步接洽中，李明发现事情比自己想的要复杂。这几年房地产行业的发展明显变缓，建筑设计公司的项目数量普遍都在下降。治州当地的建龙设计公司很早就盯上了这个既能提升公司品牌形象，收费又颇为丰厚的项目。他们的负责人林总更是亲自出马，四处活动，希望能顺利将其拿下。因此，在这个项目上，李明和王刚并没有必胜的把握。

项目建设单位经过多次会议后决定对项目进行公开招投标，进行综合评标打分，技术部分占30分，业绩部分占30分，报价占40分，满分100分。综合得分最高的一家将得到这个项目。李明初步计算了一下，各竞标公司的能力都很相当，并没有哪一家有比较大的优势。就拿当地的建龙公司来说，其在成本和服务上有很大优势。新城公司作为先锋公司，在设计技术和理念上则比较突出。不过，这个项目显然不是技术水平高就能拿到的，需要比拼的是综合能力。

对于这样的大型项目，很多建设单位实际上并不是真正希望找到一家水平高的设计公司，有的只不过是希望找找新的理念。行业内普遍存在"骗方案"的现象，即开发公司拿到设计方案后并不委托设计了该方案的公司去做，而是找更便宜的设计公司做。由于知识产权保护机制不完善，设计公司遇到这样的事情难以切实依法维护自己的权利，只能自认倒霉。如果前期投入太大，最终却没有产出，大部分工作就白做了，风险还是很高的。因此，很多设计公司都会采取广撒网的策略，捞到一个项目是一个。

李明的纠结

这个项目对李明的工作室非常重要。毫无头绪的李明和王刚在一块商议，要不请教下张总，看看张总能否给出一些好的意见。面对这样的情况，张总给的意见是和另一个工作室的头儿崔工谈谈。崔工是公司里的老员工，可以说是久经沙场的老兵。大家遇到类似的困境都会向崔工求助。也经常出现前边的员工做不下去了，然后转到崔工手里来做的情况，不过崔工要切走很大一块。李明和王刚找到崔工商量后，崔工也给了他们一些建议。

首先，崔工建议他们想办法做好评审专家的工作，一般的建设单位都有自己的专家，建议他们利用王刚亲戚的关系下功夫做好专家的工作，可以邀请专家们到北京知名的几个办公建筑考察一下。其次，建议他们多找几家关系好的公司，一起去投标，也就是所谓的"围标"。几家公司商量好，一起去投标，中标后再把项目转包出去，自己拿到比较丰厚的一块利润就好了，设计谁做都一样。

对于建筑市场来说，这些年来招投标项目很多。大家也都普遍适应了市场的基本做法。互相陪标的事情经常发生，这并没什么特别的。几家单位事先商量好投标报高价或者低价来形成攻防一体的利益共同体也很常见。至于项目的分包就更普遍了，拿到项目后并不自己去做，直接转给别人去做，自己拿到一定比例的分成即可，既省事又有钱赚。不过李明知道也有一些公司，比如他的同门师兄所在的设计公司，一直采取的策略都是通过高水平的设计能力来实现项目的承揽，他们也从不参加这种围标和分包的活动，在市场上属于比较高冷的公司，业绩也做得相当不错。

李明一直认为，通过自己过硬的技术水平，在投标的技术工作上多花功夫和成本，进行创新性的设计最后拿到项目是最理想的方法。去年有个南州的项目，李明带着三个助理，连续奋战了一个半月，每天打地铺睡在公司，吃透每一个设计要求，花了很大的成本制作了动画、效果图等，最终拿下了项目。李明也把这种工作风格带到了新的工作室里。工作室的作品非常丰富，项目的完整程度也非常高。甚至有的项目业主方都觉得李明做得过于深入了。对于新成立的工作室来讲，这样的工作成本确实有点高，算上建筑模型制作费、动画和视频的制作费用等，每个项目的花费都是其他团队的两倍以上。

这些年来，虽然有工程项目出现各种状况的消息，但还没听说过设计公司出事的。大家觉得，工程设计相对来讲还是一个非常安全的行业，只要不出大的纰漏，都不会有什么事情。2014年，某中学在建体育馆发生坍塌，事故共造成十人死亡、四人受伤。最终，来自施工单位的十五名被告人被分别判处三年至六年不等的有期徒刑。而设计单位的负责人只是受到了通报批评，也不是啥大事。建筑行业的围标、串标、工程转包太普遍了，大家对此都习以为常，并没觉得有何不妥。

10月11日晚，李明接到王刚的电话。王刚的意思是和他两个朋友合作，三家一起投，不管谁中了，都给另外两家一些补偿，中标后再把项目转包出去，这样今年的业绩就能实现了。这也是崔工给的建议，是业内常见的做法。

B

选择

晚上回家后李明和儿子玩跷跷板游戏时走了神：这生活不就如同跷跷板，压下了这头就翘起了那头？

王刚是李明的搭档，在很多事情上，李明都会听取王刚的意见。王刚的态度很明确：这个项目对工作室非常重要，可以说是关系到工作室存亡的问题。就按照崔工的建议和大家的普遍做法，利用新城公司的知名度和技术水平，多做几个设计方案，联合几家好朋友的公司进行围标，拿到项目后就转标。仓山公司这样的项目工程设计费有一千多万元。如果顺利拿下的话，只需要拿到15%左右的设计费，今年的目标就达到了。不管怎么说，只要能赚到钱，活下来就行。

李明有些犹豫，工作室的存亡确实很重要，目前的项目也具备王刚所说的条件。在仓山公司里有关系，仓山公司的几个专家通过各种渠道也能联系到。对于一起围标的伙伴也足够信任。而且这种做法在目前很常见，大家都这么做，自己也这么做又有何妨？

李明看着窗外，想起王刚方才打来的电话。"李主任，昨天说的那件事情你考虑的怎么样了？咱们不能再拖了，明天是最后一天了。"

第二天一早，李明和王刚进行了一次深入的讨论。李明坚持按照过去的做法，希望通过深入的设计和完善的工作来争取项目。如果拿到了项目也希望自己做，而不是直接套取费用后就转包。

接下来的一个月，李明每天都在工作室和设计员工一起深入探讨设计方案，有好几次都睡在办公室里没有回家。王刚对李明的坚持和执拗表示非常不认可，半个月没来上班。其实对于王刚来说，上班和不上班并没有两样，他的工作价值体现在办公室之外。

11 月 10 日，项目开标。李明工作室团队没有拿到项目，综合打分排名第二。建龙公司凭借较低的报价获得了第一名。

C

后来

北京的深秋，在供暖之前的一段时间让人觉得格外冷。气温下降到了零下。绿地喷灌器喷出的水花打湿了灌木丛，结成了晶莹剔透的小冰柱。李明在小区里遛弯时，电话响了，显示是治州的号码。电话那头传来浓浓的治州口音，大意是公司经过综合权衡，决定进行第二次方案评选，选择项目的前三名进行第二轮设计评选。

在第二次的评选中，李明团队凭借系统完善的设计获得了业主方的一致认可。最后业主方决定由新城建筑设计公司负责项目的概念规划设计方案和初步设计方案，由建龙公司负责施工图设计和项目的施工服务配合。

北京供暖以后的室内还是比较温暖的，相对于南方有些地方来讲还是比较舒适的。12 月初，新城建筑设计公司和仓山公司正式签署了设计合同。一周后，130 万元的第一笔费用打到了新城建筑设计公司的账上。

评析：

李明是一名建筑设计师，在公司内部创业，成立了自己的工作室。由于是初创，工作室接到的项目不多，回款很慢，开销却不断增加，主任、副主任不得不垫钱维持。而且按照公司规定，工作室要"活过第一年"，完成公司设定的业绩指标，否则就会被"摘牌"。目前，工作室准备参加治州项目的竞标，如果胜出，当年的任务即可超额完成。然而，业内的做法却是：很多招标的公司（甲方）实际上并非真地希望找到可靠的设计公司，而只是希望通过招标获得免费的设计理念，拿到设计方案后即将其交由报价低的第三方去实施。投标的设计公司事后维权困难。为了避免因前期投入太大遭受损失，很多设计公司都选择"抱团取暖"，通过围标，广撒网，增加中标概率，再彼此分享利益。副手建议李明这次也这样操作……

甲：如果你是李明，你会怎么做？

乙：如果我是李明，我……我要么顶住，要么认屎！

甲：你不能把两头全占了啊！一次只能选一个。

乙：我先选顶住，拒绝"潜规则"！

甲：如果不能中标，工作室今年完不成业绩指标，可是要摘牌的！

乙：摘牌就摘牌，反正也丢不了饭碗，回到公司总部，还不是一样做设计师！

甲：可主人公本来就是明星设计师啊，一直都很……

乙：也是，面子上过不去。那我接着选认屎，接受潜规则就是了。

甲：你还是想两头都占！来不及了。招标已经结束，拿不到订单，业绩完不成了……

乙：那我就首选认屎。毕竟人在屋檐下嘛，还是得低头。

甲：是谁刚才还说大不了工作室摘牌，回总部继续做设计师去？怎么这么快就变成"不得不低头"了？

乙：那还不是因为人言可畏嘛！您想，都是明星设计师了，一旦铩羽而归，多抬不起头……

甲：看来你这个"明星设计师"一直都生活在别人的眼里，被别人的说法、看法、想法、做法左右……应当承认，周围人的评价、公司的考核指标、行业内的普遍做法，一起构成了我们所处的环境，但"外部环境如此"，是否就是决定我们如何行事的唯一理由？理由是赋予我们行为正当性的东西，"外部环境如此"能成为正当性的理由吗？

乙：好像不能，更像是借口……

甲：是的，那是借口。让人拒绝思考、逃避责任的借口。仅凭借口，无助于做出负责任的选择，无论是对人还是对己的责任。

乙：不过，先"活下去"，等时机、条件成熟了，再践行理想、责任，有什么不对的吗？古人不是说"仓廪实则知礼节，衣食足则知荣辱"[1] 吗！

甲：那么是否可以据此反推，认为如果仓廪还未充实就不必讲究礼节，衣食不丰足则可忘乎荣辱？古人还说"出淤泥而不染，濯清涟而不妖""富贵不能淫，贫贱不能移，威武不能屈"呢！

乙：确实。

甲：古人的说法不必然构成我们行事正当性的理由。我们需要追问自己，人

---

[1] 《管子·牧民》。

坚守道德原则、践行道德理念是附带条件的吗？如果贫贱时可以从俗，富贵后才应讲"礼义"，那么如何界定由贫到富的拐点？难道道德只能是"奢侈品"？如果是这样的话，一直处于"贫"的状态下，是否就可以"浑不吝"？

乙：这个……好像也不能……

甲：个人如此，那么一个组织、一个团体，或一个公司呢？是否也意味着在其发展的早期，因为"贫"、因为"弱"就可以全无所谓、唯利是图，然后待到发展壮大了，再逆取顺守，"漂白"自己的过往？这样的企业也许是成功的，但会是受人尊敬的吗？如果你之前在意别人的看法，那么这时还要不要考虑公众的评价？

乙：……

该选哪家供应商？[*]

A

思仪公司大中华区负责管理技术服务供应商的经理郑康最近有些烦恼。

公司准备把明星产品八方系列企业网交换机的技术支持业务外包出去。八方系列企业网交换机在大中华区应用广泛。大型银行、大型电信运营商、一流学府、民企巨头，都在使用。同时，该产品也是竞争对手争相仿造的对象。"拿下了思仪公司这个项目，就为拿下其他厂商的企业网交换机的技术支持业务打开了方便之门"是服务行业技术支持供应商的一致看法。

"肥肉人人都想吃。"竞标该项目的厂商为数众多且个个身怀绝技：在数据中心交换机市场上与思仪公司合作多年的老牌厂商健时公司，两年前在高端路由器市场上与思仪公司开始合作的红紫公司，在服务器市场上与思仪公司相爱相杀、分分合合多年的井桐公司，再加上一个新面孔芳沄公司。从报价上看，红紫公司和芳沄公司的报价最低，不相上下；从技术水平上看，健时公司遥遥领先，红紫公司也不错；从质量管理上看，红紫公司独占鳌头；从流程管理上看，井桐公司的运营最为高效。本来从初步筛选的结果来看，健时公司和红紫公司有望进入最终对决，另外两家则在首轮出局。但随着项目的进展，郑康愈发认为事情远没有表面上那么简单。

郑康其人

郑康从海外名校计算机系硕士毕业并在消费电子领军企业工作两年后，加入了思仪公司大中华区技术服务部。大中华区技术服务部隶属于亚太区技术支持部。除了大中华区，亚太区技术支持部还管辖公司位于日本、东南亚、南亚和大洋洲的技术服务业务。

入职思仪公司后，郑康的能力和潜力很快被亚太区技术支持部门施总监发现。自身的聪明和努力，再加上施总监的栽培，让郑康进步很快。不到两年，他就解决了两大难题：困扰思仪公司多年的与井桐公司的合作问题和提高红紫公司的技术能力问题，使井桐公司和红紫公司成为思仪公司表现最稳定、最值得信赖的供

---

[*] 本案例由清华大学经济管理学院工商管理硕士姬馨撰写，仅供课堂讨论。其中的企业及人物均已经过掩饰处理。作者无意说明相关组织经营成败及其管理措施的对错。

应商中的两个。入职不到 4 年，他又独立解决了困扰思仪公司十几年的另一个难题：思仪公司大中华区与实跃公司的业务整合，从而使实跃公司的技术服务业务流程从此完全融入了思仪公司的体系，不再独立运营，为公司节约了运营成本。辉煌的业绩外加施总监的大力推荐，使郑康不满 30 岁就晋升为部门经理，也是亚太区最年轻的部门经理。

思仪公司、产品及其供应商选择政策

思仪公司是全球网络设备行业的领军企业，每年对技术研发的投入均超过当年销售额的 10%。技术的积累和领先使其产品领先于业内所有竞争对手的产品，并在业界拥有良好的口碑："网络设备要选只选思仪公司的产品""买思仪公司的产品肯定没错"。因此，其核心产品的全球市场份额都在 60% 以上。出色的产品和良好的口碑让客户愿意为思仪公司的产品支付高价，这也让该公司有足够的经济实力在全球范围内吸引和挑选技术能力、质量管控及流程管理最优秀的供应商来与之合作。

与很多公司只关心供应商的最终报价不同，思仪公司的经济实力使其在选择供应商时从来不把供应商对该业务的报价作为选择的唯一标准。公司的政策是"挑选最具实力和潜力的供应商，与之一起成长并形成长期合作关系"。这种政策虽然从短期看选择了价格相对较贵的供应商，但因为着眼于挑选长期合作的供应商，使供应商有动力、有时间学习思仪公司的运营方式和绩效考核指标（KPI），找到相应的合作方法，并根据思仪公司的考核指标调整自身的运营方式，最终与思仪公司形成共鸣，成为其运营链条中表现稳定且非常重要的一部分。双赢的策略为思仪公司节约了不少管理成本。相比之下，业内很多公司只是挑选眼前报价最低的供应商而忽略了挑选长期合作的供应商，从而陷入了"供应商表现不尽如人意，每两三年就要更换供应商，而新供应商的表现依旧不令人满意"的恶性循环。

芳沄公司东新分厂

芳沄公司与思仪公司有过规模不大的合作，但因为芳沄公司"我没有错，错在思仪公司"的态度，合作最终破裂。后来芳沄公司依靠收购其他公司，又成为思仪公司的供应商，但双方的合作规模始终不大。芳沄公司东新分厂以前从来没有做过思仪公司的业务，而且技术能力也和思仪公司的要求相差甚远：东新分厂仅有一些硬盘检测和笔记本电脑维修的经验，而思仪公司的 65 系列企业网交换机产品无论是产品设计还是其背后的技术基础都比硬盘和笔记本电脑难上几个档次。

芳沄公司东新分厂能有机会参与此次竞标，完全是因为芳沄公司新来的亚太区销售总监杨大卫早年和施总监同在爱莲公司工作，有着良好的合作关系。杨大卫后来加盟了咨询巨头指南针公司，为当时还在爱莲公司负责技术服务的施总监找到了满意的合作伙伴。后来施总监跳槽到思仪公司。不久，杨大卫也到了芳沄公司，又帮助施总监打通了海外市场的渠道，使思仪公司在那里成功设立了技术支持中心，满足了当地客户的需求。在一次和施总监吃饭时，杨大卫了解到了这次机会，并成功说服芳沄公司的高层，使芳沄公司最终决定参与该项目的竞标。

在与芳沄公司东新工厂的姚厂长接触时，郑康感到姚厂长对拿下这个业务信心满满。甚至有一次在电话中姚厂长居然问："这个业务什么时候开始呢？"这让郑康很不痛快：还没说给你们做呢，你们又不是最低价中标。况且你们和另一家的价格也差不多，你们哪里来的自信？只有这种技术水平的工厂能顺利地接下65系列产品的业务吗？依照之前芳沄公司的态度，就算真正合作，能成功吗？

施总监的电话

还有一周就要公布初选被淘汰的厂商了。在郑康的评估报告上，芳沄公司的得分大大低于健时公司和红紫公司。就在上周，郑康接到了施总监的电话。询问过郑康对芳沄公司的看法后，施总监不厌其烦地教导说："不要太短视，目光要长远。现在芳沄公司东新分厂技术水平不高不等于将来的水平也不高。而且，可以给他们安排培训来帮助他们提高水平嘛。你在招聘时难道不考虑候选人的学习能力吗？"

B

郑康的选择

施总监的意思很明显。郑康却非常纠结：选芳沄公司东新分厂明显不符合自己的想法；不选芳沄公司的话，肯定要得罪施总监，结局恐怕只有辞职离开。而在当下，思仪公司给郑康的职位和待遇又不是其他公司能提供的：猎头们在给郑康推荐职位时，推荐的都是与他提升经理前做过的类似职位。在郑康说明自己目前的职位和待遇后，猎头们大多来一句"咱们再联系啊"，就挂断了电话。即使有个别的猎头重新帮郑康筛选了职位，并把他推荐到了招聘公司那里，却都没有了下文。因此，郑康为了能继续在思仪公司供职，最终接受了施总监的建议。

芳沄公司东新分厂也因此拿到了令所有供应商垂涎的65系列产品的业务。

在项目开工仪式上，施总监、杨大卫和姚厂长都多次主动给郑康敬酒。郑康虽然面带微笑地祝贺杨大卫和姚厂长，同时感谢施总监一直以来的栽培，但心里却暗自叫苦：以芳沄公司东新分厂目前的技术水平，能在半年内学会如何处理企业网交换机产品并顺利接下这个项目就谢天谢地了。

各方的反应

结果一出，全场哗然。健时公司的段经理一针见血地指出："芳沄公司东新分厂因为之前的经验，绝对会用处理硬盘和笔记本电脑的思路来处理 65 系列产品。而 65 系列产品与硬盘和笔记本电脑有本质的不同，因此选择芳沄公司东新分厂只能给思仪公司带来巨大的风险，望思仪公司慎重考虑。"

思仪公司内部也不是所有人都拥护这个决定。负责企业客户销售事业部的李总监就颇有微词："企业客户一贯重视厂商的售后服务，而芳沄公司东新分厂能做好 65 系列产品的售后服务吗？能让挑剔的客户满意吗？"

面对诸多质疑，施总监一如既往地解释说，郑康之前的经历证明其能带领好团队管理好供应商，而芳沄公司东新分厂有技术潜力。他支持郑康的决定，并对郑康和芳沄公司东新分厂有充分的信心。看到老板这样表态，郑康意识到只能硬着头皮沿着这条路走下去了。

C

芳沄公司东新分厂的糟糕表现

正如郑康猜测的，以及健时公司段经理分析的那样，芳沄公司东新分厂习惯性地用之前处理硬盘和笔记本电脑的方式来处理 65 系列产品。因为处理硬盘和笔记本电脑不需要掌握太多的核心技术，只需要根据故障分析软件的指示就能解决问题，所以姚厂长对郑康的"投入精力掌握核心技术"的建议不以为然。

不掌握核心技术自然不能 100% 解决最终用户的问题。承接业务 4 个月后，芳沄公司东新分厂的故障解决率只有 65%，与健时公司的 97% 和红紫公司的 93% 相差甚远。更让郑康无法接受的是，姚厂长对于无法解决故障的 65 系列产品的做法是建议报废，让思仪公司的客户买新产品。思仪公司的客户之前花了大价钱购买了设备，怎么可能轻易地同意报废而去买新产品？

郑康对自己的建议没有被采纳也没有别的办法，只能硬着头皮频繁地找姚厂长商讨业绩改善提案。没想到姚厂长不但不承认自己团队的水平低，还反问郑康："故障分析软件就是这么指示的，你告诉我怎么办？"与此同时，最终客户因为太多的故障无法得到解决影响了其运维而频繁投诉。客户投诉频繁自然让思仪公司销售团队的日子也不好过，销售团队骂声一片。郑康在应付最终客户的同时还要给销售团队赔笑脸。痛苦的处境使郑康一度动了辞职的念头：虽然没有找好新东家，但辞职或许是郑康最好的解脱。

虽然在姚厂长那里碰了壁，郑康还是努力寻找解决办法。去杨大卫那里频繁告状显然不是最好的办法。一是郑康并不十分清楚杨大卫和姚厂长的关系；二是频繁地告状很容易让杨大卫产生反感，也许会在施总监那里说些自己的闲话。同时，郑康也想尽量不动用施总监的资源——频繁动用老板的资源只能让老板觉得郑康自己没有能力解决问题，从而对他的能力产生怀疑。郑康只是在每个月定期的汇报中跟施总监报告项目的最新进展及自己计划的解决办法。同时，每两个月定期约见杨大卫，了解芳沄公司对该项目的看法和芳沄公司的发展方向。施总监对郑康的做法总体上没有什么疑问，只是说需要他帮忙时就尽管说。虽然觉得无助，郑康也感觉到了一丝欣慰：在一次驻场时，郑康了解到杨大卫最近在芳沄公司内部高层会议上给了姚厂长很大的压力。

尽管如此，姚厂长的地位看起来还是十分稳固。郑康因此不把希望单纯寄托在杨大卫身上，而是深入了解芳沄公司东新分厂的工程师团队，彻底摸清了该厂的技术水平。通过几个月的考察，郑康从工程师团队中几位工程师贾盛、凌江和刘峰身上看到了希望：三人早年都在健时公司做技术员，与那里的技术骨干一起参与了思仪公司的很多项目，后来因为在健时公司提升无望，恰好芳沄公司赢得了 65 系列产品的项目，而被招聘进了芳沄公司东新分厂。三人都有扎实的技术基础，又经过健时公司培训体系的培训，对解决细节问题有着超乎寻常的执着：郑康驻场时经常看到三人为了弄清一个细节而在实验室加班到很晚。在同三人的聊天中，郑康发现三人都对姚厂长的"不重视技术基础，只看重短期收入"的做法非常不满。同时郑康也了解到，以芳沄公司目前的报价，至少需要一年才能收回在该项目上最初的投资。

转机

65 系列产品因为其优异的性能依旧在大中华区热卖，年销售增长接近 15%，比郑康最初做项目预测时预估的销售增长多了将近一倍。产品的热卖使郑康有理由相信芳沄公司可以提前收回投资。果然，在一次与芳沄公司东新分厂团队的晚餐中，郑康从对方财务部徐经理的口中了解到芳沄公司的 65 系列产品项目已经从上月开始盈利。同时，因为房地产市场的持续繁荣，当地政府正打算把芳沄公司在东新的工业用地收回，并给芳沄公司巨额补助，让其迁往别处。一个月后，传言变成了现实：承接 65 系列产品业务 10 个月后，因为当地政府征地，芳沄公司东新分厂被迫搬迁。几经选择，芳沄公司决定将东新分厂搬到古州工业园区，与古州分厂合并。姚厂长的老板也因此变成了古州工厂的总经理毕恩。毕恩和姚厂长向来貌合神离，这给了郑康绝好的机会。郑康开始通过各种方法离间二人，终于在两家工厂合并 4 个月后借毕恩之手除掉了姚厂长。

郑康说服毕恩提拔贾盛负责 65 系列产品的业务。贾盛上任后很快改变了团队之前"不重视掌握核心技术"和"完全参照故障分析软件的指示，自己不分析"的做法，要求工程师加强技术学习，带领工程师们分析产品。同时贾盛从部门预算中分出一部分作为培训经费，鼓励工程师们参加各种技术培训，使工程师们逐步提高了自身技术水平，同时也让芳沄公司古州分厂渐渐掌握了一些核心技术。得益于贾盛的努力，芳沄公司古州分厂整体提升了技术能力，业绩逐渐有了起色，故障解决率提升到了 80% 左右。

郑康对工程师的持续培训和芳沄公司古州分厂的业绩改善

看到了芳沄公司古州分厂的进步，郑康决定进一步加大培训力度。郑康联合施总监说服思仪公司高层，由思仪公司承担费用，让芳沄公司古州分厂挑选出的三位工程师贾盛、凌江和刘峰在思仪公司总部研发团队接受为期 6 个月的强化技术培训。

三位工程师也不负众望，克服了重重困难，圆满地完成了培训，并掌握了 65 系列产品最为核心的技术。回到古州后，他们把学到的知识传授给了整个工程师团队，并在最终客户有紧急需要时带头加班加点，带领团队完成了对客户的技术支持，为客户的网络设备排除了故障，故障解决率从最初的 65% 上升到了 95%。良好的业绩得到了客户和思仪公司销售团队的一致赞赏。

就这样，经过将近两年的风风雨雨，芳沄公司古州分厂与思仪公司一道克服了重重困难，最终迎来了业绩的稳定发展，成为思仪公司大中华区最重要的合作伙伴之一。郑康的良苦用心最终结出了累累硕果，也验证了施总监之前的话。

评析：

在施总监的提携下，郑康不到 30 岁就晋升为部门经理，薪资待遇也颇为优厚。公司准备把明星产品的技术支持业务外包出去，郑康负责此事。芳沄公司是众多竞标公司中最弱的一家，但其新来的销售总监与施总监有旧。施总监认为芳沄公司的技术水平可以通过接受培训得以提高。中标后，芳沄公司负责生产的姚厂长对"投入精力掌握核心技术"的建议不以为然，仍沿用之前的技术方案，导致故障解决率非常低，引发客户不满。

乙：名缰利锁之下，自己挖的坑含泪也要自己填上啊！

甲：依我看，主人公面临的困局因人情关系、个人利益考量掺入商业决策而起，以公司政治为解决手段而终。虽然结局尚好，但其间不免缺少了深入的伦理思考。

乙：缺少深入的伦理思考？

甲：是的。如果用简化了的 GVV 心法来衡量……

乙：GVV 心法？

甲：对，Giving Voice to Values，也可以译为"正义不沉默"，其提供的解决伦理难题的"内功心法"包括：首先，你需要识别伦理挑战，即审视所面对的伦理挑战是什么。其次，找寻同盟者结成统一战线——谁是我们的朋友，谁是我们的"对手"？再次，制定策略（行动方案），具体又包括确认谈话对象及优先顺序、搜集信息，提出问题（而不是做出解答），了解听众的需求、焦虑和动机。最后，采取渐进的行动，谨慎实施，持续改进。[1] 据此衡量，你发现案例中主人公的选择中少了什么吗？

乙：识别伦理挑战？

甲：是的。这是一个不应该被省略的步骤。不只是这一步，后面遴选同盟者时，是仅仅选择利益层面的同盟者还是价值观一致的同盟者，在制定行动方案时，是选择公司政治的"术"的方案还是选择恪守价值观的"（卫）道"的方案，其实是不同的。

乙：按您之前说过的，人的境界高下也就由此见分晓了。

甲：是的。

乙：那么能否说，主人公虽然最终解决了问题，维护了公司的利益，但按照前面的分析，他还没上道？

甲：你说呢？

---

① Mary C. Gentile, *Give Voice to Values: How to Speak Your Mind When You Know What's Right* (New Haven and London: Yale University Press, 2010) 47-71.

野　心[*]

A

爆炸式新闻

圣诞将至，天光管理咨询公司的员工们沉浸在一片迎新的喜庆氛围中。总经理助理苗小禾却情绪低落，她关于绩效考核方案的建议没有被肖总接受。苗小禾刚走出总经理办公室，高级经理李昂便走了过来，邀她一起吃午饭。

李昂的表情显得神秘而兴奋。他透露了一个爆炸新闻："你知道吗？老肖私下在上海成立了一家公司，他100%持股。公司名字和咱们北京公司的一样，只是多了地区的字样。这两天，老肖正在谈WBD项目的第二期，打算转到上海做呢。他还和客户说，上海公司和咱们北京天光咨询是一回事，都是天光会计师事务所的全资子公司。看来他野心不小啊。听说他早已经让两家客户与上海公司签了合同，都是天光事务所的审计客户。"

李昂还建议小禾，应尽快将此事汇报给天光咨询的全资控股股东天光会计师事务所管委会，至少要告诉天光咨询的董事长包兴，立即采取措施制止肖明的行为。他解释说之所以请小禾汇报，是因为小禾曾经在事务所担任了多年董事会秘书，与领导沟通顺畅。

小禾暗自思忖，肖总弄出这么大的动静，为什么她作为总经理助理居然毫不知情？深得肖总赏识的李昂，为何竟出头揭发重用自己的老板？还没等小禾琢磨明白，李昂接下来说的话，似乎就让小禾找到了答案。李昂很早就看出包总和肖明之间的矛盾不可调和，他还得知天光会计师事务所管委会已经决定将事务所解散，这将给天光咨询的存续带来一大堆问题，很难得到妥善的解决。"依咱们俩的关系，我不想瞒你，我希望带着一支队伍投靠其他事务所。我很了解老肖，他不打算再依靠一家事务所做后台了，铁了心想自立门户。但你是知道的，对于我们这种类型的咨询公司，自立门户就是死路一条。我们必须寻求新的平台。现在看来，你是最值得我信赖，而且能帮我实现这个愿望的战友。"

那两天，小禾一直在犹豫要不要告诉董事长包总。她想站出来"伸张正义"，但也纠结自己有没有权力和资格这样做。除了"公理"，还有"人情"，包总不仅

---

　　*　本案例由清华大学经济管理学院工商管理硕士曹科斗撰写，仅供课堂讨论。其中的企业及人物均已经过掩饰处理。作者无意说明相关组织经营成败及其管理措施的对错。

是咨询公司的董事长，也是天光会计师事务所负责咨询业务板块的管委会委员，更是对她有知遇之恩的老领导。可肖总平日对她也很器重，不仅给了她丰厚的待遇，还给了她很多展示才能的机会。最让她纠结的还是李昂最后提到的事。李昂的设想使小禾的处境和心境都更加复杂了。

一种需要"靠山"的咨询行业

天光管理咨询公司有着实力雄厚的"靠山"——一家国内知名的会计师事务所。公司的主要业务是为上市公司、拟上市公司、央企、大型国有企业提供内部控制和风险管理的顾问服务，而这些客户几乎都来源于"靠山"。国内外这种类型的咨询机构都会依托一家颇具实力的会计师事务所。

2008 年，财政部宣布，将在 2009 年年底审批赋予 12 家会计师事务所 H 股审计资格。消息一出，各大事务所都跃跃欲试。天光会计师事务所多年来都处于业内前列，其股份公司初次公开募集股份（IPO）业务具有很强的竞争力，过会率位居内资事务所前列。该所的上市公司客户众多，国资委直属的央企客户也占据了近 1/4 的市场份额。

鉴于此，事务所的合伙人都信心十足，但考虑到竞争对手各个实力雄厚、不可小觑，还需设法巩固自己的地位。管委会决定：除了加速发展审计业务，也要借鉴国际四大会计师事务所①的成功经验发展管理咨询业务；而证监会要求主板上市公司必须实施内部控制建设和评价的政策，为开展咨询业务找到了一个恰到好处的切入点。于是，事务所成立了全资子公司——天光管理咨询公司。

在天光事务所合伙人包总的大力举荐下，从香港昌氏会计师行离职的肖明被选中，出任咨询公司总经理。时任天光会计师事务所管委会秘书的苗小禾被指定为咨询公司设立工作小组副组长，在包总牵头下，筹办咨询业务。

天光管理咨询公司成立的第一年，得到了事务所巨大的支持：免费的办公场地、办公设备，甚至连财务人员都是事务所财务部的资深员工，苗小禾也受命协助公司开展初步的制度建设、人员招聘和内外宣传工作。更重要的是，客户全部是事务所合伙人的审计对象。

肖明的麻烦

成立伊始还算成长迅速的天光咨询在两年后发展明显放缓。此时，事务所管

---

① "四大会计师事务所"指普华永道（Price Waterhouse Coopers Consulting，PWC）、德勤（Deloitte Touche Tohmatsu，DTT）、毕马威（Klynveld Peat Marwick Goerdeler，KPMG）、安永（Ernst & Young，EY）这四个世界著名的会计师事务所。

委会对肖明的能力也产生了争议。有人认为，咨询公司占用了事务所的资源但效益平平，不仅一直没有给事务所回报，也没有给提供业务的合伙人带来好处，应尽快敦促肖明提交详细的运营计划和对事务所的回报计划，并限制肖明财务支出的审批权。也有人认为，由于国家政策不明朗，市场环境不好，业绩增长缓慢可以理解，不必着急要肖明"给股东什么说法"。

　　肖明得知此事后明显感到了危机。他很快给正在国外考察其个人投资项目的包总发邮件反映情况，请包总支持自己。在包总迟迟没有回复的情况下，肖明又发了封邮件，汇报了咨询公司的经营计划和回报股东的初步想法，同时申请持有天光咨询 34% 的股份。包总仍然没有回复。

　　随后，肖明找到事务所负责运营管理的执行合伙人邱总，反映自己的意见。肖明认为管委会从来没有规定过天光咨询的业绩指标，现在就业绩质疑自己的能力是没有根据的；另外，也从来没有人提到过股东回报的问题，现在突然提起此事对自己不公平，至少要和他事先沟通、共同商议。肖明强调了他在两年中的工作业绩，也表达了希望在天光咨询公司持股的意愿。但邱总也没有给出任何意见，一直寒暄到肖明离开。在邱总看来，咨询公司的事跟自己没关系，这是老包的权限范围。

苗小禾加入天光咨询

　　就在肖明受到越来越多的质疑，并对咨询公司的前景忧心忡忡时，"噩耗"传来：由于在 H 股资格申请中惨遭失败，事务所管委会经过反复、激烈的商讨，终于决定自行解散。这家原本业绩斐然、拥有 20 家分支机构的国内一流事务所将根据合伙人的自由意愿，分别加入拥有 H 股审计资格的几家会计师事务所。事务所的分崩离析使肖明陷入了困境。

　　肖明把苗小禾请到办公室聊工作。他提出："现在事务所都要分家了，你干脆来咨询公司做专职工作吧，就做总经理助理，我正好需要你帮忙，待遇你来提。"

　　见小禾没有立即表态，肖明又向小禾勾画了企业的蓝图，让小禾相信他的能力和咨询业务的光辉前景。肖明不是第一次向小禾提出这样的邀请了，但小禾以前都没有答应。即便如此，肖明一直没有亏待过小禾，常常给她发些奖金以感谢她帮咨询公司做事。这一次，小禾想了几天，终于同意了。

　　有人提醒小禾：肖明是很能干，有野心，但是为人不够大气，也不懂得感恩，做不成大事；事务所解散，咨询公司没有了实体依靠和后盾，发展起来会很困难；而且本来应该主管咨询业务的包总，这两年都在外面搞自己的投资生意，无暇顾及公司，这对业务的发展没有丝毫好处。小禾赞同他们的看法，也为他们的肺腑之言而感动，但她觉得这些问题都可以解决，何况咨询行业比起会计师行业，更有挑战和发展空间。

　　一个月后，小禾正式加入天光咨询公司。在公司里，她还意外地见到了传说中的"魅力先生"李昂。李昂来自会计世家，从海外名校硕士毕业，曾在某零售巨头总部担任运营主管。小禾不由好奇：这样一个能人，为什么回国来做起费力不讨好的咨询业务，而且听说还是从实习生做起？

　　入职第一天，小禾走进办公室，就看到李昂正给一位经理讲英国的风险控制政策。李昂主动站起来打招呼："苗经理吧？常听肖总和同事们提起你，帮我们做了好多工作，我们都盼着你正式加盟呢。"说着还呵呵笑起来。不到半小时，同事们纷纷来上班，每个人都会和李昂聊上两句，大家都叫他"昂哥"。嘻嘻哈哈的，气氛很轻松。

　　其实，李昂不仅赢得了同事们的心，也颇受肖明的重用。他仅用半年时间就晋升为高级经理。肖明还向小禾透露，很快就会将李昂晋升为业务总监。与此同时，李昂身边聚集了越来越多的业务骨干。他们常向李昂提出一些业务上和管理上的建议，也常顺便吐吐苦水。李昂就像"大师兄"一样为"师弟们"解决各种矛盾、困难和抱怨。李昂很信任小禾，总是把同事们的问题拿来和小禾探讨，有时也请小禾出面向肖明提些建议。同事们觉得小禾总能客观公正地处理团队中出现的问题，也会巧妙地游说肖总做些改善，渐渐和小禾亲近了很多。

　　接下来的半年里，小禾和李昂发现两人对公司的业务发展方向、团队管理、选人用人理念等的看法高度一致，也逐渐对肖明的管理方式产生了越来越多的质疑。

团队何去何从

　　就在李昂和小禾透露肖明"隐私"之后的第三天，包总给小禾打来电话，问小禾是否知道肖明私下注册公司并转移天光咨询业务的事。小禾假装刚听闻此事。包总对肖明的行为颇为震怒，连夜飞回北京，与小禾就此事谈了至少五次，没有得出任何结论。随后，包总要求小禾严密监控肖明的动态，有问题随时向包总和事务所管委会报告。

　　就在这个节骨眼上，肖明也找小禾深谈了两次，目的是请小禾支持他。他说："小禾啊，你要相信我不是坏人，不是恶人。在成立上海和广州公司的时候，我并没有恶意，只是想扩大咨询公司业绩，如果包总看好这块业务，我随时都可以把控股权让给他。当然，这是在为我自己和同事们留后路，毕竟事务所马上分家了，大佬们都不管咨询公司的死活，我不采取点措施，咨询公司岂不是要被拖死？我为这家公司付出那么多心血，现金流一断，都是我自己拿钱补窟窿周转，又要我承担这么大的责任，又不给我股份！我什么都说了不算，你说我还有什么更好的办法吗？"

　　李昂已经找小禾共商过大事。他在第一次谈到要带队伍寻求新平台时，就有理有据地分析了一番。他说跟着包总或者跟着肖明都没有好前途，不如另寻出路。

在包总、肖明都给小禾施加压力的那几天，李昂再次对小禾表态，他愿意担负起领头羊的重任，也相信小禾最终能帮他实现"做中国的咨询品牌"的梦想，并且一定会在这个领域充分实现自己的价值。

两天里，七八位经理、高级顾问先后来找小禾私聊，表示非常愿意追随"昂哥"干一番事业。大家纷纷倾诉他们对肖明管理能力的不满，还列出了肖明不善管理的"五宗罪"：

一、骨子里非常固执，不听取业务人员的意见。

二、凡事亲力亲为不愿意授权，就连秘书写的快递单都要亲自过目。

三、在员工福利上，非常小气，年底聚餐时，居然要求 14 个人挤在一张本应该 10 个人坐的桌子旁。

四、选人时喜欢用名校 MBA 或者"四大（会计师事务所）"的人做经理，而这些"空降兵"总是很难和团队打成一片。

五、公司没有规矩，他想给谁多少钱就发多少钱，看谁不顺眼就辞退……

向小禾"控诉"肖总的人，都是平时和李昂"一条战线上的"。

小禾有意识地从其他员工那里了解情况，发现也有一些人愿意追随肖明。他们认为：肖明私设公司转移客户，是对是错和员工没有关系，只要肖明照常拿项目、照常给员工发工资就好；虽然肖明有时候独断专行，喜欢拍脑袋做决策，但小公司领导就应该有这样的魄力。他们认为，李昂也有短板，尽管他思辨能力强、专业知识水平过硬，作为业务和专业技术上的带头人没问题，但是他没有社会资源，也缺乏市场开拓能力，如果让他担负整个团队生存与发展的重任，资历尚浅。

有一位 40 岁的资深顾问特意找到小禾，他表示：事情到了这个地步，其实是肖明、包总和李昂之间矛盾激化的结果。李昂将是最大的受益者，他可以利用这个机会当上"一把手"，其实他早就有"坐坐第一把交椅"的野心了，不过第一把交椅可没那么好坐。

正在举棋不定之际，小禾发现由于公司公章一直由肖明亲自把持，他将好几个项目合同轻而易举地转移到了自己的公司。

小禾找肖明沟通，希望他再和包总谈谈。肖明生气地拒绝了，并指责小禾是"老包的眼线""悔不该当初把你从事务所挖过来"。还指责包总是"不负责任的老油条，不懂管理的昏君"。

小禾由此被激怒，终于站出来，阻止了肖明。她向包总和事务所管委会进行了汇报，管委会决定收回公章、撤销肖明总经理的职务，保留向其追究经济损失赔偿的权利。

小禾回想起李昂的话，认为事到如今，只有一条路可走，就是和李昂一起带着核心人员投靠一家大型会计师事务所，以保团队的生存和员工的发展。她和李昂沟通过好多次，又与三个业务核心员工商量了几轮，用了一个月的时间，与咨询业务基本是零基础的立华会计师事务所的首席合伙人、管理执行合伙人进行了商谈。包总觉得既然事务所的解散已成定局，总要给咨询公司的员工们一个交代，所以他对此也没有提反对意见。

一支优质团队正式加入立华会计师事务所，成了一个独立核算的事业部。团队共有 20 多人，50% 为硕士研究生，有 6 个人为海归，拥有注册会计师、律师、内审师资格的员工占 20% 左右，员工的工作经历则 2 ~ 7 年不等。加入立华会计师事务所不久，事务所领导、团队的几位核心员工共同出资，成立了远思管理咨询公司，李昂为总经理，小禾为副总经理。

公司成立时，有人表示担忧：李昂已经从"大哥"变成了公司的"老大"，但他身为"80 后"，阅历尚浅，人脉资源也不深厚，他能带领咨询团队走得更高更远吗？

B

远思管理咨询公司虽已成立，但大部分客户仍是天光咨询的老客户。苗小禾一方面精心维护着团队成员的凝聚力，一方面下力气把原有项目妥善地转至远思管理咨询公司的名下，尽可能降低因公司变更和团队"易主"给客户带来的麻烦，最终成功地挽留了九成客户，其中包括李昂认定的全部优质客户。

最初的一年半，新公司主要靠老客户的项目维持正常运营，但咨询项目不同于审计项目，服务周期短，公司必须不断开拓新业务才能持续发展。好景不长，一些同事担心的事情终于发生了，李昂在开拓市场方面显得非常被动和无效，公司第二年度的财务报表已经出现了亏损，三年亏损加剧。小禾情急之下临危受命，负责公司市场开拓，但几个月下来仍没有进展。她做了自我剖析，发现自己是关系维护型管理者，而非开拓型人才。小禾的努力并没有使公司转危为安，她深感愧疚和不安。

有一位经理说："如果当初昂哥和小禾姐能更圆滑地处理跟肖总的关系，三个人好好商量一下公司未来发展的道路，大家还能一起共事该多好。肖总负责市场开拓，昂哥负责专业技术和项目质量，小禾姐负责公司人、财、物的运营管理，那才是完美的配置。"

评析：

主人公是一家会计师事务所下设的咨询公司的总经理助理。董事长忙于自己的私人业务，如同闲云野鹤。总经理乾纲独断，在外面也有自己的企业，并且常把公司业务转到自家门下。由于预期的牌照没有拿到，事务所决定解散。在将散未散之际，又有同事前来游说主人公，舍弃已然末路的公司，带领一队人马另攀高枝……

甲：这篇案例并没有写"是""非"之争，通篇谈的好像都是利弊……

乙：我也有同感，案例的伦理味明显不足，讨论的都是诸如如何让自己博上位、如何有好前途、如何留后路……哪怕是总经理背着董事长和股东在外面私下注册公司并转移公司业务，主人公在被董事长问及时，仍假装刚刚听说，而不是第一时间上报。又如，她和总经理闹翻不是因为后者有上述不端行为，而是后者拒绝再和她沟通，并用激烈的言辞指责董事长而使她被彻底"激怒"了。

甲：不过，在我看来，这篇案例好也就好在这里：它可以帮助大家识别伦理挑战和办公室政治的界限。

乙：伦理挑战触及道德原则、价值观冲突，涉及克制（自私的冲动）、牺牲、无私、奉献、正义感等品质，而办公室政治则与主观好恶，甚至亲疏、选边站队的情绪纠葛有关，骨子里仍只是利益得失的算计。

甲：是这样的。不过，透过文本的语焉不详，我也能隐约感受到叙事中潜藏的伦理讨论的空间。

乙：哦？

甲：事务所要被解散，合伙人各奔东西，而作为事务所子公司的咨询公司是去是留，其员工如何安置，相信会是公司员工关心的话题。这是否属于股东的责任呢？

乙：法律上，股东完成出资就算尽到义务了，至于道义上嘛——

甲：主人公原供职于事务所（股东单位），后受子公司总经理力邀加入公司，担任总经理助理。其虽然不像受委派执掌子公司的董事长那样，要对委托他的事务所（股东单位）负责，但也面临履职对象是谁的问题，是直接上司总经理？是公司一把手董事长？是抽象的公司？是公司的股东单位？这个问题直接关系到她对总经理中饱私囊行为该如何反应，关系到该如何回答董事长的问询。

乙：可惜，案例对此全然没有交代。

甲：这个案例的另一个看点是展现了人的复杂性。闲云野鹤的董事长，乾纲独断并不忘自家"田园"的总经理，事不关己高高挂起的事务所执行合伙人，行事仗义又不忘另起炉灶的明星员工同事，坚信"只要有钱挣，哪怕洪水滔天又与我何干"的普通同事，以及总想折冲樽俎，客观上却缺乏原则，总在和稀泥的主人公……

乙：充分展现了人性的复杂！而且这的确证明了人无完人……

甲：伦理思考的一个重要功用就是"识人"，当然通过"识人"，进而"以人为鉴"，可以更好地认识自己。

乙：听上去也还不赖！

追月公司的定制设备 *

刘铮的纠结

2019 年 8 月，刘铮出任广寒集团在华子公司追月公司总经理，在集团授权范围内对追月公司的运营负责，并直接向集团的首席运营官（COO）汇报。首席运营官也是追月公司的法定代表人，但常驻集团总部。

刘铮到任当天，追月公司与他的前任解除了劳动关系。刘铮逐渐了解了公司的现状。一是自投产之日起，公司连续三年未能完成集团总部制订的生产计划。二是公司现场管理很差，总部特地制作专用表单，每一个半月从欧洲派人到追月公司进行现场查看并打分。2018 年 8 月追月公司得 47 分（满分 100），2019 年 3 月得 54 分。三是 2018 年年底至 2019 年年初的离职率将近 50%。

最令刘铮头痛的是公司定制的一台喷漆烤漆一体机。2019 年 3 月，该设备完成了现场安装，经过改造，9 月才通过有资质的第三方关于设备内部温度分布均匀性的测试。截至 11 月，远红外线加热管出现过 4 次故障，加热系统出现过 2 次故障，加湿系统从未正常工作。11 月的一天，由于设备内部保护套管老化脱落，导致电线短路，将地面过滤棉表面残留漆引燃。

销售代理和合公司负责人张经理虽然表示可以合作解决，但是沟通的难度和维修的进度却难以令人满意。面对目前的情形，刘铮陷入了沉思。如果一味地与张经理交涉，设备不知什么时候又会出现问题；一旦设备出现问题，就意味着单个部件的生产时间增加，生产效率降低。为了赶进度，还要安排加班，不仅会产生额外的成本，还会引起员工抱怨。一旦无法按集团公司下发的生产计划进行生产，产品无法按时交付，就又会受到总部的质疑。

那么，让其他专业供应商去做相应的改造，然后起诉和合公司呢？恐怕也行不通。首先是追月公司无法得到设备的专用图纸，维修的费用相当高，而且国内的其他涂装设备公司明确表示无法保证维修时间，也无法保证能够完全修好设备。更要命的是，双方签订的合同中没有设备的质保条款，加之通过法律途径索要赔偿，过程将会非常漫长，而且即使胜诉也不能保证得到全额赔偿。此外，总部对追月公司的每一笔花销都严格控制，不允许其重新采购设备，因此每年设备的维修仍然需要依靠供应商。诉讼无疑会激化与生产商夺彩公司和经销商和合公司的

---

* 本案例由清华大学经济管理学院工商管理硕士李莹撰写，仅供课堂讨论。其中的企业及人物均已经过掩饰处理。作者无意说明相关组织经营成败及其管理措施的对错。

矛盾。

刘铮深知为员工提供安全的作业环境、为客户按时提供满足质量标准的产品是首要责任，但是应该如何做才能在最短的时间内用最少的资金解决目前的紧迫问题？如何与相关方进行交涉以最大限度地保护追月公司的利益？

广寒集团公司

广寒集团公司是知名的航空器部件供应商，在全球市场举足轻重。其中国子公司追月公司所需的大部分设备都是由集团的专家和追月公司第一任总经理共同在中国发展的供应商提供的。具体的流程是：集团提出技术要求，集团相关部门负责人及追月公司总经理与供应商进行谈判，由集团相关部门和追月公司总经理联合进行设备验收。

追月公司的喷漆烤漆一体机就是通过上述模式采购的。2017 年，集团公司决定由追月公司分担原本由欧洲子公司承担的生产任务，同时改变其原有喷漆烤漆一体机的能源供应方式，准备在中国境内寻找新的供应厂商。

喷漆烤漆一体机

涂装设备在汽车行业用途广泛，中国有口碑的生产厂家为数众多。夺彩公司就是其中一家。和合公司作为其销售代理商负责协调业务洽谈。广寒集团相关部门出面，与中国各大涂装设备生产厂家进行了售前沟通并进行了现场考察，综合各生产厂家技术优势和价格优势后，最终选择了夺彩公司。2018 年 1 月，追月公司与夺彩公司的销售代理和合公司签订了采购合同。

虽然夺彩公司是一家有口碑的汽车行业涂装设备生产厂家，但它的设备大多销往汽车 4S 店[①]，设计生产航空制造业用的喷漆烤漆一体机还是第一次。

设备的曲折认证

2019 年 1 月，夺彩公司完成了设备的整体制造。3 月，夺彩公司在现场对设备进行了安装调试。然而接下来，使用夺彩公司的喷漆烤漆一体机的过程却并不顺利。现场安装调试完后，追月公司需要请有资质的第三方对夺彩公司的设备内部温度分布均匀性进行测试。4 月的第一次测试，设备没有通过。

在刘铮到任之前，夺彩公司已经对设备进行了设计变更。同年 6 月，其销

---

① 4S 店，全称汽车销售服务 4S 店（Automobile Sales Serviceshop 4S）。4S 指集整车销售（Sale）、零配件（Sparepart）、售后服务（Service）和信息反馈（Survey）。

售代理公司和合公司也对设备进行了改造，在喷漆烤漆一体机内围增设 10 个小型远红外线加热设备，以使设备能够在 30 分钟内将内部温度均匀地提高到 93 摄氏度，从而满足技术协议的要求（技术协议的要求高于产品工艺的要求）。9 月，经过改造的喷漆烤漆一体机通过了有资质的第三方的测试。

待解决的大小问题

刘铮本以为，虽然前任总经理没有完全尽职，但是经过后续的工作，现在喷漆烤漆一体机及生产效率问题应该已经基本解决了。然而，从生产经理和喷漆组长的不断反馈中，刘铮才得知设备还存在很多问题。

截至 2019 年 11 月，当年 6 月安装的远红外线加热管竟发生了 4 次故障。其中一次就在当月，一根远红外加热管的电线因保护套管老化脱落而引发短路。由于喷漆员工上早班，而烤漆功能在 17 时由下午班员工例行关闭，因此直到次日，喷漆工才发现喷漆设备内地面残留漆燃烧的痕迹。幸而地面过滤棉有阻燃功能，才未引发安全事故。此外，设备的整体加热系统也发生过 2 次故障。究其原因，喷漆烤漆一体机在 93℃ 高温条件下进行烤漆作业的时间每天都超过 4 小时，而汽车 4S 店绝不会有类似的高温加热频率。

空气湿度的高低会对产品表面喷烤的漆的附着力产生影响。追月公司产品喷漆作业时，对湿度的要求为 20%~70%。在春夏秋季由于设备外空气湿度已经达到工艺要求，员工在生产作业时无须引入加湿功能。但到了 11 月，北方的空气湿度只有 13%~18%，这时加湿问题就凸显出来了。

从设备试运行起，追月公司就发现夺彩公司的加湿系统不能提供合同中技术方案要求的湿度，并一直与和合公司沟通。和合公司先是对设备的湿度系统不能满足技术协议要求予以否认。在追月公司一再坚持下，和合公司提出了设备加湿系统的改进方案。但每次该公司都声称湿度改进方案并不能保证满足技术方案的要求，还需要追月公司确认同意其在设备上实施改进。事实上，和合公司的张经理知道，由于整体设备引风/排风系统动力强大，如果真要达到技术协议的要求，必须重新设计定制加湿系统。不算其他整改费用，单是更新一台符合要求的加湿设备，总费用就将占到设备初始售价的 10%。刘铮则坚持认为这应是和合公司的责任，张公司理应提供解决方案并保证该方案满足技术要求。时间就在双方的扯皮中流逝。

随着冬季的来临，喷漆烤漆一体机的湿度问题越发突出。喷漆员工只能采用原始的方法，在喷漆房喷水以满足作业要求。员工纷纷抱怨生产效率降低了。而和合公司的张经理也一直在抱怨，说合同的价格太低，已经在这个设备的质保维修上花了很多钱。

销售代理和合公司的张经理

追月公司的喷漆烤漆一体机每次出现问题时，本市的销售代理和合公司的负责人张经理都还算配合，会在 24 小时内亲自到现场查看。但是维修保养的速度就不尽如人意了。易耗品加热管坏了，需要重新采购后再进行更换；设备故障要等其专业维修人员排好时间后才能修复；对于设备加湿系统不能正常工作问题则一直采取抵赖、拖延的态度。

追月公司总经理刘铮

刘铮曾在国外名校深造，回国后一直在航空设备制造业工作。在 2019 年 8 月入职追月公司之前，刘铮曾任职于某世界 500 强企业在华设立的高云公司。该公司有着先进的工艺流程和管理模式，对产品质量一丝不苟，竭力为客户提供高品质和低投诉率的产品，在客户中有着相当好的口碑。

刘铮是技术型人才，在对自己进行了内外部竞争环境和竞争条件的态势分析（SWOT 分析）[1]后，他认为自己遇到了职业天花板，所以离开了待遇优厚、工作氛围良好的高云公司，加入市场前景良好的民营企业蔚蓝公司。

蔚蓝公司致力于生产航空试验辅助设备。在 10 年前，此类设备的中国市场被国外几家企业垄断。得益于国家战略的引导，目前国内已有包括蔚蓝公司在内的少数几家公司开始研发、生产此类设备。蔚蓝公司董事长兼总经理曾在国外航空试验辅助设备的知名公司工作多年。

刘铮在蔚蓝公司任职期间主要负责公司各种项目的运营管理工作。在逐渐熟悉业务之后，刘铮发现蔚蓝公司对于研发的投入心有余而力不足，总经理虽然深知研发是这类企业的重中之重，但由于他是技术出身，对研发管理不愿完全放权又无暇顾及，也不能调动研发人员的积极性，公司研发技术的可靠性正逐步降低。刘铮也只能在项目群管理上发挥自身优势，在自身权限内提升项目的交付准时性和产品质量。

与此同时，刘铮参与了蔚蓝公司市场部某些项目的市场运作之后，逐渐意识到公司为了拿到订单，基本上在每次投标时都在投标书中注明"满足"客户提出的技术要求，即使当时公司的技术水平未能达到。可想而知，在公司实际交货时，设备的工厂验收、现场验收成本较高，售后费用也是吞噬公司利润的大户。蔚蓝

---

① S（strengths）是优势、W（weaknesses）是劣势、O（opportunities）是机会、T（threats）是威胁。

公司设备的交付验收在某种程度上是关系、人情上的让步接收。而交付后客户对设备的投诉，更让刘铮看到了最终使用者的无奈，也看到了蔚蓝公司的无奈。航空试验辅助设备在中国支线飞机、干线飞机、公务机将要蓬勃发展的态势下无疑是个蓝海，但是这个市场份额是蔚蓝公司的吗？刘铮深感怀疑。

现在刘铮到追月公司任职，在摸索、熟悉公司各项情况的同时，首要的任务是让追月公司的生产顺利进行，让总部对中国子公司树立信心，因为自公司成立起，公司的生产一直落后于集团总部制订的生产计划，常常需要母公司的欧洲子公司分担追月公司的生产任务。喷漆烤漆一体机定制设备的波折让他真正体会到自己在蔚蓝公司任职时购买设备的甲方的无奈。

刘铮与喷漆烤漆一体机的加湿器生产厂家溪雨公司取得联系，得知夺彩公司最终的引风/排风系统的设计参数与夺彩公司提供的参数差异较大。也就是说，目前在设备上安装的溪雨公司加湿系统无法满足技术协议上注明的湿度要求。最让刘铮挠头的是，在他到任之前，公司已经在6月将设备的所有款项付给了和合公司，而且合同中居然没有开列在类似合同中常见的质量保证条款。这让刘铮与和合公司负责人张经理交涉的难度无形中被加大了。

对于设备加热系统的故障与安全问题，刘铮也请过多位电气和涂装设备的专家朋友对追月公司的设备进行现场考察和诊断，得出了下面的结论：

（1）夺彩公司设备的整体设计（技术协议）符合行业标准，没有明显缺陷。

（2）喷漆烤漆一体机的整体运转很可能存在过载现象，是整体电气电路的问题。

（3）夺彩公司设备内裸露线路不符合安全生产的要求。

经过刘铮多次软硬兼施的沟通，事情有所进展，但是完成的时间与效果并不尽如人意。

事件的后续发展

对于这次设备因短路引起地面过滤棉表面漆燃烧事件，刘铮觉得不能再容忍下去了。在与和合公司交涉的过程中，张经理继续采取的拖延态度激怒了刘铮。刘铮当场与张经理争论。张经理扬长而去，声称不再管追月公司的设备。

刘铮很清楚自己的处境，如果再对张经理一味地"软弱"求和，不仅会影响公司的生产效率，而且会使员工对管理层的决策能力失去信心。更重要的是，现在的问题已经到了安全隐患的级别，刻不容缓。此外，刘铮与张经理的所有沟通都有电子邮件作为证据。这也让他有了底气。

与张经理争论过后，刘铮和生产经理商量，请生产经理继续与张经理联系。

半小时后，刘铮接到张经理的道歉电话，刘铮也就势再次表明了自己的态度：

第一，安全生产是自己不能触及的底线。

第二，对于生产效率受到的影响，追月公司不可能无休止地忍耐与等待。

第三，追月公司不是要为难和合公司，如果张经理能够尽快对存在的问题进行排查和整改，追月公司可以在维修保养设备和某些消耗品方面继续与张经理合作。

这次事件成了追月公司与和合公司之间关系的转折点。张经理很快就以往的问题进行了回复，尤其是提出了设备加湿系统的改造方案。此次改造和之前刘铮与加湿系统生产厂家讨论的追月公司设备改造方案完全一致。各项施工(含备货)需要两整天时间。在与追月公司的生产部门协商后，张经理在 12 月 26 日和 27 日对加湿器进行改造并对线路进行整改。

到目前为止，影响生产的加热问题已经基本解决；设备内红外加热管供电线路已经安装防爆挠性软管进行耐高温和防爆保护；加湿器已经按照改进方案进行整体改造且已达到使用要求。设备在整体上已经满足生产效率和生产安全的要求。只有一些小问题还在继续与和合公司的张经理沟通：一是加湿系统还有渗水现象，需要进一步改进；二是在 12 月底施工改造过程中，发现温度传感器的热电偶一半使用的是电话线，需要张经理进行整改。

评析：

刘铮接任广寒集团在华子公司追月公司总经理，负责公司的运营。该公司存在很多问题：现场管理差，员工离职率高，投产 3 年来一直未能完成生产计划。最麻烦的是，前任通过乙方代理商和合公司向夺彩公司订制的喷漆烤漆一体机质量不过关，问题频发，最近差点儿酿成安全事故。夺彩公司其实是头一回设计生产这种专用设备……

甲：主人公就业单位从乙方(设备提供商)到甲方(设备招标购买方)的转变，恰好全景式地呈现了行业内部的乱象：采购方可能因具体负责采购工作的员工的不负责的行为而影响所生产产品的品质。供货商为拿到订单，不顾自己的技术水平，在投标书中注明"满足"技术要求，待到实际交货时再靠关系和人情完成接收。这不仅埋下了安全隐患，也败坏了行业风气。

乙：等于是用一个新错误掩盖另一个旧错误！不过，读完这个案例，我怎么觉得它更像是在讨论沟通问题啊！

甲：何以见得？

乙：主人公之前就产品质量问题与供货的代理公司经理多次沟通无果，最后

"冲冠一怒为安全"，对方就道歉并积极整改了。所以说"该出手时就出手"，该发火时就得发火！

甲：沟通问题与伦理问题也许有交集，但区分也很明显。前者主要属于"术"的层面，而后者则属于"道"的层面。

乙："道"？

甲：是的。《庄子》里讲了一个盗亦有道的故事。"跖之徒问于跖曰：'盗亦有道乎？'跖曰：'何适而无有道邪？夫妄意室中之藏，圣也；入先，勇也；出后，义也；知可否，知（智）也；分均，仁也。五者不备而能成大盗者，天下未之有也。'"[①]

乙：圣、勇、义、智、仁！这些都是"道"？

甲：对。"道"，或者说价值观，构成了我们刚刚讨论的伦理问题的核心。换言之，伦理问题一定是触及价值观的。

乙：但是，盗贼的道价值观中似乎缺少了对被盗者的关切啊？

甲：确实。在这一点上，《孟子》中的"四端之说"明显与之有别。恻隐、羞恶、辞让、是非四心，分别构成了仁、义、礼、智的起点。[②]其中，第一个被提到的就是"恻隐之心"。

乙：《孟子》里"仁"居"四端"之首，而《庄子》故事中"仁"列五道最末。

甲：不止如此。你注意到没有，"盗亦有道"故事中，大盗的"仁"只是针对同伙的。

乙：而《孟子》所说的"恻隐之心"则没有限定对象。

甲：是的。这其实提示了伦理问题或者说伦理判断的特点。不同人所处的伦理立场、秉持的伦理原则、进行的伦理选择都可能存在不同。即使是都认同的伦理原则，也可能因存在各自的排序、适用对象而有差异。

乙：那么是否就可以说伦理是因人而异的呢？

甲：显然不能。对于伦理相对主义的说法，有必要保持警惕。如果缺少伦理（道德）共识，一个社会很难维系，更不要说向前发展。而人类社会能走到今天，也正得益于存在的诸多伦理共识。否则，人类社会早就四分五裂了。

乙：可是，人与人之间还是有很多伦理分歧呀？

甲：分歧和共识并存。在一些问题上人们有共识，甚至是高度共识，但在另一些问题上则分歧渐起。

乙：这让我想到了一个场景，就好像往水塘里投一颗石子，石子入水处会泛

---

①《庄子·外篇·胠箧》。

②《孟子·公孙丑上》。

起涟漪。水波一圈圈扩散出去。落水点周围的波纹清晰可辨。距离该点越远，水波越小，越不清晰。

甲：非常形象的比喻。借着孟子"是非之心"的提法，我想再回到案例。"是非"是要区分对错。这个案例的看点之一，是它提示了要把"对"的事做"成"。

乙：做"成"？主人公处在那个位置上，想打退堂鼓也不行吧？毕竟纠正前任经理留下来的错误是他履新的前提。成事不就是他的本职工作嘛！

甲：单凭这一点，就足以说明主人公比他的前任更尽责。

乙：也可能说明主人公更懂行。

甲：懂行很重要。事理通达，洞明法度，佐正矫过，相辅相成，这不正是优秀管理者应有的特质，不正是管理教育要追求的人才培养目标吗？

乙：经您这么一说，我对"入则无法家拂（弼）士，出则无敌国外患者，国恒亡"① 这句话有了更深刻的理解。

甲：《孟子》的确是部好书！

---

① 《孟子·告子下》。

落　户[*]

才到 6 月，天气就已经炎热无比。春茗公司后院在午后一点的阳光照射下，似乎冒出了蒸汽。篮球场上空空荡荡。花圃里的自动喷水器也停止了转动。公司的老园丁倚着墙边的柳树半迷糊着。

在这个时候，研发部总经理杨远通常也会午睡，但今天他却一直站在公司三层会议室的落地窗前，凝望着后院。刚才的电话让他有了很多想法，只是他不知道这是好事还是件危险的事情。

两周前，杨远的顶头上司、公司副总裁李总向研发部和人力资源部传达了一个指示：今年公司的 6 个进京户口指标就要到期作废了，必须马上使用。如果出现指标申请了但未使用的情况，会对公司来年的申请很不利，所以一定要在截止日期前招聘到合适的人选。人力资源部非常主动，动用了多种招聘渠道提供支持，人力资源部经理多次找到杨远协商如何快速完成上级的指示。

杨远有些哭笑不得。研发部不大，只有 30 个人，但却是公司的精锐部门。按照惯例，公司的进京户口指标都是给研发部的。但是今年是否有进京户口指标以及有多少个，公司始终没有给过明确说法。现在突然告知有指标，这是件好事，但在这么短的时间内要招聘到合适的人员还是很难的。一般来说，想要就业的应届毕业生大都会在 3 月甚至上一年年底就确定工作单位。眼下，学生马上就要毕业离校了，还没有确定工作的实属凤毛麟角。

在人力资源部的配合下，杨远降低了审核标准，终于完成了大部分的指标。他甚至动用了私人关系，通过自己的导师在母校发布招聘信息。不久之后，有了反馈信息。导师推荐了一名叫马婷婷的学生。今天中午马婷婷和杨远通了电话。电话中，杨远感到非常亲切。师妹和自己有着一样的学历和经历，性格开朗，听得出是个聪明人。但是杨远也有一丝顾虑，母校的学生包括自己进公司时，实际上专业都不是很对口，这个师妹是否合适呢？但是，真正让杨远有些困扰的是，最后时刻，师妹暗示，自己家境不错，对于这份工作非常渴望，只要可以解决进京户口指标，"费用不是问题"。

公司领导下达的任务马上就要到期，这个人选是否合适还不好判断。"费用不是问题"意味着什么？意味着马婷婷为了这个户口指标可以不惜用金钱来换。

---

　　* 本案例由清华大学经济管理学院工商管理硕士罗子元撰写，仅供课堂讨论。其中的企业及人物均已经过掩饰处理。作者无意说明相关组织经营成败及其管理措施的对错。

那么为了户口指标而工作的人能把工作做好吗？但话又说回来，人力资源部临时抱佛脚招进来的那几个人就真的目的单纯吗？杨远望着窗外，一时无法做出判断，但他决定至少先给马婷婷一个面试的机会。

春茗公司

春茗公司成立快 30 年了，有员工上千人，年营业额数亿元。公司原本有国企背景，但通过股份制改革，已经完全转为民营。公司从事高科技产品研发，在行业内地位不低。由于是高科技公司，虽然北京落户指标越来越紧缺，公司还是能够从市里拿到为数不多的户口指标，因而一度是各大院校应届毕业生追捧的对象。但是最近几年，行业热度已然不在，原有市场受到互联网的冲击不断变小。公司规模虽然还在扩大，但效益已不比当年，公司的吸引力更是大不如前。

比起外部市场因素，春茗公司的内部问题似乎更加严重。公司组织架构三年一大变，两年一小变。公司形成几个派系，互相之间亦敌亦友，有时会相互协作，但也经常相互牵制。公司还没做成真正的大公司，但已经染上了不少大公司病。公司成立之初是一家很有奋斗精神的公司，老板和员工一起奋斗在第一线。但随着公司业务越做越大，公司当年的奋斗精神没有得到传承。各个部门之间开始明争暗斗。每一次公司的组织变革实际上就是高层之间的一次利益再划分。总有人会抢到公司利益丰厚的部分。

公司早期采用中心制，分为产品中心、运营中心、销售中心、研发中心和其他行政部门，之后进行了事业部化的改制，成立了以细分市场为主导的事业部。事业部的改制也造成了很多割裂。在事业部内部，各一级部门又成立了相对独立的产品二级部门、研发二级部门等。于是公司几乎每年都有大大小小的调整，有的二级部门独立出来成为一级部门，有的部门又要进行合并。

公司在成长过程中，引进和学习了很多系统化的管理工具与方法。但是规章是规章，执行还是要靠人。在很多方面，公司还留着国企的影子。各级一把手有很强的话语权，甚至可以说公司就是一言堂。这也导致公司的派系斗争非常激烈。

公司副总裁李总

公司派系的划分通过几个副总裁便可见一斑：有负责硬件的老派、有负责销售的销售派、有手握产品的少壮派……各有各的势力范围。杨远的顶头上司李总，年近半百，负责研发部、售后维修部、人力资源部、行政部等支撑部门以及运营中心，是几个副总裁里资历最老的，和老板的关系也是最好的。在几次组织变革中，他所管辖的部门丝毫没有被削弱，反而还让他负责了更多的部门。李总善于整合资源和协调事情，他所负责的部门每年账面上总是很好看。当然，明眼人也清楚，李总的业绩好看是因为他和老板的私交甚好，是公司里为数不多的能够和老板关起门说话的人，从而总能抢到优质资源。

　　李总一直负责公司支撑部门和运营部门。但是在一家科技企业中，手中没有技术研发部门的支持，很多业务是难以开展的。于是在李总的运作下，公司除了研究院之外，又成立了独立的研发部。起初，研发部名义上只是为了支撑解决运营部门遇到的一些项目问题。但是，随着研发部的成长，李总发现，研发部不仅可以帮助自己的运营部门更好地运营，还能带来很多其他业务的增长。于是李总大力推动研发部的建设。在不到 3 年的时间里，研发部从两个人发展到了 30 个人。杨远也从项目经理成长为部门经理。

　　部门这样快速成长并不一定都是好事情。杨远有他自己的顾虑。他多次向李总暗示，部门发展并没有明确的方向，公司是否能负担得了贸然扩张带来的成本压力？但是李总似乎并不在乎这个问题。一方面，李总表示，对研发部没有严格的考核标准，只要把部门做大、人数做多，他自然能从公司拿到更多的资源。另一方面，他实际也在控制研发部的预算，人数成几何级数增长，但部门的成本没有相应提高。包括杨远在内，部门员工的薪酬待遇始终上不去，职位提高了，做的工作多了很多，但薪资却没有太大的变化。这也造成了部门员工流动性很大，干了一两年的新员工发现在公司成长缓慢，大多选择离开，而留下来的又多是性格上追求安逸稳定的人。这样的状况令杨远很不满意，他推动部门建设，努力提高员工的幸福感和成长感，但始终绕不开公司没有有效激励手段这一硬伤。在李总的眼里，人员数量和部门规模远比实际效用大得多。在公司大会上，李总每每提到研发部时总是自豪地说，公司研发部成长迅速，已经成为公司最为庞大的一支技术研发力量。他还私下里安慰杨远，年轻人不用计较一时的得失，上升到一定空间后该有的回报自然会有。杨远当然明白年轻人应该多干实事少计较得失的道理，但是对李总所谓的回报，杨远只有一个空洞的想象。

研发部总经理杨远

　　杨远不是典型的工科院校毕业生，但是机缘巧合进入春茗公司做了程序员。虽然并非专业出身，但是颇有灵性的他硬是凭借一股韧劲成了公司的技术骨干。之后的发展比较顺利，他成了项目经理，又成为李总新成立的研发部的部门经理。部门在他的带领下发展迅速，公司很多难啃的项目都是他带头做下来的。因此，副总裁李总对他很赏识。

　　作为部门经理，杨远负责的事情非常多。部门组织框架、人员设定、向上级的沟通汇报、下属的绩效考核，都在杨远的责任范围之内，他还是项目的最高负责人。上级没有向杨远传达明确的业务考核目标和考核方法，但杨远清楚在部门里多做些总归是没有错的。所以但凡公司能做的项目，他都会主动请缨。开始的时候，杨远只能拿到一些难啃的、其他部门都不愿意接的项目。后来，公司发现研发部的战斗力很强，于是无论事业部还是二级部门都愿意和杨远合作开发项目。

　　按照公司制度，每年年初各部门提交预算和人员配置申请，然后全年按照审核后的标准执行。不过，杨远的部门非常自由。年中的任何时候，只要研发部提出申请要招新，马上就会被批准。

　　研发部下设四个工作小组，分别由四个小组长带领，他们直接向杨远汇报。其他员工一般都向组长汇报，但有时杨远也会直接和员工交流，因此他对每个项目和每个员工的工作情况都非常熟悉。

　　说实话，杨远并不是对每个员工都非常满意。他看得出，个别员工只是当一天和尚敲一天钟。杨远曾经因为工作能力和态度问题开除过一名员工。但这件事被领导专门质问过。所以，从那之后，只要不是太出格，杨远都会以引导和教育为主。他也理解，对员工的要求不能太高，毕竟这些员工的待遇在同行业只能算中等偏下，愿意留下来继续干的，本身对事业上的上升诉求就没有那么强烈。所以这两年，在人员上，杨远努力让部门保持着一种动态平衡。人员总是出出进进，铁打的营盘流水的兵嘛！

人力资源部

　　人力资源部接受各部门的招聘需求，每年进行校园招聘和社招。在初选完简历后按照规定会进行一轮审核，然后把他们认为合格的候选人推选给业务部门。但是由于人力资源部人手不足，加之专业性不够，对于研发部的候选人，人力资源部的筛选往往成了走过场。最近几年候选人人数越来越少，人力资源部干脆把筛选后的简历直接交给研发部。

　　人力资源部的负责人王女士是在公司干了将近20年的老员工，刚毕业就跟着李总，在李总一路提拔下，成了部门负责人。去年年中的一天，王女士找到杨远，说公司有五名员工，是李总和老板亲自招聘的，均是应届毕业生并且解决了北京户口，现在需要把人员编制放到杨远的部门。这五名员工杨远从来没有见过也没有听说过，但既然是公司领导的意思，杨远也就没有提反对意见，何况这五人只是在编制上挂靠，不牵扯任何部门成本。

　　不久，王女士又找到杨远，说市里的人力资源监管部门要检查公司的人员落实情况。这五名员工虽然名义上挂靠在公司，但实际上并不在公司上班，所以需要杨远配合一下，面对上级部门检查时，要对几名员工有所了解，对外就宣称他们出差常驻外地了。王女士还特别嘱咐杨远：这是李总和老板亲自交代的事情。虽然之前王女士没有明说，杨远也猜了个八九不离十。既然是公司领导的事情，自然不敢怠慢。上级部门果真来公司进行了检查，形式非常简单，只是问问应届生毕业后在公司的表现情况。由于事先王女士交代过，杨远应对自如，没出任何纰漏。这件不大不小的事，杨远很快就忘记了。

面试

　　通过电话的第二天，马婷婷就来到了公司。杨远先安排了一名小组长对她进行业务面试。反馈的结果很一般，有好的方面也有不合格的地方。小组长对她的评价是，基础能力非常一般，岗位技能上并不完全对口，但是学习能力尚可，经过训练和工作磨炼可以达到岗位要求，沟通能力很强，人很聪明，如果努力学习可以胜任岗位工作，但目前尚有欠缺。

　　之后，杨远和马婷婷进行了长时间的当面交流。和先前电话中留下的印象一样，她聪明也诚恳，但对自己的未来还很懵懂。最后，马婷婷谈到了关键问题。对于这份工作，她是知道自己有不足和欠缺的。但是作为一名女生，她需要落户北京，哪怕自掏腰包也在所不惜，家里愿意提供30万元的费用，只要能够得到落户指标。

　　杨远没有答复她，让她先回去。30万元对于杨远来说是一个不大不小的数字，几乎是杨远一年的工资。关键是这似乎不需要什么成本。自己辛苦一年忙东忙西也不过这些钱。只要自己点头批准录用马婷婷，这笔钱就可以装入自己的口袋。但是这样做不合法吧？

　　杨远打听了一些信息。倒卖进京户口指标是法律绝对不允许的。有很多因为倒卖户口指标被公安局抓捕的新闻。但是如果真正进入了公司，形成了劳动关系，应该合乎法律程序吧。但是这对公司公平吗？公司的北京落户指标可是用来吸引优秀人才的。

　　在杨远看来，马婷婷还达不到优秀的程度。更何况一个目的性这么强的员工进入自己的部门，她真的能做出对公司和部门有用的贡献吗？

　　但话又说回来，公司现在已有的员工贡献度也是参差不齐的。如果马婷婷进入公司，她虽然不会是最优秀的，但也不会是最差的那一个。部门的整体运作绝不会因为多她一个或者少她一个而有太大变化。那么公司制度是否有限制呢？显然，公司现在巴不得赶紧完成招聘任务，没有哪个人或者哪个部门会和杨远过不去。

但杨远还是很焦虑，这与他一直努力工作，以成绩和业绩说话的办事风格截然不同。这样做的回报来得太简单，让他心里不安。这难道就是李总之前跟他提过的"只要上升到一定空间后，该有的回报自然会有"吗？杨远陷入了内心的纠结中……

评析：

眼看到了 6 月初，应届大学生基本都已经落实了去向。然而春茗公司今年申请的 6 个进京户口指标却还没有使用，如果任其作废，势必会对公司来年申请新指标造成不利影响。部门经理杨远临危受命招聘新人。最后一个指标的唯一面试者表现平平，但她明确表示需要户口，家里甚至愿意拿出 30 万元，只要能够得到指标。

甲：是什么让主人公感到纠结？

乙：这个问题很简单。必须在极短的时限内用掉公司的落户指标，而候选人却不够优秀。

甲：为什么不坚持宁缺毋滥，拒绝候选人？

乙：如果用不掉今年的指标，会影响明年申请新指标。

甲：这看起来更像是在进行利弊权衡：用掉指标的好处是来年还会有新的指标；弊端是，要招收一个不那么符合公司岗位需要的员工。不用掉，就不必在要不要录用这个人的问题上左右为难了，但来年的新指标可能就拿不到了。

乙：确实如此。

甲：那么这里面有什么伦理问题或者说伦理挑战吗？

乙：好像……没有。公司已经合法拿到今年的落户指标，于是就拥有了自行分配该指标的权利。在此权利范围内，公司如何进行再次分配，就完全是公司的事。无论公司出于什么目的而使用该指标，无论是基于现有落户指标分配规则希望来年继续得到指标，还是真有员工落户的需要，都是合法的。无论使用了该指标后又发生了什么，比如拿到落户指标的新员工入职后很快便又离开，都不是公司的错。

甲：真的没有吗？如果在分配落户指标时，公司向新员工收了钱，然后员工离职……

乙：收钱的话，那就是在倒卖落户指标了。

甲：如果这种做法不是孤立的个案，而成了公司里不成文的规则……

乙：那主人公就成了公司违规倒卖落户指标的直接责任人，是主持此事的公司负责人的合谋者，或者说是"共犯"。

甲：因此在这个案例中，令主人公困扰的伦理纠结点就是——

乙：在"利可图"与"德有失"之间，该如何权衡。

甲：概括得很好！这个案例中存在"义利之争"，而不单纯是"利利之争"。"义利之争"是较为常见的伦理难题。

乙：就像孟子说的"鱼与熊掌不可得兼"。

甲：这只涉及自己在两种利益面前的取舍，还没有涉及"义"。

乙：哦，应该是"生，亦我所欲也；义，亦我所欲也"①。

甲：这种两难选择中就有了"义利之争"！当然，伦理纠结还可能表现为"义义之争"。

乙：比如"忠孝不能两全"？

甲：是的。"义义之争"也可能表现为两个人或组织之间在价值观上的冲突。

乙：那么是不是说就可以将"利利之争"排除在伦理纠结之外了？

甲：还不能简单地这么说。比如刚才讨论的落户指标分配问题，还是要看利的背后是否有某些道德原则也在"利"的权衡取舍间被舍弃了。

乙：比如诚实不欺。

甲：是的。有时候，还要看涉及的都是谁的利益。比如，做某事，受损的会是股东，而消费者则可以从中获益；反之，不做某事，获益的将是股东，而消费者会受损。这时，如何对股东和消费者的利益进行排序，进而取舍，也就具有了伦理意义。

乙：这正应了您之前提到的，伦理是个关系范畴。

---

① 《孟子·告子上》。

外包公司的选定 [*]

虽然已经入秋，但东京的天气依然闷热。张凯坐在工位上眉头紧锁，陷入沉思。张凯是通氏软件株式会社企业事业本部第一流通服务事业部企业信息服务（Enterprise Information Service，EIS）组里唯一一名中国籍员工。他需要在下午5点前，将企业信息服务组下一年度的外包合作公司的综合评分及选定结果提交给事业本部秘书。可是，应该选顶头上司、团队负责人铃木心仪并暗示的优势特公司，还是选这几年一直合作的，再上一级老板大泽经理力挺的先工公司呢？

先工公司的股东陆一凡和吴寒是张凯的大学校友。张凯来日本之前就通过大学的论坛与他们联系过。到日本之后，陆一凡和吴寒给予了张凯很多帮助，使他可以很快适应日本的生活和工作。张凯的父母赴日探亲时遇到困难，还是陆一凡和吴寒通过关系帮忙办下的签证。如果不选择先工公司，陆一凡和吴寒会不会觉得张凯是一个忘恩负义的人，从而使张凯失去两位亲近的校友呢？在公司里，张凯的成长速度明显快于其他中国籍员工，这与顶头上司铃木对他的器重和重点培养是分不开的。张凯也非常担心如果不选择优势特公司，铃木是否还会一如既往地器重、栽培他。

通氏软件株式会社

通氏软件株式会社成立于20世纪70年代，现有员工过万，主要从事软件开发、系统集成的工作，下设三个事业本部，分别是公共事业本部、企业事业本部和平台事业本部。企业事业本部又下设企业企划部、企业公共平台事业部、第一制造业事业部、第二制造业事业部、过程产业事业部、汽车产业事业部、第一流通服务事业部和第二流通服务事业部。张凯隶属于第一流通服务事业部中的企业信息服务组。此外，通氏软件在除日本外的其他国家还有四家全资子公司，其中两家位于中国。

中国人社员计划

随着日本国内人力成本（特别是软件行业的人力成本）逐年提高，越来越多的日本软件公司开始引进外包合作公司来一起完成项目，以达到节省成本的目的。

---

* 本案例由清华大学经济管理学院工商管理硕士刘仲维撰写，仅供课堂讨论。其中的企业及人物均已经过掩饰处理。作者无意说明相关组织经营成败及其管理措施的对错。

东京当地一下子成立了很多外包公司。这种外包公司会从中国招聘有一定日语基础的软件开发人才，然后寻找通氏软件这样的大公司合作，帮助大公司完成软件项目以获得收入。

通氏软件这样的大公司会在本公司完成软件项目的设计，编码测试等则委托给外包合作公司完成，这样能节约很多人力成本。举例来说，通氏软件针对软件项目向日本国内客户报价时是按照对软件项目规模的预测，用需要多少个"人月"（需要一个人工作多少个月完成）乘以每个"人月"的单价进行报价的。比如某一软件项目，根据规模预测需要 200 人月，通氏软件的"人月"单价是 120 万日元，那么该软件项目的报价即为 200 人月 × 120 万日元 / 人月 =24 000 万日元。通氏软件再将软件项目中的编码及测试阶段工作外包给外包公司开发，每个人月大概需要支付五六十万日元（根据项目使用技术不同有少许差别）。这样就会省去很可观的一笔人力成本支出。

可是将软件项目中的编码及测试阶段工作外包给外包公司开发存在沟通不顺畅的问题。由于通氏软件的员工基本都是日本人，几乎没有懂中文的员工，而外包公司的软件开发工程师大多是中国人，虽然有一定日语基础，可以看懂设计书，却还未达到与日本人交流的程度。这样一来，就会给软件项目的实施带来很大的挑战和阻碍。

为解决这一问题，通氏软件实施了一项中国人社员计划，每年派招聘人员到中国的著名高校招聘应届毕业生到东京的本社工作，让其成为"桥梁"工程师，并将其安排在各个软件项目团队里，负责与以中国人为主的外包公司进行沟通管理。

张凯就是通过中国人社员计划被招聘到通氏软件的。当时张凯刚从大学软件工程专业毕业，由于大学时选修过日语，以全国第一名的成绩通过了笔试和面试。被录取后，张凯先在通氏北京公司接受了日语培训，通过日语能力测试一级考试之后才进入日本本社。进入公司后，由于张凯计算机软件专业知识扎实、日语水平高，很快受到上司铃木及企业信息服务组经理大泽的赏识。

外包公司选定

由于近几年公司从中国招聘员工，在外包公司合作和沟通方面取得了显著成效，中国人社员计划的优势和效果已经显现出来了。为了进一步发挥外包公司和中国人社员计划的作用，公司决定一改之前的项目组负责人决定制度，由各个团队中的中国人社员对候选外包公司进行考察评分，并选定本团队合作的外包公司。

优势特是一家主要从事软件外包工作的软件开发公司，员工基本上都是从中国招聘来的软件工程师。公司分为三个事业部，每个事业部分别由一名在日本工作多年，日语与软件技术都精通的中国人做部长进行管理。三个事业部的部长分别是陆一凡、吴寒和杜子涛。三人都是优势特的元老级员工，从公司建立起就跟随着社长冈田正一。

陆一凡和吴寒是大学同学，私交很好，毕业后一起来到日本，一起加入了优势特。杜子涛很小就跟随父母到了日本，是在日本上的高中和大学，来优势特之前在一家老牌日企工作，上司就是冈田正一。后来冈田正一辞职创业，也把杜子涛带到了优势特。由于陆一凡、吴寒和杜子涛三人精通中日双语和软件开发，仅仅几年时间，优势特就获得了非常稳定的外包软件项目。

张凯进入通氏软件那年，优势特成了通氏软件株式会社企业事业本部第一流通服务事业部企业信息服务组的外包公司。该组所有软件项目的编码与测试都会外包给优势特。虽然有些项目因为语言障碍沟通不顺畅、品质管理观念不同等原因发生过一些问题，但是总体来说最后都成功完成了。

2007年年初，陆一凡和吴寒双双向优势特提出辞职。虽然冈田正一极力挽留，可是陆一凡和吴寒还是坚持离开，并创建了先工公司。此后一个月，不少优势特的资深软件开发工程师也陆续离职并加入先工公司。

冈田正一惊讶不已，但对此也无能为力，只得对优势特的员工提前进行了年度加薪以稳定人心。可是不久冈田正一就发现，陆一凡和吴寒不只抢夺优势特的员工，还抢夺客户资源。之前几年，直接参与项目、跟客户共事并受到客户肯定的正是陆一凡和吴寒。先工公司成立后，有几个优势特的老客户都转去和先工公司合作了。

冈田正一对此头疼不已，每天东奔西跑，忙着维护客户关系。不过，对于企业信息服务组，冈田还是很有信心的，因为他跟该组负责人铃木是多年的老相识了，关系很不错，经常会相约喝酒、打保龄球、去夜总会。有几次铃木还带上了张凯。酒桌上冈田经常感谢铃木的照顾，也经常送铃木一些礼物，如日本职业棒球比赛的门票、啤酒兑换券、百货公司代金券等。张凯还注意到每次消费都是冈田买单。而就在几天前，张凯还在银座偶然看到冈田和铃木从一家居酒屋出来，有说有笑地进了旁边的一家夜总会。

最近几天，铃木总找机会跟张凯聊天，每次都会聊到外包选择问题，并叮嘱张凯要在对外包考察评分时充分考虑之前是否成功合作过，暗示张凯应给予优势特高分，选择优势特作为企业信息服务组的外包合作伙伴。与此同时，大泽经理则多次在公开及非公开的会议上表达过这样的观点：虽然一直以来企业信息服务组都是在和优势特合作，可是优势特现在人员变动很大，两名元老陆一凡和吴寒都已离开，并带走了优势特大部分核心工程师，目前优势特的业务能力跟之前不可同日而语，之前多次参与企业信息服务组软件项目的优势特技术工程师现在都已转投先工公司，他们的技术能力更强，对企业信息服务组的项目与开发流程也更为熟悉，所以应该考虑把外包合作公司更换成先工公司。

张凯的选择

张凯认认真真地根据公司提供的外包公司评分表上的规则，结合优势特和先工公司的实际情况进行打分，结果是先工公司和优势特的评分基本持平。张凯不知道是不是自己纠结的心理在作怪。张凯了解自己的上司铃木是一个比较小气的人，而且是那种秉承自上而下的管理哲学，不能容忍下属跟自己持不同观点的管理者，如果最后没有选择铃木暗示的优势特公司，张凯觉得有很大的可能会引起铃木对自己不满，从而使自己的事业发展和前途受到影响。一边是大泽经理力挺并且对自己十分照顾、有过很大帮助的校友，另一边是对自己十分器重、细心栽培的上司铃木和自己的事业发展与前途，张凯陷入两难的境地。

左思右想之后，张凯拨通了他父亲的电话。张凯的父亲听了张凯对目前状况的介绍之后，并没有直接给予张凯建议，而是语重心长地对张凯说："一个人，想在事业发展的道路上有所建树，除了要拥有做事的能力，还要有正直的品行。迎合上司没有错，可是为了迎合上司是否应该说假话做假事是你要认真考虑抉择的。你刚进入社会只有一年多的时间，有拼劲、有干劲、有上进心，这是我一直以来为你骄傲的地方，可是在职业生涯的开始阶段，你要树立什么样的职业道德观，以什么样的职业道德标准去迎接今后几十年事业发展道路上可能会遇到的各种挑战，我觉得才是最重要的。"

挂了电话，张凯心里轻松了很多。他重新整理了一下优势特和先工公司提交的项目组成员材料，以及技术水平和语言水平测试报告，摒除杂念，重新根据公司提供的外包公司评分表上的规则对两家公司的各项指标进行评分，最后得到的结果是优势特 72 分，先工公司 84 分。张凯将评分结果和建议选择先工公司作为外包公司的报告整理好发送给了事业本部秘书。

结局

9 月末的事业本部会议上，事业本部秘书宣布了各组外包公司的选定结果，企业信息服务组的外包公司正是张凯选择的先工公司。张凯注意到上司铃木的表情马上变得有些难看。过了几天，陆一凡和吴寒来找张凯喝咖啡，对张凯表示感谢，还送给了张凯 20 万日元的百货代金券。不过张凯坚持没有收。陆一凡和吴寒告诉张凯，以后如果有什么困难尽管找他们。

接下来的日子里，虽然不是很明显，但张凯还是感觉到了上司铃木对自己态度的变化。比如，当外包公司的业务出现问题张凯去询问铃木的意见时，铃木以前都会给出建议和理由，可是这件事情之后，铃木往往都是做模棱两可的回答，等张凯根据现实情况进行了选择之后，铃木却又清楚地表示应该选择另一个，张凯因而不得不返工。这无形中也给外包公司，也就是先工公司的工程师们增添了很多工作量。时间一长，工程师们对张凯也有了很多怨言。

张凯觉得只由各个团队中的中国人社员对候选外包公司进行考察评分并选定本团队合作的外包公司这一做法并不科学，很容易造成像自己这样的情况：实际的考察评分与上司的"偏好"不同，陷入两难的选择之中。张凯给事业本部秘书写了一封邮件，建议公司对此制度进行改革，引进各团队负责人和经理加入评分审核的过程。第二年，公司采纳了张凯的建议，对外包公司选定流程进行了改革，并增加了对外包公司的项目经理及项目骨干面试的环节。各个团队中的中国人社员、团队负责人和经理三人参加面试，对外包公司项目人员的项目经历、语言水平、技术水平进行评分，三人所评分数采取加权平均的方式得出外包公司的最后分数。

只由各个团队中的中国人社员对候选外包公司进行考察评分并选定本团队合作的外包公司的制度只执行了一次。可就是这仅有的一次制度执行却造成了上司铃木对张凯的不满，而且这种不满没有随着之后的改革而有所减轻。不过，在各个项目的执行中，张凯还是表现出了很好的能力和责任感。一年后，张凯获得晋升，从一级职升为二级职。同年底，张凯辞职回国，加入了一家在业界享有盛誉的应用软件公司。

评析：

该选哪家外包公司？直接上司与上司的上司存在意见分歧，主人公夹在当中左右为难……

乙：我怎么觉得这个案例的伦理纠结不够劲呢？里面满是办公室政治的味道……

甲：说说看……

乙：我记得您说过，讨论商业伦理，很重要的一项工作就是要透过错综复杂的情境找出其中的伦理问题，也就是进行"伦理问题识别"。这中间常见的一种情况，就是误把其他近似现象当成是伦理问题。办公室政治就是一例。

甲：是的。这话我说过。办公室政治和职场中的商业伦理挑战确实有一些近似的地方，比如都涉及人群以及人与人之间的关系，涉及观点、立场上的差别，涉及选择及其结果。所不同者，有关伦理问题在具体的利益取舍之外，还存在价值观层面的分歧甚至冲突，而办公室政治则往往是立场先定，人员选边站队，哪怕只是细微的技术性分歧，到头来也会衍生为利益上的纷争、力量上的较量，并且最终止步于利益的再分配。而且一旦办公室政治成为一种风气，就会……

乙：周而复始，没完没了。

甲：不过，如果跳出这种两分对比的语境，面对组织内部的办公室政治，该如何选择，仍然可能属于伦理问题的范畴。当然这与当事人的选择密切相关。

乙：怎么选？

甲：就案例中提到的选外包公司的问题，如果采取处理办公室政治的态度，无非是权衡利弊，然后选边站队，各为其主，摇旗呐喊，擂鼓助威。而后，再按博弈的结果，赢者通吃，败者出局。满盘将都是"利""弊"之辨，而少有"是""非"之分。

乙：如果是选择商业伦理的思考方式呢？

甲：如果是选择商业伦理的思考方式，则除了利弊之外，当事人还可以思考肩负的责任，秉持的价值观、道德原则，设定的底线等因素。更重要的是，在做出选择判断之前，不仅要进行利弊得失的加减计算，还需要追问和审视在这种具体情境下，根据所秉持的伦理立场和伦理原则所进行的道德推理是否妥当。

乙：进行伦理思考是否就可以避免卷入办公室政治呢？

甲：怎样避免卷入办公室政治我不知道，但对于用伦理思考摒弃办公室政治思维，我倒是有些心得。

乙：您快说……

甲：曾任武汉大学校长的刘道玉先生说过三句话："不以胜败论英雄，不以好恶判是非，不以得失分亲疏。"[①] 我以为，或许可以做些细微调整，来作为化解办公室政治、弘扬组织内部正气的参考：不以胜败论英雄，不以好恶分亲疏，不以得失判是非。

乙：不以得失判是非？

甲：是非是很基本的价值判断标准。就拿陆一凡和吴寒另立门户并从原公司挖员工、抢客户来说，这种做法本身就需要接受是与非的评判。哪怕法律规定模糊不清，哪怕公司与员工之间没有合同约定，或者双方没有签署竞业禁止协议，员工也需要明确地追问自己，在道义上是否有理由卷入和前公司的利益冲突之中。更进一步，从开放讨论的角度来看，还可以把前面修改过的三句话变为问句：要不要以胜败论英雄？要不要以好恶判是非？要不要以得失分亲疏？针对这个案例，我觉得，重点可以放在第二句。

权衡取舍问初心 *

A

天边露出鱼肚白。夜里落下的蒙蒙细雨，带来初秋的凉意。梁斌一夜无眠。但一夜的时间太短，还不够他做出选择。他多么希望闹钟的指针走得慢一点，好让太阳晚点升起。其实他心里也清楚，再多的时间也无法驱散心中的迷茫，再多的权衡也难以给出准确的答案。

"零——零——零——"起床的闹钟准时响起。要面对了，终于要面对了，无论怎样都要面对了。梁斌，多好的名字，文武双全，没有想到真的有一天，一个名字能够决定自己的命运……

冉冉新星

梁斌大学毕业后，借助父母的关系进入某集团公司下属的一个省分公司。与很多关系户不一样，梁斌从一开始就憋着一股劲，要用能力和成绩证明自己的实力。他业务能力强、人际关系好、踏实肯干、认真好学，很快成为公司的业务骨干，屡次荣膺优秀员工，成为所在省分公司冉冉升起的新星。短短六年时间，就从刚入职的大学生，升到最年轻的副科领导岗位，然后成为最年轻的储备干部。

梁斌优异的表现引起了省分公司副总经理杜欣然的注意。看到充满朝气、拼劲十足的梁斌，她仿佛看到了曾经的自己。

杜欣然是省分公司招收的第一批大学生。进入公司后，很快就凭借出色的工作表现被安排到集团公司学习一项新业务。回到分公司后，在没有任何经验可供借鉴的情况下，她自己定制度、理框架、顺流程，从业务培训到职场建设，让该分公司成为这项业务的排头兵。集团公司组织其他省分公司前往交流、学习，推广先进经验。这次成功，让整体业务规模靠后、一向思想传统、保守的该省分公司得到了集团前所未有的关注。她自己也从此平步青云，不到40岁就成了省分公司的副总。

在杜欣然看来，梁斌思路清晰、头脑灵活，有想法、有干劲，智商、情商双高，将来一定会成为得力干将。后来，分公司成立营业部，在杜总的大力举荐下，梁

---

* 本案例由清华大学经济管理学院工商管理硕士林斌撰写，仅供课堂讨论。其中的企业及人物均已经过掩饰处理。作者无意说明相关组织经营成败及其管理措施的对错。

斌当上了直属营业部主持工作的副总经理。他也没有辜负领导的信任和期待，在全国范围内率先开展海外业务合作项目，当年即取得巨大进展，利润丰厚。创新性的业务发展理念得到了集团公司的点名表扬。

志在四方

集团公司拟筹备一家新的子公司，杜欣然主动请缨。集团公司经过反复讨论，认为杜欣然具备为集团公司拓展新业务领域的干劲和能力，正式成立筹备组，杜欣然任筹备组组长，允许她在全国范围内招兵买马，组建筹备队伍，并从行业招聘一名专家任副组长，从集团公司遴选四名骨干支持筹建工作。

接到任命，杜欣然第一个就想到了梁斌，邀请他一起前往总部，协助完成筹备工作，并且允诺予以重用。一旦子公司正式挂牌开业，梁斌就是一个部门的负责人。

接到邀请，梁斌很兴奋，也很犹豫。他在省分公司如鱼得水，口碑颇佳，前途一片光明，即将成为正科级领导。以他的工作业绩、人际关系和人脉网络，几年内他有把握再有所突破，副处只是时间的问题。同时，由于一心扑在工作上，快30岁的他个人问题还没有解决。到了总部，固然有更大的机遇，但是筹备一家新公司也有很多不确定性，需要投入更多的时间和精力。他的朋友、资源都在本省，面对全新的挑战，他能否做出成绩，能否把机遇变成成功？父母更是坚决反对，不希望孩子背井离乡是一方面，着急抱孙子是更为重要的另一方面。梁斌事业有成，正应该是缓一缓结婚生子的时候，这个时候去"二次创业"，父母抱孙子的愿望不知道何年何月才能实现。

深思熟虑之后，梁斌还是毅然决定接受邀请。长这么大，他没有出过省。世界那么大，他想去看看。他深信凭借自己的能力，能够在集团公司立足，能够闯出一片新的天地。

平步青云

筹备工作很艰辛，梁斌投入了自己全部的精力和热情。作为筹备组到位的第三人，从监管沟通到集团汇报，从职场规划到规章制度，从人员招聘到部门设置，他几乎参与了每一项重要的工作，扮演着核心的角色。两年的摸爬滚打，经历过筹备险些夭折的胆战心惊，经历过进度推不动时的一筹莫展，经历过跨行业后的力不从心，终于守得云开见月明。

新的子公司挂牌开业，杜欣然成为子公司总经理（正局级）。她也兑现了自己的承诺，任命梁斌为市场部副总经理（副处级岗位，正科级职务）。不到一年，梁斌转任办公室主持工作的副总经理，正式成为副处级干部。无论在哪家企业，人财物都是企业的核心，特别是在国企，人力、财务、办公室堪称领导的小棉袄，而办公室和领导打交道最多，涉及公司的方方面面。虽说名义上市场是公司发展的中心，但是每个人心里都清楚，能够在办公室担任负责人，绝对离不开领导的高度认可和信任，未来有更大的发展空间和机遇。梁斌对于新的任命非常满意，付出终有回报，他觉得这几年的风风雨雨都是值得的。当初不顾家人的反对，只身一人来到总部，虽然耽误了自己的终身大事，但是级别提升、收入提高、领导信任、公司重视，自己也在当地贷款买房安了家，一切都朝着好的方向发展。

办公室的工作虽然不熟悉，但是梁斌有很强的学习能力，而且情商很高。他很快就摸准了办公室工作的门道，掌握了每个领导的习惯、秉性，与领导秘书、司机搞好了关系。由于能力强、人际关系处理得当，他得到了各级人员的高度认可，在年底的优秀中层评选中几乎全票当选。

如鲠在喉

然而，两个人的到来，打破了平静的局面……

杜欣然的秘书肖光与其有亲属关系。子公司成立后，他放弃了在国外的工作，降薪60%，成为杜欣然的秘书，更是心腹。今天，他又来找梁斌，还是那么客气："梁总，这张报销单，麻烦您签一下字，领导的。"这是一张8 000多元餐票的报销单，原因是公务宴请，列明的参加人员很多，也包括梁斌。虽然梁斌压根就不知道这次宴请，但是公务宴请，办公室主任怎么能不出席，他的名字一定会在名单上。这样的事情也不是一次两次了，刚开始梁斌还想问问具体情况，但是肖光的回答也总是不变的"领导的安排，您就别问了，您放心，没事儿，就是走个流程"。这次的金额也不算大，梁斌熟练地在"部门负责人"处签上了自己的名字，没有多问。肖光满意地走了，拿着报销单到机关财务进行报销。

类似的事情隔三岔五发生着，梁斌对自己到底签了多少字、涉及多少金额几乎没有概念。他暗地里记录了一个月，大概是8万~10万元。据此推算，一年怕是有上百万元。这让梁斌有点担心，自己签了字，却对事情一无所知，如果出了问题……他不敢想。不过，有时他也觉得出不了什么事情，毕竟公司还在业务发展的初期，业务招待总是难以避免的，金额也不算大，在哪家公司都算正常。

智健是办公室另一位副总经理，刚刚通过社会招聘进入公司。从系统外直接进入办公室，还能担任副总经理，是非常少见的。公司里对他有很多传闻。梁斌知道，智健的父亲曾经是杜欣然的领导，曾给予杜欣然很多指导和帮助，甚至力排众议将新业务的开展筹备、管理工作交给初出茅庐的杜欣然，是杜欣然的伯乐。这次招聘，显然是杜欣然在报恩。

　　智健来了之后，杜欣然专门找到梁斌，重申了对他的信任，办公室还是由梁斌整体负责，智健只分管宣传工作——招聘智健完全是因为他的文笔。随着业务不断发展，公司规模不断壮大，品牌宣传必须跟上，因此需要一个"笔杆子"。将来会单独设立品宣部门，这块工作再交由智健全权处理。

危机浮现

　　在智健到来之前，公司对宣传工作并不重视，每年投入的宣传费用非常少。智健来了之后，制定了一套完整的品牌宣传方案，既包括报纸杂志、微信软文这种小打小闹，也包括制作企业宣传片、周年庆典和主流权威视媒黄金时段广告这种大动作。这些宣传内容的设计、相关单位的沟通都由智健一手操办，梁斌根本插不上手。经过总经理办公会审议，除了周年庆典太过张扬被取消外，智健的方案全部获得通过。随着先期的几十万元费用的投入，有关公司的报道开始出现在报纸杂志上，机场、高速旁的广告牌上也有了公司的位置。

　　梁斌倍感压力，不是因为品牌宣传自己无权过问，实际上他本身也不想过问。困扰他的问题是，虽然智健的方案已经通过了，但那只是整体框架，并没有具体的宣传单位的选择计划。无论是报纸杂志还是网络媒体、广告牌，都没有进行相关的比价、甄选。这方面集团公司其实都有相关的程序规定。在未经任何讨论、招标的情况下就有如此大的支出，是不符合要求的。梁斌知道，智健没有胆量先斩后奏，如果没有杜欣然的允许，这么大的支出财务部门是不敢付款的。这件事情自己不用参与还好，如果要补流程资料，作为办公室的负责人，他能逃掉吗？他默默祈祷，希望能够幸免。

　　然而，该来的总会来，集团公司定期审计是躲不过的。为此，公司上下进行了全面的梳理、排查。这笔款项的流程必须补齐。由于办公自动化系统（OA）流程无法变动，只能走纸质签报。智健熬了一个通宵，炮制了甄选、谈判的完整过程和记录资料，拟定了相关签报。

　　一大早，智健就来找梁斌："梁总，这是咱们补充的材料，之前我对流程不太熟悉，相关工作都做了，但是没有及时记录和请示，内容我都给杜总汇报过，没问题，麻烦您签个字。"

　　几百万的金额，梁斌下不了决心："智健，你也是办公室的副总，这个事情一直是你全权负责，中间的过程我也不是很清楚，这个字要不就你签吧。"

　　智健早有准备："梁总，财务查了集团公司的规定，品牌宣传属于办公室的管辖范畴，您是办公室的负责人，签报需要您同意，才能呈送杜总。您要是觉得有困难，要不我先找杜总把字签了，您再签？"

杜总先签？梁斌怎么敢？他拿起笔，很犹豫地签上了自己的名字。

集团公司的审计如期而至，梁斌每天都如坐针毡，寝食难安，每次审计组找他谈话都感觉如履薄冰。这么大的金额，原则上是不允许走纸质流程的，这样的漏洞，专业的审计人员不会看不出来。如果发现他该如何回答？幸运的是，审计组竟然放过了这笔大额支出。审计组长对公司的各项管理给予了高度赞扬，认为公司"财务管理规范，各项支出记录详尽合规，符合集团公司的各项要求"。

审计组走后，肖光拿来了一份签报和报销单，是公司组织的一次全体员工参加的拓展训练，用于提升公司凝聚力，进行企业文化建设，地点是在郊区的拓展培训中心，费用近十万元。还是那个熟悉的人，话也似曾相识："梁总，签报和报销单麻烦您签一下，领导看过了，没问题的。"梁斌没有选择，他拿起了笔，却感觉有点沉重，这支笔他握得太累了……

审计组离开后，工作逐渐回到正轨，智健偃旗息鼓，不再提宣传片和央视广告的事了，肖光偶尔拿来报销单的频率也降低了。梁斌感觉轻松了不少，他相信经过这些事件，公司会更加规范。然而，令他震惊的事情发生了。

晴天霹雳

当智健将宣传片制作和广告宣传方案摆在梁斌办公桌上时，梁斌知道自己已控制不了惊讶的表情。两个多月的时间，智健只是在给领导写写稿子，对宣传的事情只字不提。虽然还是经常进出杜欣然的办公室，但是这么大的事情怎么会没有一点风声？3 000多万元的费用支出啊，公司开业三年，还没有盈利，但是已经接近盈利。如果这3 000多万元不花出去，公司今年很有希望扭亏。公司还处于初创阶段，有太多的地方需要投入，能力建设仍然很薄弱，这并不利于公司长期健康发展，如果将资金投入能力建设方面，对公司的长期发展很有裨益。

"梁总，方案已经拟定好了，相关的厂商都谈妥了，杜总已经看过了，麻烦您签个字。"智健的话，让梁斌从愕然中缓过神来，他慢慢地拿起笔，但却落不下去。

"智健，这个事情比较重要，报告我好好学习一下，等我看完再签。"梁斌觉得要想一想，这么大的金额，他不想草率决定。

"可是杜总那边在等着看，周年庆快到了，我们要抓紧时间，否则赶不及。"智健催促着，他想今天完成全部流程，总经理办公会的会议室他都预定了。

"这个事情比较重大，我需要看一看，我要对签字的事情负责，不是吗？"梁斌头一次这么强硬。

"要不，杜总签完，您再签？"智健毫不相让，以退为进。

"好吧，你拿给杜总签吧。"

梁斌的回答完全出乎智健的意料。他知道如果梁斌不签，杜欣然是万万不会签字的，他狠狠瞪了梁斌一眼，转身离开。

看着智健的背影，梁斌坐下来，翻阅着方案，陷入了沉思……

这个方案是符合公司要求的，内容很详细，各项费用很明确。然而这样一家小制作公司断然不会要这么高昂的制作费，虽然承诺会在主流权威视媒黄金时段播出3个月，但是没有播放的频次，也没有黄金时段的具体时间。这样的细节别人也许不会注意，但是却逃不过梁斌的眼睛。这样表面上合情合理的约定，对方却有很大的操作空间，以杜总的水平断然不会忽略。如果没有发现，只有一个可能……

摆在梁斌面前的只有两条路。签字，他还是杜总眼中的红人，只要不出事，两年之内必然转正（正处级），进入领导班子，甚至接班杜总也并不是没有可能。但是，上次几百万元的事情审计组不知道为什么放过了，这次3 000多万元的金额，能过去吗？一旦查出问题，杜总固然是第一责任人，但是作为这个方案名义上的负责人，自己肯定无法幸免。会查出什么问题、查到什么程度，他不知道，也想不到，也许只是口头批评，也许要受处分，也许要离开，也许和铁窗做伴。不签，固然可以规避风险，但是如果杜总想推进这个事情，自己就成了绊脚石、拦路虎，自己的位子肯定是保不住了，未来，恐怕在这里也不会有未来了。

五年啊，他背井离乡，凭着一腔热血，5+2，白加黑，付出了多少努力才换来今天的成绩。五年，他从行业的门外汉变成了半个专家，市场、规划、产品、办公室，他就是一个全能战士，哪里需要哪里搬，不是他天赋异禀，而是他足够努力。五年啊，这宝贵的五年，他三十多了，还是一个人，他怎么能放弃，谁又能够放弃？

B

抉择时刻

该是上班的时候了，梁斌用凉水洗了一把脸，整理好公文包，披上一件外套。他没敢开车，改乘了地铁。一路沉思，他不知道自己是怎么换乘的，跟随着人流，凭借惯性，当他清醒过来时已经走到了公司楼下。踏入公司大门时，他突然注意到，原来门口的石狮子竟然是分公母的？真有意思。以前怎么没有注意到？嘴角掠过一丝笑意。"早上好！"门口的保安跟他打招呼。很奇怪，平时他们不说话的啊，怎么还冲他微笑，难道自己穿错了衣服？他赶忙低头看了下，并没有。哦，也许保安以为那微笑是给他的。他从来没有注意过这些保安，感觉是东北人。抬头望望变得有些刺眼的阳光，他想通了，释然了，决定了。

梁斌主动找到智健，把方案放在他的桌上："这个方案，我看了。我觉得有两个问题：第一，根据公司制度，这个金额的方案需要走招投标手续，应该根据招投标结果选定厂商；第二，宣传片制作和投放央视广告是两件事，宣传片制作可以委托，但是央视广告应该由公司直接联系，确定播放的时间、频次和金额，不能委托。这个方案，我不能同意，需要修改。"看着智健错愕的表情，梁斌有点想笑，他转身离开，留下有点蒙的智健。

下午，智健和肖光一起找到了梁斌。

智健先开口，客气了很多："梁总，这个事情之前没跟您汇报，是我的问题。我知道工作流程不对，我就是想把公司的品牌宣传工作加快推进，给公司在业内打出名气。这个方案杜总都看过了，也没有大的问题。要不我稍微调整调整，您就签了吧。"

肖光也帮忙说话："智健原来没在国企干过，流程不熟悉，难免有问题，您见谅。这个方案杜总确实看过了，还是比较满意的，金额也合理，广告播出3个月才3 000万元。制作质量也很有保证，对公司宣传作用还是很大的，您再考虑考虑。"

梁斌微微一笑："二位对不起哈，这个方案是不符合公司制度规定的，也不符合集团公司的要求。杜总也说过宣传工作智健全权负责，我一直也不参与，就让智健签吧。"梁斌态度坚决，没有回旋的余地。智健和肖光耳语了几句，转身拿着文件一起走进了杜欣然的办公室。

第二天，公司办公会宣布，梁斌调任规划部副总经理（部门加上梁斌共有三个人），智健主持办公室工作，肖光升任办公室副总经理。宣传方案顺利上会，在总经理办公会上，两位集团公司派来的副总经理因为工作事宜没有参加，方案全票通过，顺利实施。整个9月，公司都在配合宣传片的拍摄。最终拍摄完成的宣传片时长3分24秒。按照杜欣然的评价，这是近几年见到过的水平最高的宣传片。10—12月，公司的广告在视媒黄金时段如期上线，真的是非常黄金的时段，但是每周只播放一次，每次时长20秒。

年底，杜欣然买了一套新房；智健和肖光也换了新车，价格都在50万元以上。梁斌在公司被日益边缘化，管的业务无足轻重，在年底的优秀中层评选中首次落选。

风云再起

新年年初，集团公司审计组再次到来，进行上一年度年终审计。在审计组进驻之前，智健突然辞职，在两天内办完了所有离职手续。后来听说他做过某三线女星的经纪人，甚至在某个影片中客串出演了一个镜头，又做过广告行业，具体怎样就不得而知了。

肖光改任合规部总经理助理，曾任办公室副总经理的经历被抹去。这次审计的时间比预想的长，从高管到中层所有领导都被约谈，甚至普通员工也有抽谈。梁斌当然是约谈的重点对象，审计组问了很多问题，重点问到了宣传方案。他说已经更换岗位，因而并不知情。至于为什么更换岗位，他撒谎了，说是公司早有安排，并不是突然调离。

杜欣然被集团公司约谈了很多次，一时间公司内部有很多传言：杜总因为贪污腐败问题即将调任；杜总关键时刻搞定了集团公司领导，位置无忧；集团公司考虑子公司立足未稳，为了稳定决定放杜总一马；杜总将主动辞职，从此离开体系……最终，这件事情没有闹大。

时间拨回到现在。杜欣然仍然担任子公司总经理，虽然很多次传出集团公司对其不满的消息，但是没有实质性动作。梁斌被提拔为规划部总经理（正处级），慢慢重新赢得了领导的器重。肖光成为合规部副总经理，和梁斌的关系也有所缓和。

云开月明

我问过梁斌，当初为什么下了决定，梁斌说：有一些事情他能够接受、能够理解，公款吃吃喝喝很正常，这几乎是通用的潜规则，刚工作的时候心里可能有点打鼓，时间长了也就习惯了。一个业务，选择谁不选择谁，领导的话语权是很大的，中间有什么猫腻大家心知肚明，见怪不怪，几百几千，甚至上万他是能够接受的。金额再大些，他就有点害怕了，报销的事情就已经快要突破他的底线了。至于广告的方案，他无论如何不想牵扯其中，风险实在是太大了。他不敢冒这个险，宁愿在这个公司没有前途，也不能让自己整个栽进去，这个风险他承受不了，这个事情他做不出。

五年，比起未来的人生太短，哪怕待不下去，他也相信自己的能力。我问他为什么没有离开，他回答说跟杜总谈过，那次谈话比较开诚布公。杜总肯定了他的能力，梁斌也表示想做具体工作，不想再触碰敏感的职责。杜总对于他在关键时刻保护了自己还是心存感激，也感念他多年追随的情义，就接受了他的要求。梁斌说，他在这个体系里面很多年了，有很多资源，也证明了自己的能力，他不再是别人眼中杜总的裙带，无论杜总的未来在哪里，他都可以在这里做得很好。

评析：

集团新成立子公司。杜总升任总经理，同时提携梁斌担任了市场部副总经理，之后，梁斌又转任办公室副总经理并主持工作。杜总的秘书是她的亲属，总是拿要报销的公务宴请发票找梁斌签字。这些餐费发票金额不菲，开列的出席人员庞杂，有时居然还有梁斌的名字。智健是新来的办公室副总经理，分管宣传工作。他父亲曾是杜总的领导，对杜总有恩。智健要梁斌签字的宣传片制作和广告宣传方案，预算高达 3 000 万元……

甲：我们好像聊过"要不要以好恶分亲疏，要不要以得失判是非"的话题。

乙：您提到过。我还记得。

甲：我觉得在这里可以改一改，问题就好回答了："要不要以亲疏定是非？"

乙：亲疏，是私谊，是人情。是非是事理，是公论。二者看起来界限明显，自当公私分明。只是如果放在具体情境中，确实不好办啊！

甲：那么就是说有可能以上司的亲疏为判断（是非的）标准了？

乙：这……

甲：要是上司换人了呢？是否意味着判断标准也就要跟着变？如果上司又回来了呢？变来变去，自己岂不成了个陀螺？

乙：确实有问题。不过，还是要考虑所在组织的特性……如果是在民营企业，如果企业是上司的，经营的风险和收益都是所有者自己的，那么我觉得搞亲亲疏疏，上行下效，没有问题。

甲：如果是国有企业呢？

乙：如果是国有企业，就像案例中这样，还是要更慎重一些，毕竟企业不是某个人的，还是要充分考虑违规签字的风险。

甲：就是说在违规签字送人情和违规签字担风险之间，在送人情得到的好处与担风险带来的坏处之间要有一番权衡。无论国企、民企，是否违规签字，都取决于利弊得失的计算？这岂不是说要"以得失判是非"嘛？

乙：这个……

甲：人在职场，浸淫日久，会有收获。职位会晋升，权力会增大，薪资待遇会提高，个人能力会变强，阅历经验也会增多。这些都可以归结为成长的表现。但品性呢？个人的品性是否会随着时间的推移，随着职位的提升自动、自然而然地提升？抑或随着职位升高，权力增大而反向变差？

乙：不排除有这种可能。所以案例题目才叫"问初心"嘛！

甲：进入职场，要以什么作为自己的"初心"？是挣钱养家？是几年升职几年加薪这样的小目标？是做人做事有原则的戒条？这确实值得归入"青年在选择职业时考虑的问题"之列！

安　心[*]

走出老马的办公室，安心的手里紧紧攥着一个沉甸甸的信封。不知道是紧张还是恐惧，信封已经被手心里的汗水弄皱了。

信封里装着十万元现金和一张名片。老马的话还在耳边回响："这是麦主任他们移动办公所需经费，你抽空给他送过去。之前你没有类似的经验，所以我帮你都办好了，但是麦主任那边的关系还是得你亲自去维护，毕竟这个呼叫中心建设项目是你负责的。下次你可以自己联系名片上的人把充值卡卖掉，这人跟我们已经合作很久了，非常靠谱。"

安心没有任何心理准备，本来准备好要汇报的工作此刻就像是一大块馒头卡在了喉咙里。"这……合适吗？"安心犹犹豫豫地挤出了这句有点唐突的话。

老马淡定地拿出一张 A4 纸，上面稀稀拉拉地写着几行字，末尾还盖了个鲜艳的红章。安心接过来一看，是千里目中心出具的一封介绍信，内容大概是说介绍某某某前来办理移动办公业务，具体业务内容是购买手机充值卡，后面附了一张经办人的身份证复印件。老马收回这张纸，认真地说："我们把这些手续留存好，一切都是按照规定办事，没有任何问题。"

"那购买金额和付款方式这里面没有明确说明呀？"安心忍不住追问。

老马轻轻皱了皱眉，依旧淡定地说："只要遵守咱们公司的规定就没问题。有问题的话，业务部门也不会受理的。咱们要做的就是把所有合同和介绍信留存好，以备业务合规检查。"

话已至此，安心知道再问下去只会自讨没趣，机械地拿起了老马递过来的信封，迈着沉重的步子缓缓走出了办公室。

千里目中心建设项目

千里目中心建设项目是安心工作以来接手的第一个大项目，也是钮诗公司华南分公司第一个独立拓展的重点行业项目，在公司内将产生非常重要的示范

---

* 本案例由清华大学经济管理学院工商管理硕士刘珊珊、易志红、曹晓斐、赵丽丽撰写，仅供课堂讨论。其中的企业及人物均已经过掩饰处理。作者无意说明相关组织经营成败及其管理措施的对错。

效应。

　　千里目中心是一家事业单位，负责某行业产品及服务的社会监督和投诉举报受理工作。作为一个新筹建的部门，中心需要建设百人规模的呼叫中心，涉及硬件设施、软件平台、通信线路、坐席人员外包及日常办公系统建设。如果该项目能成功中标，将为钮诗公司一次性贡献超过 7 000 万元的收入，此后每年还有 4 000 万元的运维和平台服务费。

　　对这样一个"名利兼得"的项目，竞争对手自然蜂拥而至，其中不乏实力雄厚、背景过硬的业内知名企业亨通公司。经过三个多月的激烈角逐，在安心的不懈努力和公司高层领导的鼎力相助下，钮诗公司获得了千里目中心的一致认可，并取得了可喜可贺的阶段性成果：成功中标该中心建设项目的一期工程——移动办公系统建设模块。虽然该模块仅占整体项目的 1/10，但在设计中，该模块与整体项目存在对接需求，且安全等级保护标准都是整个项目中最高的。拿下这个部分，无疑抢占了整体项目竞争的先机。

钮诗公司

　　钮诗公司是一家大型信息化建设和系统集成服务企业，在全国多地设有分公司。公司秉承"为客户提供最先进的信息服务"的理念，在全国 100 多个地市承诺"一点受理，一点服务"，7×24 小时人工响应。公司拥有覆盖该行业的所有国家最高级别认证资质，具备雄厚的人才资源和技术实力。同时，公司拥有国内最优质的供应商，常年与他们保持着良好的合作关系。公司成立几年来，发展迅速，不仅实现了百亿收入，更多次在公共事件中承担了企业应有的社会责任，在业界具有很好的口碑。

　　钮诗公司内部的组织架构庞大，职能分工精细，设有行政、人力、财务、审计、法务、市场、销售、客户支持（售前）、客户服务（售后）、采购等众多部门。部门间存在严格的职能划分和流程控制制度，所有生产经营活动都被要求在企业严密的业务流程和控制流程下顺利运转并形成闭环。对于市场前端的销售和业务受理，更有严格的业务规则和管控制度。尤其是针对政企客户，所有的业务首次办理必须提供合同及组织机构代码证或营业执照等资质文件进行系统备案，此后每次办理还需提供与备案单位一致的介绍信才能受理。

　　近几年，公司一直没有开放社会招聘，因而校园招聘成了公司补充人力资源的唯一入口。由于企业形象良好、薪资待遇优厚，还可享受落户政策，钮诗公司成了众多211、985高校①毕业生的理想之选。也正因如此，每年通过重重选拔进入钮诗公司的员工也都非常优秀。

华南分公司是个二级销售部门，主要负责区域内政企客户的开发和维系。目前分公司有120名员工组成的销售团队，分为综合管理、行业客户、商业客户、技术支持、渠道等事业部。

安心所在的行业客户部是分公司最重要的业务部门，承担着分公司一半的存量收入。该部又按行业分为金融、医疗卫生、交通物流、快消、教育等5个重点行业组。只是，行业客户部目前最大的客户是当初总公司职能拆分时划过来的，实际上分公司只是对这个客户进行了持续的维系和深入的业务挖掘。由于该客户体量大，经常需要为其申请特殊政策或者资源倾斜，行业客户部乃至华南分公司也常因此受到总公司其他部门的非议。

在行业客户部经理邵红看来，千里目中心建设项目将是展现本部门能力的一次绝好的机会。分公司副总老马也强调：这场本年度最重要的战役，只能成功，不能失败。他要求邵红全力支持安心的工作，并且指示关于千里目中心建设项目的所有进展都可以直接向他本人汇报。

安心

安心从一所重点大学计算机专业研究生毕业。在校期间，成绩优异的她还是校学生会和社团的积极分子。安心热衷于各类社会活动，尤其享受身在其中的成就感和使命感。最后一个暑假，安心很偶然地来到钮诗公司华南分公司参加暑期实习。短短一个月里，大公司井然有序的运转机制和影响深远的企业使命给安心带来了极大震撼。安心出色的工作能力和进取精神也得到了分公司领导的充分肯定。次年夏天，她选择再次回到了这里。

与安心一同入职的另外十一个小伙伴，个个都是来自各大高校的青年才俊。安心作为这批新人里唯一一个"老人"，很自然地承担了领头羊的角色。通过一次次代表发言、活动组织牵头，安心很快成为新员工里的"明星"、领导眼中的

---

① 211高校，即进入"211工程"的高等学校。1995年11月，经国务院批准，原国家计委、原国家教委和财政部联合下发《"211工程"总体建设规划》，提出面向21世纪、重点建设100所左右的高等学校和一批重点学科的建设工程。985高校即进入985工程的高校。1998年5月4日，时任国家主席江泽民在庆祝北京大学建校100周年大会上的讲话中提出要建设若干所具有世界先进水平的一流大学。1999年，国务院批转教育部《面向21世纪教育振兴行动计划》，"985工程"正式启动。"985工程"一期建设率先在北京大学和清华大学开始实施。2004年，根据《2003—2007年教育振兴行动计划》，教育部、财政部印发《关于继续实施"985工程"建设项目的意见》，启动二期建设。自工程启动，先后有112所高校进入"211工程"、39所高校进入"985工程"。2016年6月23日，教育部官网发布文件，宣布382份规范性文件失效，其中包含教育部、财政部的上述意见。

"标杆"。入职刚满半年，安心就获得了这个在别人眼里风光无限的机会，正式开始跟进千里目中心信息化建设项目。

千里目中心的办公场所位于火车站旁的一个老旧写字楼里。第一次来到这里时，楼内的装修工程刚刚完工，剩余的物料都还没来得及撤出。客户希望尽快搬入，需要在半个月内完成办公场地通信线路的建设和交付。而当时这座写字楼甚至还不具备光缆入楼的条件，任何一家电信运营商给出的工期都在一个半月以上。安心调动了公司所有的内外部资源，从入楼管井勘察到传输设备调拨，再到施工排期和开通调测，所有的环节她都亲自督导。她每天跑去项目机房上班，发现任何困难就会立刻奔波于公司所有前后台资源协调部门寻求支持。数九寒天里，安心硬是拉着设计单位的外线工程师将这座老楼周围所有市政道路上的通信管井一个一个扒开，寻找光缆路由。看到初入职场的安心这么拼，入职多年的老项目经理都被打动了，积极帮忙推进了很多工作。这个不可能完成的任务，硬是在半个月内就完成了。

安心的努力没有白费，千里目中心上上下下都因此认识了这个勤奋又执着的姑娘，同时也对她所代表的钮诗公司给予了高度评价，甚至特意给公司送来了感谢信。

老马的诉求

老马是钮诗公司早期入职的员工，经历了公司从小到大、从弱到强的成长过程，从一名普通的基层员工做到了华南分公司的副总经理。前些年，老马曾被公司公派去攻读 MBA 学位。相比公司其他一些中高层领导，老马总能展现出不一样的行事风格和管理理念。

老马一直希望能够在所有分公司中率先建立一套符合现代市场竞争环境的业务能力体系，打造一支高素质的营销队伍，践行并传播他提出的"三位一体，五力合一"的经营管理理念。因此，老马对今年入职的新员工的培养模式进行了大胆创新。正是在这样的背景下，作为一名职场新人，安心才有机会成为分公司今年最重要的项目的首席客户经理。

关于项目的重要性，老马自然有着深刻的认识。当然，老马更希望能由他精心筹建的创新型销售团队来完成这一目标，这不仅能为分公司带来丰厚的业务收入和示范效应，更能说明他的管理水平走在了全公司中高层干部的前列，从而有助于他个人的发展。

对于安心，老马更是欣赏有加。这个姑娘既有着初生牛犊不怕虎的冲劲，又有着超越同龄人的缜密，稍加培养必成大器。老马已经决定，全力以赴帮助安心拿下千里目中心建设项目。

行业"潜规则"

钮诗公司所在的信息化建设和系统集成行业存在一个众所周知的"潜规则",那就是帮助客户"走账"。比如客户想采购一些项目清单之外的产品,他们会将采购费用核算到集成项目中,然后要求集成商从项目款项中进行采购和支付。

钮诗公司对于业务合规性有着非常严格的管理办法:对于公司直接提供产品和服务的,除了提供合同外还需提供客户资质证明文件和介绍信才能受理;对于需要对外采购的集成项目,也有明确的采购、稽核、审计流程。

因此,面对客户对"潜规则"的需求,客户经理通常采取的操作方式都是请供应商提供帮助。与公司合作的供应商对于处理这类需求有着自己的渠道和流程。

然而,此次千里目中心需要"走账"的并不是实物产品,而是"移动办公经费",在客户提供的介绍信中明确为"手机充值卡",这与双方签订的移动办公项目合作协议里包含的通信费是吻合的。因此,只要手续齐全,千里目中心的需求完全符合钮诗公司的业务受理规则,公司将按照客户需求向供应商采购并交付足额的手机充值卡。但是,老马交给安心的名片来自一个卡券交易市场的老板。此人常年收购各类有价卡券,可以帮助安心将手机充值卡变现。

麦主任其人

麦主任是千里目中心的一把手,被从该行业监管单位的核心部门抽调过来,负责中心的筹建和之后的运营管理工作。在此之前,他还在高校从事过食品安全和环境治理方面的研究工作,是行业内有一定影响的知名专家。

麦主任给千里目中心的定位是现代信息化投诉举报中心,无论软硬件都要使用当前最先进的技术和创新产品。因此,在千里目中心建设项目立项之前,他带领新筹建的团队奔赴全国各地相关兄弟部门考察,并就中心的建设方案召开了三次专家论证会,历经半年的考察论证,最终完成了立项申报工作。

安心初次见到麦主任是在他的办公室。当时是随同公司领导一行对千里目中心进行拜访。双方领导的见面是轻松愉快的,大家对行业发展和未来合作也充满了信心。此后麦主任对中心建设项目也非常上心,大事小事基本都亲力亲为。因此,安心与麦主任的接触渐渐多起来。麦主任对安心也信任有加,有时候会请她帮助处理一些跟钮诗公司业务相关的私人问题。

麦主任上任时,还一同带来了在原单位的老搭档艾芳出任千里目中心办公室主任。艾芳是一位从容优雅的中年女性,在与人接触的过程中更多展现的是感性的认识。艾芳在千里目中心的筹建过程中承担了大量工作,是麦主任的得力干将。

她有一个在国外留学的女儿，年龄跟安心差不多，因此艾芳每每见到安心都喜欢跟她话话家常，在中心建设项目中也没少帮钮诗公司说好话。

移动办公项目

移动办公项目原本是整个中心建设项目的一部分，但因为上线需求紧急，项目标的较小，根据有关规定可以不通过公开招标方式采购。千里目中心组织了一次小型的邀标评审会，钮诗公司成功中标。

该项目中，除了相关系统建设部署之外，还包含一年的通信费。虽然签约的通信费金额远超过正常通信需要，但是因为客户对每部终端每月给出了明确的费用标准，安心也没有多想。老马跟麦主任承诺，对于这笔话费预存款，随时有缴费需要，随时可以申请办理。

麦主任的电话

正在思绪万千的时候，桌上传来手机的嗡嗡振动声。安心心头一紧，犹犹豫豫地拿起了手机。

"安心，下周那个专家论证会的事情你们准备得怎么样了，如果没问题我这边就通知专家了。"

安心猛然想起来，刚才去老马办公室是想跟他汇报，下周麦主任希望能在招标之前邀请相关专家来公司进行考察，并且把发标之前的最后一次专家论证会放在钮诗公司召开。这对公司来讲是一个很好的信号，表示千里目中心对钮诗公司解决方案的青睐，对同行的专家的态度也有一定的引导。虽然这次必须采用公开招标的方式，但是这个行业的专家圈子其实不大。

安心刚才被突如其来的信封打乱了计划，没有来得及跟老马汇报这个事情，此刻正在飞速地想怎么回复麦主任的问题。电话那头又传来了麦主任的声音："对了，马总跟你交代了吧，有一笔我们中心的移动办公费用，你今天能不能帮我送到中心。下午三点我着急出去开个会，你不用上楼，在楼下直接给我就行了……"

此时，电脑弹出了艾芳的 QQ 页面，一行醒目的字跳入眼帘：安心，请尽快敲定专家论证会事宜，亨通公司正在调动公司高层力量邀请麦主任去他们公司召开此次会议。

安心的选择

回想半年来为了赢得这个项目所付出的所有努力，想到钮诗公司完美的解决方案将在不远的将来为社会提供覆盖线上线下、语音网络等全方位高品质的行业监管和投诉举报服务，当然还有成为负责这个项目的华南分公司首席客户经理的所有荣耀，以及老马关于业务手续合规性的描述，安心动摇了。

一周后，千里目中心建设项目最后一次专家论证会在钮诗公司圆满召开。钮诗公司的高层领导在会上再次展示了公司的核心竞争优势，与会专家给予了高度评价。

一个月后，钮诗公司成功中标千里目中心建设项目。公司上下对这个项目带来的示范效应给予了高度评价。总公司领导特地前来参加了华南分公司的半年工作会，亲自为安心颁发了优秀员工奖状。

半年后，千里目中心建设项目顺利落成。在此期间，麦主任多次以需要移动办公经费为由请安心代为采购充值卡。虽然每次千里目中心都能提供采购介绍信，公司的年度业务合规性审查也都没有问题，但是安心的内心越来越不安，她无法认可自己的行为，这与她当初义无反顾地加入钮诗公司时所看到的和期待的完全不一样。

安心选择了离开。身边的很多人不理解她的选择。安心也不能理解，自己是如何在看似一帆风顺的成长环境中，在公司那么"严格"的管理制度下，失去了本应拥有的那份"安心"的。

评析：

千里目中心建设项目是安心接手的第一个大项目，对总公司也具有非常重要的意义。行业里的一个"潜规则"是，客户会将项目清单以外的一些产品采购费用核算到集成项目中，要求集成商（乙方）采购并从项目款项中支付。此次安心接到的任务是替客户"走账"，购买"手机充值卡"……

乙：又是一个无解的案例！

甲：为什么呢？

乙："我已是满怀疲惫，眼里是酸楚的泪。"[①] 职场小人物被当枪使，除了缴纳"投名状"，再不就是一声叹息，抬腿走人，还能怎样？

甲：你这不是一下子就提出了两种解决方案吗？

乙：问题是一旦缴了"投名状"，以后就可能越陷越深。尼采说："若往一个深渊里张望许久，则深渊亦朝你的内部张望。"[②] 而且万一后面出事，恐怕就会被当作"替罪羊"祭出了……

---

① 小轩作词、谭健常作曲：《故乡的云》。

② ［德］尼采：《尼采著作全集（第五卷）：善恶的彼岸·论道德的谱系》，赵千帆译，孙周兴校，商务印书馆 2015 年版，第 121 页。

甲：唉！那还是走吧！鲁迅先生说："所以我时常害怕，愿中国青年都摆脱冷气，只是向上走，不必听自暴自弃者流的话。能做事的做事，能发声的发声。有一分热，发一分光，就令萤火一般，也可以在黑暗里发一点光，不必等候炬火。"①

乙：话虽如此，如果潜规则是行业内普遍存在的，恐怕就是要"此身如传舍，何处是吾乡"②了。

甲：社会没有那么灰暗吧！不过，你的分析倒是提示了环境的重要性。如果公司有完善且严格的规章制度，如果法律明确、执行严格，也许主人公就少了许多这样的纠结。

乙：是啊！正应了古人的话："布帛之有幅焉，为之制度，使无迁也。"③

甲：如果说主人公人微言轻，对制度构建、改善缺少话语权的话，那么谁该对制度的完善负有更多的责任呢？

乙：是呀。而且，我对安心离开钮诗公司进入新的公司能否不再面对这样的问题很是怀疑。如果这样的事情再次发生，她该怎么办呢？再次出走吗？有没有比离开更好的应对方法呢？

---

① 鲁迅：《热风·随感录四十一》。
② 〔北宋〕苏轼：《临江仙·送王缄》。
③ 《左传·襄公二十八年》。

是否要更换保温材料？ [*]

A

2011 年 4 月 2 日，星期六，晴空万里。持续多日的冷空气终于减弱，迎春花得以怒放，一派大好春光。本市最大的公园里人群熙攘，很多市民趁着周末的好天气举家春游。张升却没有这个心情。他正坐在公司的专车里，准备赶去加班。

昨天下班时，他收到了总部的会议通知，下星期三下午三点，老板要听取关于西北项目的进展汇报，尤其是施工已经接近完成的几栋高层住宅的建筑外保温材料到底要不要全部拆除更换，还有尚未建设的第四期的所有建筑是否都需要更换保温材料的问题，需要着重汇报。作为枭龙地产集团西北区域的第一负责人，张升必须对这项关系数千万元成本支出的决定提出建议，并获得公司领导层的认可和支持。

由于星期三一早就要飞往总部，顶头上司、集团分管中国区的常务副总裁徐泽广要求张升在星期一下班前提出草案。张升需要在此之前征求专业部门意见，提出完善的建议和经得起推敲考问的理由。时间非常紧张。

枭龙地产集团

枭龙地产集团是一家具有数十年发展历史、横跨若干行业的知名大型财团，其中国区划分为华北、华中、华南、西北四个子区域。亚洲金融危机之后，枭龙地产集团凭借雄厚的财力抄底国内和国际房地产市场，投资过百亿元，在全国布局了多个城市的高端住宅和商业地产项目。

中国区业务最高领导是集团常务副总裁徐泽广，统管全国地产业务。全国各区域设总经理一名，管辖区域内所有城市的地产项目，向常务副总裁汇报。区域总部还设有设计部、成本部、人事部、财务部、行政部等多种区域专业管理职能部门。这些职能部门实行矩阵式管理，向区域总经理汇报的同时也对总部条线领导负责。

2010 年年底，枭龙地产集团正式启用了绩效考核体系。该体系以业绩为龙头，对每个区域中层以上的管理者下达了具体的考核指标，并明确年底要据此对每个

---

  * 本案例系第五届伟创力商业伦理案例写作比赛获奖作品，由清华大学经济管理学院工商管理硕士边界撰写，仅供课堂讨论。其中的企业及人物均已经过掩饰处理。作者无意说明相关组织经营成败及其管理措施的对错。

人进行考核，之后项目公司和区域公司都会做大排名。虽然没有明文规定，但大家都猜测如果排名在最后，很可能意味着主要责任人将会被末位淘汰。

集团管理层

枭龙地产集团是由集团董事局主席龙守业亲手缔造的。目前，龙守业之子龙腾远担任集团董事局副主席兼总裁，两个女儿则分管集团海外业务。

枭龙地产集团常务副总裁徐泽广在公司工作近三十年，是跟随龙守业打天下的老一辈高管。如今年逾七十的他，每天坚持体育锻炼，精神矍铄，逻辑清晰，记忆力强，判断果断。他对下属要求非常严格。办公室里经常传来他严厉斥责手下办事不力的声音。几位中国区的区域总经理在他面前都非常小心，生怕说错话被训教。

张升和他的团队

张升

在亲朋好友的眼中，张升算是一个颇成功的"70后"：20世纪90年代中期毕业于国内的一流学府，工程专业科班出身，本科毕业从基层干起，在行业内浸淫二十多年，几乎见证了中国房地产行业发展的全过程，经验丰富。其间他被某央企派驻海外项目的工作经验更是其他同龄人不具备的履历优势。五年前，他被高薪挖到枭龙地产集团，职位从原公司的城市总经理升到区域总经理，是枭龙地产集团全国四个区域总经理中最年轻的一个。

张升的直接领导徐泽广常年在总部，如无特殊情况，每年在全国巡视一到两次。起初几年，徐泽广对张升的工作能力非常认可，因为张升是四个区域总经理中唯一有海外工作履历的，英文流利，更受到徐泽广的青睐。区域总经理刚入职时都是副职，张升是同批最先被转正的一个。但是最近一两年，国内房地产一直在走下坡路，西北市场更是大幅下滑。西北区域的业绩在全国四个大区中垫底，张升感觉徐泽广对自己似乎不像以前那么关注了。

李荣

枭龙地产集团在西北区域内共有七个项目，分布在多个二、三线城市。每个项目设有各自的项目总经理，均归张升直接管辖。这七个项目中，某省会城市的高端住宅"云龙梦泽"是龙头项目。该项目总经理李荣精明强干，头脑灵活，是张升从之前的公司带来的心腹。凡有重大事情，张升喜欢和他私下讨论。李荣也总能独辟蹊径地提出一些建议给他参考。其他六个项目总经理就很少有建设性意见，多数时间都是循规蹈矩地做好领导安排的工作。

白晶

西北区域总部的设计部负责协调区域内所有项目的设计管理工作。设计部部长白晶毕业于名校，技术过硬，工作认真负责，具备理工科背景人士的严谨务实特点。但张升认为她可能是行业规范看得太多，头脑不够灵活，思路总是被规章框定得太死，不敢越雷池半步。他经常教导白晶，不要被规章限制得太死，不能闭门造车，有些制度该突破时可以大胆突破。但白晶似乎不以为然，她私下里抱怨张升站着说话不腰疼，现在国家和地方的各类规范规章已经很健全，而且工程师是责任终身制，自己才不会冒险做违规的事情。

消防部门政策突袭

2011 年 3 月 15 日，"3·15" 保护消费者权益日晚会如期播出。晚会的重头戏之一就是近期频发的高层建筑大火[①]：

解说：2010 年 11 月 15 日，上海余姚路、胶州路一栋正在进行外墙保温层施工的 28 层居民楼起火，共造成 58 人遇难。2011 年 2 月，沈阳皇朝万鑫大厦发生火灾，持续 10 个小时，过火之后的大厦已是面目全非。近年来，全国各地发生多起由建筑外墙保温材料引发的火灾，对现在建筑外墙使用的保温材料是否安全可靠，记者进行了调查……

晚会将矛头直指民用建筑施工过程中以次充好、偷梁换柱的行业潜规则，指出使用沾火就着的低燃烧等级外墙保温材料是屡次造成重大火灾和财产损失的元凶。

次日，公安部消防局紧急出台了《关于进一步明确民用建筑外保温材料消防监督管理有关要求的通知》（公消〔2011〕65 号文件，简称《通知》），签发时间是 2011 年 3 月 14 日。文件规定：

2011 年 3 月 15 日起，各地受理的建设工程消防设计审核和消防验收申报项目，应严格执行本通知要求。对已经审批同意的在建工程，如建筑外保温采用易燃、可燃材料的，应提请政府组织有关主管部门督促建设单位拆除易燃、可燃保温材料；对已经审批同意但尚未开工的建设工程，建筑外保温采用易燃、可燃材料的，应督促建设单位更改设计、选用不燃材料，重新报审。

根据当时的《建筑材料燃烧性能分级方法》和建筑防火规范，全国民用建筑市场的外墙保温材料，除大型公共建筑及超高层建筑应采用不燃材料（A 级）外，

---

① 《央视 3·15 晚会曝光：建筑外墙使用易燃保温材料》，http://finance.sina.com.cn/consume/puguangtai/20110315/20369536100.shtml，2016 年 1 月 22 日访问。

超过九成的民用建筑均采用可燃材料（B1 级）。

这一政策突袭令全国建筑市场始料不及，游戏规则瞬间改变！

通知出台匆忙，"一刀切"，并没有考虑到全国的产业链没有这方面的准备。一方面，市场现存的巨量可燃保温材料（B1 级）突然不能使用，造成市场积压，多数工厂停产；另一方面，不燃保温材料（A 级）产能严重不足，根本无法在短期内满足市场的天量需求。

目前枭龙地产集团西北最重要的项目"云龙梦泽"中，正在建设的四栋高层住宅主体结构已经封顶，外墙保温材料用的是可燃材料 B1 级挤塑板材，外保温工程已完成了大约 2/3。不燃保温材料 A 级岩棉板的价格是 B1 级挤塑板的三倍，而且市场存货极少，大批量采购需要等待至少三个月。

措手不及

3 月 20 日一大早，张升到办公室时，白晶、李荣和成本部经理已经在门口候着了。

白晶表情非常严肃地递上一份文件说，这是刚刚拿到的前几天公安部消防局出台的最新政策，要求所有项目改用 A 级保温材料，只要没建成的都要更换。这不但涉及正在紧张建设的"云龙梦泽"三期工程，已经完成设计报批，即将启动的四期工程也会受此影响。由于涉及修改图纸，四期相关的施工招投标等后续工作都要延迟，整体工期计划将被打乱。

白晶表示，消防局的文件等同于法规，容不得半点马虎，必须严格执行。

李荣哭丧着脸说，"云龙梦泽"的外保温工程都已经快完工了。他问了消防大队，对方说文件刚刚下发，还没有实施细则，目前不接受咨询，但肯定不会给在建和新建项目按原来的可燃材料 B1 级保温材料做消防验收。消防部门有一票否决权，他们不验收，项目没法干了！三期工程的外保温如果返工换 A 级材料岩棉板，厂家说至少等三个月才有货，施工单位提出工期和已购物料索赔，已经采购的保温材料无法退回。原定的外墙材料是涂料，而 A 级岩棉板比较松软，外墙不便用涂料，只能换轻钢龙骨干挂硬质板材，将大幅超出预算。

更严重的是，根据与买房人签署的合同，今年年底必须交房，逾期交房公司将面临巨额违约金，品牌美誉度也会受到损害。如果按照新政策返工换保温材料，绝无按期交房的可能，因为冬季必须暂停施工一个半月，至少要拖到明年"五一"才能交房。所以，李荣认为总会有迂回的办法，万万不可生搬硬套按规定返工重来。

成本部经理汇报说，考虑到上述各方面因素，经过初步估算，如果更换保温材料，公司在本项目上将面临总计 3 500 万 ~4 000 万元的损失。西北区域的市场本来就不好做，业绩最差，如果加上这个损失，西北的龙头项目"云龙梦泽"

不但不赚钱，还会亏损。

李荣的建议

隔天下午，李荣神神秘秘地来到张升的办公室，关上门便低声说："现在的局面是显而易见的。如果按章办事，不但工期拖延不能按时交房，还会给项目造成巨额损失。西北区域年底业绩一定最差，大家都没有好日子过，搞不好咱们就得被辞退。"

根据以往的经验，通常情况下，消防部门对工程进行外墙保温材料验收时，因为二层以上太高，一般不会去特别检测，仅在一二层区域抽样检测。据李荣打听，本地其他民营小开发公司应付的办法是在高层建筑的一二层改用 A 级岩棉保温材料，二层以上依旧使用原来的 B1 级挤塑板。如果这样做，仅需要替换下面两层的保温材料，加加班就行，不会影响整体进度，不仅能节省大量开支，还能按期交房。

更重要的是，公安部的文件在全国生效，其他区域一定也会受此影响，如果西北区域可以暗度陈仓解决问题，业绩排名很可能反超到前面去，况且，老板也多次在会上暗示过，做事应该不拘一格，大胆突破。

决策

张升请秘书给所有项目总经理和区域设计部经理发出会议通知，要求大家准备明天上午开会，并要求每个人在会议上陈述自己对是否更换保温层的意见和理由。星期日的会议上，大家争议很大，以李荣为代表的多数项目总经理认为可以瞒天过海，像其他小开发商一样蒙混过关，别人能做我们为什么不做？以白晶为代表的少数派却坚持不能违规。

坐在宽大的老板椅中，张升反复权衡着利弊。如果按照李荣建议的做法，既有可能逃过消防部门的验收检测，也可能给项目争得诸多好处，区域业绩排名很可能逆势反超，这是一次弯道超车的良机。而且这样做对房子的保温质量基本不会有影响，普通购房客户并不专业，业主投诉风险很低。

但其风险也是显而易见的。枭龙地产集团是知名房企，品牌价值和美誉度都很高。此事一旦败露，被媒体关注甚至被消防部门处罚，偷鸡不成蚀把米，对品牌的伤害也会很大，几乎可以确定，公司会紧急公关，与不良事件割席，张升和李荣都会作为替罪羊被开除。就算没有败露，做了手脚的楼房万一真的发生火灾，二层以上可燃的保温材料烧起来造成严重后果，不仅工作保不住，恐怕张升这个区域总经理还难以逃脱刑事处罚……

张升试图换位思考，从常务副总裁徐泽广及老板龙腾远的角度揣摩其对此事可能的态度，但是在重大利益损失和潜在风险之间，他仍然无法确定他们会选择什么立场。

毫无疑问，这一事件是张升二十来年职业生涯中最重大的考验之一。他该何去何从？望着窗外川流不息的车河，张升再一次陷入沉思。

B

集团决策

星期一下午，张升给徐泽广发出了汇报草稿，陈述了事件发生的背景和西北区域面临的问题，并提出西北区域建议也采用本地小开发商瞒天过海的做法，并阐述了这样做的诸多优点和可能的风险。

第二天中午，徐泽广给张升打来电话，大意是他基本认可报告的内容，但是总公司一向非常注意风险防控，希望张升在会议上向老板解释清楚，到底怎么做要老板来决定。

星期三的总部会议上，国内其他区域总经理也进行了本区域的情况汇报，从利益损失的业绩考量，大多建议打打擦边球，建议对某个区域的个别项目以非常规手段试水。张升对西北区的建议做了详细的阐述。这是各区域提交的建议方案中最具可行性的。与会领导们对西北区瞒天过海的建议有很多争论，焦点集中在是要眼前的利益还是避免可能的风险。

最后总裁龙腾远一锤定音：枭龙地产集团要打造的是百年老店，公安部消防局的文件与法律无异，如果采用了偷梁换柱的做法，万一发生火灾甚至造成人员伤亡，就不只是经济损失的问题，集团在全国甚至海外的所有业务及股价都会受到负面影响。因此决定，全国所有项目都要严格按照消防部门要求，在建的全部重新拆改，未建的全部修改设计图，采用合规的 A 级岩棉不燃板材返工重做，公司总部划出专款来弥补因此造成的一系列损失。

虽然这样的决策注定让西北区域业绩反超无望，自己也可能在绩效考核后被开掉，但张升内心里还是比较认同，心里反而非常平静。他不想偷偷摸摸做事被查处，而且万一发生火灾，如果有人因此失去生命，自己即使不会坐牢，也将要背负一辈子的自责。

决策实施及后记

老板做出决策后，张升回来执行。招投标、订货等一系列工作费了些时日，加上等待了三个半月的订货期，A 级岩棉板施工完成的时候，工期整整比原计划拖了四个多月。集团为此付出的各种额外费用高达 3 800 余万元。

2011 年年底，没有奇迹发生。在中国区绩效考核中，西北区域业绩最差，被集团通报批评。但出乎意料的是，集团并未如大家想象中的那样大幅更换管理层。张升带领西北区域团队重整旗鼓，于 2012 年成功把华北区域甩在了后面，在四个区域排名中前进了一名。

住建部比公安部门更加熟悉房地产业务。公安部消防局的一纸文件打乱了全国的房地产市场秩序，各类问题层出不穷。自从 2011 年 3 月公安部发出文件，住建部多次与公安部会商，各类行业协会也积极斡旋游说，2012 年 12 月3 日，在发出通知的 21 个月之后，公安部消防局发出《关于民用建筑外保温材料消防监督管理有关事项的通知》（公消〔2012〕350 号），正式废止了公消〔2011〕65 号文件。①

2013 年年初，徐泽广宣布退休。华南区域因业绩突出，其总经理提升至中国区常务副总裁。张升调任富裕发达的华南区域，再也不用担心业绩垫底的问题。李荣跟他一起被调到华南区域，升任华南区域总经理助理。

西北当地的几个民营项目采用了瞒天过海的办法，但消防主管部门洞悉一切，在公安部 65 号通知下达的数月后颁布了实施细则，规定竣工验收时不但检测低层，同时还会派蜘蛛人取样，检测建筑中部和顶部。那些弄虚作假的民营项目未能通过消防验收，而且受到了行政处罚。其中，有三个资金实力不济的开发商资金链断裂，倒闭在文件废止之前。

评析：

枭龙地产集团总部正式启动了新的业绩考核体系。年底将对各个区域管理者的业绩完成情况进行排名。虽然没有明文规定，但大家都猜测如果排名垫底，很可能会遭末位淘汰。恰在此时，在建的几栋高层住宅已接近完工，却传来消防部门出台最新政策要求所有项目改用 A 级外保温材料的消息。到底要不要全部拆除更换保温材料？一直业绩不理想的西北区域负责人张升需要给出建议。下属建

---

①　公安部消防局《关于民用建筑外保温材料消防监督管理有关事项的通知》（公消〔2012〕350 号）称："2011 年 12 月 30 日，国务院下发的《国务院关于加强和改进消防工作的意见》（国发〔2011〕46 号）和 2012 年 7 月 17 日新颁布的《建设工程消防监督管理规定》，对新建、扩建、改建建设工程使用外保温材料的防火性能及监督管理工作做了明确规定。经研究，《关于进一步明确民用建筑外保温材料消防监督管理有关要求的通知》不再执行。各地公安机关消防机构要严格执行国务院文件和公安部规章要求。直辖市、省会市、副省级市和其他大城市要对建设工程防火设计制定并执行更加严格的消防安全标准，确保建筑工程消防安全。"

议瞒天过海，对基本建成的建筑项目只更换低层的外墙保温材料，高层不动。这样既能将消防部门的验收检测糊弄过去，也可以让本区域的业绩好看。反之，更换外保温材料的话，张升将面临完不成业绩指标而被末位淘汰的风险……

乙：如果因为更换外保温材料导致各核算单位业绩不达标，原定的年度业绩考核指标是否还要继续执行？换言之，是否因为集团有了新的部署就应当相应降低考核的难度，甚至暂停在本年度执行末位淘汰，以便给下属吃定心丸，让他们不必在业绩压力的驱使下瞒着总部搞小动作？

甲：很显然，不能降指标。毕竟做合法的事，是公民、企业的分内之事。

乙：在进行商业活动、商业选择时，法律规定是否总是支持人们做出抉择的唯一或最主要的依据呢？

甲：这个问题有些宏大。在正面回答之前，不妨先考虑另一个问题：怎么看法之不法？案例中，相关部门推出的建筑外保温材料新规（65 号文）是否合理？建筑施工是一个过程，仅以通过建成验收作为区隔更换外保温材料的节点是否合适？新规是否存在溯及既往的嫌疑？由执法机构自行制定执法标准是否合适？该标准不考虑建筑行业特点，不考虑社会成本，甚至可能限制、剥夺公众（含企业）的财产权利。完全"一刀切"，是否合理？由此，又可以引申出进一步的讨论：法律规定总是对的吗？

乙：不一定吧？

甲：是的，不一定。从案例后续的进展来看，时隔 21 个月，新规即被取消，这已然说明了问题。

乙：这让我想到了边沁的名言："在一个法治的政府之下，善良公民的座右铭是什么呢？那就是'严格地服从，自由地批判'。"①

甲：虽然这一论断无助于回答在法律规定不合理的情况下应如何选择、行事的问题，但从其关于公民可以对法律展开批判的提法中，可以看出法律的正当性不是恒定的，而是需要加以辨识、值得讨论的。

乙：亚里士多德也说过："法治应包含两重意义：已成立的法律获得普遍的服从，大家所服从的法律又应该本身是制定得良好的法律。"②

甲：这段话揭示了法治的基本前提，即法律自身需要良善。换言之，也存在"劣法"，因而其未必值得普遍服从。

乙：由此看来，法律并不总是道德自洽的，仍需要接受合理性评价。进而，如果法律并不良善，那么拒绝执行该法律是否就是正当的？

① ［英］边沁：《政府片论》，沈叔平等译，商务印书馆 1995 年版，第 99 页，序言。
② ［古希腊］亚里士多德：《政治学》，吴寿彭译，商务印书馆 1982 年版，第 199 页。

甲：这个问题让我想起了影片《我不是药神》。

乙：那个片子我看过。有一种治疗白血病的特效药，好像叫"格列卫"，售价畸高，又不在医保报销范围内，导致很多依赖该药物延续生命的患者苦不堪言。所幸，人们发现有印度制药企业仿制该药，售价可以承受。机缘巧合，主人公做起了跨国带药的生意。然而，法律禁止未取得批文的药品通过非法渠道进入中国市场……

甲：影片中，禁止性的法律就在那里，[①] 尽管不近人情。对于个人而言，是应该选择遵守还是背弃？

乙：起先，主人公是为了赚钱，以身涉法。到后来，他全为了个"义"字，明知前路险恶，仍毅然重出江湖，违反不合理的法律，做合乎道义的事，最终获罪。

甲：很明显，在主人公的思维中，合乎（不近人情、不合理的）法律规定并非支持他选择的理据，甚至因违反相关法律而遭受牢狱之灾的后果也不被其考虑——在前期，这种可能的不利后果在与售药获利的更真切的结果的比较中被忽略了；在后期，这样的趋利的目标则全然被一种道义精神所驱逐。

乙：面对荧屏，高尚的人会流下热泪！

甲：影片的成功之处在于它高度契合了公众的普遍认知：进行行为选择时，合道德性理当被置于合法（律）性之前。回到本案例中，集团方面选择了遵守不那么合理的法规，做合乎法律的事，同时也承担了因守法而带来的高昂成本。很明显，法律与伦理的标准并不总是重合的。而且无论选择法律标准（合法）还是伦理标准（合德），都是有成本的。拒绝有关合德的思考和讨论，选择合法作为判断的依据，并不一定能解决经营中（省钱、赚钱）的问题，更不要说经营中的伦理挑战了。换言之，在进行伦理选择时，那种以"遵守法律"做挡箭牌，将法律视为底线并动辄向"法律底线逃逸"的做法都是有问题的。

---

① 《药品管理法》（2013）第48条规定："禁止生产（包括配制，下同）、销售假药。""有下列情形之一的，为假药：（二）以非药品冒充药品或者以他种药品冒充此种药品的。""有下列情形之一的药品，按假药论处：……（二）依照本法必须批准而未经批准生产、进口，或者依照本法必须检验而未经检验即销售的……"2019年8月26日，十三届全国人大常委会第十二次会议审议通过了新修订的《药品管理法》。该法自12月1日起施行。其中对何为假药劣药，重新做出了界定。

看上去很美*

2014 年是五年来中国房地产行业最不景气的一年。行业的主要指标房地产开发投资和商品房销售双双下降，尤其是销售出现了负增长。当年商品房销售面积120 649 万平方米，比上年下降 7.6%，商品房销售额 76 292 亿元，比上年下降 6.3%。

2015 年注定将是一个崩塌、颠覆、重构、创新的年份。这一年，中国房地产行业进入了全新调整期，长久以来的路径依赖开始崩塌，新的纽带开始肆意蔓延生长、纵横交错。与此同时，极具颠覆性、凶猛而来的互联网思维以迅雷不及掩耳之势切入房地产全产业链，传统商业、办公、住宅、房产中介都在"互联网+"的浪潮下，或慌张或从容地应对。

房地产商、商业地产和房产中介等打造的"房地产＋互联网"，电商平台尝试的"互联网＋房地产"等模式共同绘出一幅房地产线上线下一体化（O2O）①的"全民营销"浮生百态图。

怀毅公司是一家以产业新城和房地产开发为主业的综合性开发公司，业务范围主要聚焦北方区域，2013 年开始拓展全国市场。其业务主要以跟随园区开发为主，基本选址在超级大都市附近的卫星城，一般具有 1 条以上高速公路或者轨道交通与超级大都市连接。主要目标客群是大都市主动或被动郊区化的客户。

2014 年，怀毅公司原计划的销售额实际只完成六成。2015 年，怀毅公司制定了更加宏大的销售目标。作为集团销售负责人的翁先生，倍感肩头任务的沉重。怀毅公司是业内联合销售代理模式做得最好的公司之一，销售管控和执行能力已经比较强大了。那么未来的潜力到底在哪里呢？哪怕是在元旦假期，他也一直在思考：如何在第一季度让公司营销实现破局，展现全新气象，为年度任务完成奠定基础。

元旦假期过后，一方面，不断有房地产网络平台的销售人员找上门，推销他们的 O2O 营销解决方案；另一方面，负责策划工作的颜先生建议，公司需要搭建自己的"全民营销平台"，线上对微博、微信和 Minisite 等进行整合，形成很好的流量入口，线下则对内部员工、二手门店销售员及其他兼职销售员进行整合，形成线上线下全民营销的"天罗地网"。这一切让翁先生突然兴奋起来，利用互联网和人际网做"全民营销"，利用高额奖金刺激，一定可以充分挖掘销售员及

　＊　本案例由清华大学经济管理学院工商管理硕士易志红撰写，仅供课堂讨论。其中的企业及人物均已经过掩饰处理。作者无意说明相关组织经营成败及其管理措施的对错。

　①　线上线下一体化（online to offline，O2O），是指将线下的商务机会与互联网结合，使互联网成为线下交易的平台。

兼职"销售员"的潜力,产生不错的营销效果。

"全民营销"动起来

由于搭建线上平台需要一定的开发周期,翁先生首先安排启动的是线下"全民营销"体系,强调"以个人为主体,人人都来营销、人人都是渠道",并将其作为实现快速销售的重要手段,以期迅速增加到访量,促进成交。发动的人员主要包括集团员工(除销售系统外)、外部兼职销售员(二手门店员工、社会大众、广场大妈等)。怀毅公司对"全民营销"成交界定如下:

(1) 主动向客户推介项目并促进成交。

(2) 主动向公司提供客户资源,并由置业顾问促进成交。

(3) 主动带客户到销售部,并陪同客户参观项目,协助置业顾问促进客户成交。

(4) 员工推荐成交的客户带新客户成交。

当然重点还是在激励方式的制定上。为了大力推动"全民营销",怀毅公司制定了额度颇高的现金奖励措施:针对内部员工,凡集团员工(非销售系统)介绍客户购买,每成交一套高层住宅奖励现金 5 000 元,别墅类奖励现金 20 000 元,基本达到总房款的 1%。对于外部群众的奖励则更多。怀毅公司在全城招募兼职销售人员,发动兼职销售的亲朋好友,充分挖掘各行各业的潜在购房客群。兼职销售推荐成交后,给予现金奖励。

当然对于奖金的发放,需要等销售工作完毕,房款到账后,上报提成审批,再由项目财务部发放业绩提成。怀毅公司也制定了相关规定:

(1) 项目在价格制定阶段考虑全民营销成本,包含在销售底价中。

(2) 如果客户退房,公司有权追回相关奖励金额。

(3) 如果客户调房,公司则相应调整奖励金额。

"全民营销"政策一出,在公司内外引起了强烈反响。在最初的一个月内(正赶上春节),配合"喜迎新春,喜上加喜"促销活动,销售业绩提升十分明显,一改往年春节前的暗淡局面,同比增长接近 85%。最让翁先生欣慰的是,由于到访人数增加,销售现场场面十分热闹。

就在翁先生对公司未来销售业绩增长感到乐观时,不愉快的事情很快就接踵而来。

销售团队吵起来

农历腊月二十八日上午,驻场代理公司四缘代理的钟总礼节性地前来拜访甲方领导。大家交流了过去一年各自公司的情况、市场分析及对新一年的市场展望等，宾主相谈甚欢。但在临走之前，钟总还是没忍住，向翁先生抱怨（或者说是投诉）了 O2O 代理公司积木对驻场代理公司"切单"[①] 的事。

积木公司起初是一个帮二手房中介卖新房的渠道，主要做法是派一帮人扫街，找经纪人门店去谈，让他们把一些买二手房的客户介绍到新房开发商那里。同时又对开发商说，我这里有精准的购房客户，你不是有优惠券吗？也给我一些，我给你导流。

在积木公司构建的这个模型里，中介经纪人只需要锁定客户，把客户送到开发商的项目现场就可以了，不需要经纪人去促成交易，但是只有客户实际交易了才会给经纪人佣金。对经纪人来说，无非是向不购买他们介绍的二手房的客户多说一声而已，所以经纪人也很愿意做这样的事。

当时积木公司从开发商那里拿到的整体佣金是 1.2%，其中 80% 给经纪人。但是自从出台"全民营销"政策之后，他们把自己的"自由经纪人"成交都做成了"全民营销"的单子，这样他们返给"自由经纪人"的金额更高了。而四缘代理是按照传统代理公司结算方式给销售人员发放佣金的，销售员佣金大约是 0.5%。积木公司利用高额的佣金刺激，很容易从传统代理公司的销售员手中"切单"。这使四缘代理最近一个月内成交额不增反降。于是钟总不得不来找翁先生反映情况。钟总补充说，虽然积木公司最近一个月卖了 474 套房子，但是其平台真正开发的客户连 50% 都不到，其余订单都是"切单"所得。

翁先生刚听到时很是气愤：这不就是钻政策空子，扰乱项目现场销售秩序吗？雷厉风行的翁先生立即打电话让积木公司的负责人过来。钟总见状，客气了几句，就起身告辞了。

下午，积木公司的兰女士到了。翁总直接跟她说了其他销售代理公司反馈的"切单"事件。兰女士也没否认，但不承认有这么高的比例，并且强调不是积木公司主动邀请其他代理公司销售员参与的，都是他们自己登录积木公司的平台来做的，而且很多销售员虽然自己多分了销售佣金，但为了吸引更多客户下单，他们还得把部分佣金返给客户，相当于给客户的优惠更多，这样就出现了一个阶段性的竞争优势，相当于在客户、销售员和代理公司间实现了一个"多赢"格局，参与各方都没有明显违背怀毅公司的各项管理制度。这让翁先生也感到很困惑。当初设计制度时并没有想到，高额奖励刺激之下，容易诱发销售员违反职业道德，出现所谓"切单"现象。

针对这类问题，翁先生赶紧着手完善"全民营销"客户确认制度：

（1）推荐客户首次到访销售部，公司员工或介绍人须陪同。

---

① 所谓切单，是指把订单从竞争对手手上拿过来。

（2）推荐客户到访销售部后，置业顾问须在《"全民营销"到访客户资源确认登记表》和《客户推荐证明》上签字确认并留存。该单为确认该客户的唯一证明。

（3）置业顾问填写《客户权属登记表》，由销售经理核实该客户的归属。

（4）销售总监核实《来电、来访登记总表》及《客户信息资料表》以确认该客户的归属。如果该客户之前已经在销售现场登记且为有效客户，则销售总监必须告知推荐人本次推荐信息无效。反之，如果该客户之前未登记或之前虽已登记但已属于无效客户，那么销售总监应告知推荐人本次推荐信息有效。

（5）该客户成功认购并签约后三日内，销售总监上报审批《"全民营销"成交确认书》。

（6）《"全民营销"成交确认书》是公司员工或介绍人获得提成的唯一证明，一式三份，财务一份、销售部一份、公司员工或介绍人一份。

（7）客户成功认购并签约后七日内，推荐人持《客户推荐证明》和《"全民营销"成交确认书》，到公司兑现销售奖励。

（8）所有奖金均需按照国家相关规定依法纳税，由公司统一代扣代缴。

客户确认政策完善之后，"切单"现象得到了控制。在月底的公司职能例会上，翁先生还特意提到了"全民营销"的完善和效果。但话音刚落，公司其他部门的负责人就纷纷笑着抱怨说，这个政策净让他们部门的员工"不务正业"。部门员工经常在工作时打电话问自己亲戚朋友买不买房，微信更是被用来推荐各种楼盘信息，甚至还有人在一些办公软件中群发楼盘信息，搞得有些"乌烟瘴气"。

翁先生刚开始也是一愣，他原以为内部员工推荐亲朋好友这个"全民营销"更多是靠口碑传播，实际去推销房子的可能性不太大，而要争取奖金的应该更少了，他们推荐客户买房大多不会去计算这些"小利"的，因为中国人在熟人之间多少有些抹不开面子。后来进一步了解到的实际情况却是，营销奖金有些是员工自己全部拿，有些则是跟购房者一起分。总之，额度比较高的奖金还是诱发了大家"兼职赚钱"的想法。难道需要停止这个政策吗？如何改进呢？不能去劝大家不要参与吧？内部员工推荐购买的成交比例已经超过 1/4 了！翁先生又陷入了左右为难的境地。

还没等翁先生想明白，3 月初的一个早晨，公司总部审计部门的单总监不请自来，找翁先生通报一些通过投诉、举报途径收集到的信息。他特别提到有人举报某些项目销售经理和销售总监与代理公司合作营私舞弊、骗取"全民营销"高额奖金的行为。其中，才总监尤为过分。他串通驻场代理公司"民兵团"，让其通过高额奖金去"切单"，以此提高"民兵团"整体业绩，然后以跳点①方式让该

---

① 跳点，是指代理公司与开发商在合同中约定，当某个阶段达到一定业绩目标后，佣金提成可以进行跳跃，比如从 1.5% 跳到 2%。

公司赚取更多利益。举报人推测"民兵团"一定对才总监进行了利益输送。

翁先生不得不重新思考"全民营销"的利弊问题。他一直在想：原本自己认为不错的制度，最后怎么"收获"了这么多的副作用？难道是制度本身的问题？还是人性逐利的问题？怎样的制度设计才能避免这些问题呢？

全民营销的终结

2015 年 2 月，中央《关于全面深化公安改革若干重大问题的框架意见》提出要全面取消暂住证制度，全面实施居住证制度，建立与居住年限等挂钩的基本公共服务提供机制。在稳增长、调结构、促消费的大背景下，央行下调金融机构人民币贷款和存款基准利率 0.25 个百分点。此后，国土资源部、住房城乡建设部联合下发了《关于优化 2015 年住房及用地供应结构，促进房地产市场平稳健康发展的通知》，提出有供、有限，因地制宜确定住房用地规模，保证市场供需平衡。同日，财政部、国家税务总局发布通知，提出个人购买两年以上（含两年）的普通住房对外销售的，免征营业税，免征期限由五年下调为两年，进一步加快二手房流通速度，活跃市场。同时，住建部也表示要"拓宽保障房源渠道，注意通过市场筹集房源作为保障房"。在多重政策效应叠加影响下，楼市逐步回暖……

怀毅公司轰轰烈烈的"全民营销"行动也在 4 月 1 日被正式叫停了。公开的理由是，"全民营销"圆满完成了阶段性营销任务，考虑到国家政策利好，在房地产市场好转的情况下，暂时停止使用本制度。

在这个愚人节，翁先生终于感觉肩头卸下了一些沉重的东西，但是却仍旧在思考，"全民营销"的问题到底出在哪里。

评析：

房地产行业不景气。为了提升业绩，房地产公司搞起了"全民营销"，利用高额奖金刺激，挖掘销售员及兼职"销售员"的销售潜力。然而，商品房销售业绩提振有限，伴生的问题却层出不穷。代理公司及销售员"切单"者有之，非销售部门员工不务主业、忙于推荐楼盘者亦有之。甚至出现了一些项目销售经理和销售总监与代理公司联手舞弊，骗取高额奖金的情况……

甲：对翁先生的困惑，你怎么看？

乙：我也很困惑。为了提高销售业绩，房地产公司对员工及销售代理机构进行物质激励，有什么不对的吗？

甲：这里面公司的诉求与员工、销售代理机构的诉求一致吗？

乙：一致啊，不都是希望赚钱吗？

甲：不只是赚钱吧？还记得案例中，为了解决"切单"现象，翁先生着手完善"全面营销"客户确认制度的内容吗？你认为完善制度的目的是什么？

乙：我觉得是希望维护公司销售秩序。

甲：对。怀毅公司除了希望提升房产销售额，还看重销售过程中的秩序。而项目销售经理、销售总监呢？

乙：他们和代理公司联手从公司赚取高额奖金。本来应该帮助东家赚钱的，结果却"临阵倒戈"，转而赚起东家的钱来。

甲：这就说明，具体销售人员的利益诉求并不必然与房地产公司的利益诉求一致。因此，仅有激励机制显然还不够……

乙：古人讲"天下熙熙，皆为利来；天下攘攘，皆为利往"。古语还说"君子爱财，取之有道"。可惜不是所有人都是"君子"。

甲：是的，人有逐利的一面。激励机制激发了人逐利的一面，但如果没有监督、制约机制，局面就可能失控。

乙：我最近看的关于同理心的文献刚好谈到了这个问题："我把我的员工视为负责任和有能力的成年人，他们被授权管理自己的时间——他们可以自由决定何时上班，何时下班……但不幸的是，有些时候有些人利用了这一政策——他们没有完成工作而且成为团队的累赘……在这里我强调的是同理心；如果此类事件经常发生，那么我基于公平的考量会超过同理心，这些人将会受到惩罚。"[1]

甲：为了避免出尔反尔、朝令夕改，还可以搞一些试点……

乙：对，通过试点，杜绝"拍脑袋决策、拍胸脯保证、拍屁股走人"的三拍现象。

---

[1] ［美］约翰·汉尼斯：《要领》，杨斌等译，浙江教育出版社 2020 年版，第 108-109 页。

安妮的困惑 *

A

天上掉下来的馅饼

整整一天，千葱公司区域销售经理安妮都在跟着北方地区的代理商张经理拜访客户。

北方地区幅员辽阔，自然条件艰苦，经济发展潜力巨大，但远没有走上正轨，是各大公司都不忍放弃但是又苦于不能控制的一片区域。

在北方地区工作，安妮有时不免沮丧。公司内部，同事之间常有工作上的沟通：华东、华南地区同事一天拜访三个客户，安妮有时却三天才能见到一个客户。比较下来，在北方做生意效率确实很低。幸亏北方的客户一般不太喜欢变革，产品一旦用上，基本就不会再更换，除非供货商的服务实在太差。

结束一天的风尘仆仆，终于回到酒店，安妮觉得浑身像散架了一样，只想快点休息。可是同样辛苦一天的张经理好像还有话说。他留安妮在大堂里继续谈了一会儿。说了好些客套话后，张经理见安妮一副茫然的样子，神情暧昧地递给她一个信封。还没等安妮回过神来，张经理就走了。

安妮困惑不已，又有点紧张。她赶紧走回房间，打开信封一看，里面塞满了纸币，目测超过 1 万元。安妮完全没有料到自己会碰上这样的情况，她的心怦怦乱跳。怎么办？

没有免费的午餐

张经理这一举动是有原因的。安妮刚将这个地区一家自己负责直销的大客户转给了张经理。通过为这家客户供货，张经理每年可以增加至少 20 万元的收入。平白无故捡到这样一笔好生意，张经理自然十分高兴，一路上说了不少感谢的话，对安妮也是照顾有加。但是安妮完全没有料到他会这样感谢自己。

作为外资企业的销售，安妮对自己每季度的销售业绩负责。公司不介意产品是通过经销商销售的，还是通过自己公司直接销售的，只看最终的利润有没有持

***

* 本案例由清华大学经济管理学院工商管理硕士王沁玲撰写，仅供课堂讨论。其中的企业及人物均已经过掩饰处理。作者无意说明相关组织经营成败及其管理措施的对错。

续增加。安妮的收入跟业绩相关，完成销售业绩可以拿到奖金。不过奖金也是有上限的，不会对她的收入带来实质性的影响。安妮这次决定将这个客户转移完全是因为自己实在太忙了，无法应付这个地处边陲小镇的大客户的各种需要。将这个客户交给张经理，由他提供更加便捷的本地化服务是对大家都好的事：安妮自己比较轻松，张经理也有得赚，客户则得到更好的服务。公司虽然需要给张经理一定的利润空间，但是卸下了售后服务的担子。安妮完全没想到这件事还可以带给自己额外的"好处"。

安妮

　　大学毕业后，安妮就加入了千葱公司，从实习生做起，只过了短短两年，就做到了销售经理的职位。公司在业界颇有名气，刚入职时，安妮发现同事们都非常优秀，而且非常努力。

　　公司讲求同事之间相互竞争，用流行的说法就是狼群文化。安妮每天都拼命工作，既要确保自己不被淘汰，也希望有朝一日跟同事们一样，做任何事都一副胸有成竹的样子。安妮的付出没有白费。公司领导很快注意到了这个热情、倔强、一心工作的小姑娘。她肩上的担子越来越重，负责的工作越来越多，不断地受到各种表彰奖励。安妮在公司里的知名度不断提高，看上去是一颗冉冉升起的明日之星。

千葱公司

　　千葱公司是一家知名的跨国公司，拥有很多令同行羡慕、令客户爱不释手的高科技产品。像很多跨国公司一样，千葱公司在改革开放后来到中国拓展市场，取得了骄人的业绩。

　　公司只对非常重要的大客户开展直接销售业务，其他业务都交由代理商负责。公司自己的销售人员负责服务好大客户并且管理本辖区的代理商。公司销售人员对产品享有相对独立的定价权，在业务上主要对结果负责。上级一般来说授权到位，支持下属的判断力。千葱公司的组织架构十分扁平，没有严格的等级制度，同事之间平等相待，各人凭自己的实力在公司中争取各种资源。

道听途说

　　在张经理事件之前，安妮听到过一些传言。具体来说，其他一些岗位的同事会在有意无意中透露，某个销售人员跟某家代理商的关系非同寻常，某家代理商是某位公司领导的小金库，甚至会说某位公司高管其实是某家代理商的幕后老板。刚听说的时候，安妮非常惊讶，因为自己也是销售团队的一员，对这样的传闻甚至有些恼怒。但听过好些人提起这些事后，安妮渐渐开始半信半疑起来。毕竟俗话说得好：无风不起浪。

　　或许安妮在公司里资历较浅，没有什么话语权，在这之前，安妮从未面对过这样的情况，也从未真正发现有人这样做。现在，张经理的举动让安妮相信很多传闻可能是真的。怪不得有同事说销售的工资只是零花钱，有时完全因为工作原因跟某家代理商理论，会发现有同事过来说情。同事倒也罢了，她还听说，有的公司领导其实暗中参与某家代理商的管理，会利用职务之便给代理商优惠的价格，只要大笔一挥，这家代理商就可以多赚到很多钱。领导之间因为利益不同，也会互相争斗。

制度背后

　　如果千葱公司的销售人员和一家贸易公司里应外合，理论上是有可能套利的。公司在行业里有相当高的知名度，很多客户会慕名前来要求购买产品。这些信息不会直接传到代理商那里。区域销售经理可以决定客户的分配，有时一条有用的信息会带来几百万元的生意。代理商之间因此可能会相互竞争，通过笼络销售人员来掌握第一手的资料，为自己扩大生意做准备。或许是为了牵制销售人员，公司通常不会让一名销售人员管理一家或多家代理商。代理商与销售人员直接通过客户、行业或是产品线进行网状对接。不过，虽然有看似严密的制度，要钻空子也还是有可能的。

　　与很多跨国公司的子公司一样，千葱公司已经非常本土化。海外的母公司只要求每年的利润和增长率，很少涉及公司具体事务的管理。目前中国区的业务蒸蒸日上，增长速度和盈利水平一次次刷新纪录。有些同事说为老外赚了那么多钱，自己也可以分一些好处。再说公司本来有代理商制度，只是禁止本公司的工作人员自办贸易公司，为什么要把钱给不相干的人赚？

　　人们都觉得销售这个工作鱼龙混杂。很多销售人员为了成交不择手段，一些公司以提成制的办法用高额回报刺激销售人员发挥想象力，用各种办法成就生意。但是在千葱公司，安妮原本的感受是规范的、专业的，每个人都尽职尽责。同代理商合作是公司明令禁止的。之前曾有同事因此离职，虽然没有公开的信息，但是传闻往往在人走后逐渐扩散开来。当然，另一种说法是，每个人都不干净，只不过有的人手段更高明一些。

何去何从？

　　安妮在公司已有几年，适应了这里的工作环境，也得到了大家的认可。虽然经常受到嘉奖，但薪水涨幅却很小。安妮有时会疑惑为什么公司其他同事看上去那么有钱，经常购买各种名牌，还到处旅行。现在自己的工作能力已经得到了认可，精明的代理商看来有意拉自己入伙。这件事跟自己听说过的传闻有关吗？公司里的其他销售经理接受了这个潜规则吗？如果他们接受了，张经理的背后还有谁？每家代理商背后是否都有一个利益共同体？如果整个销售团队的人已经心照不宣，自己可以独善其身吗？

如果把钱退给张经理，他会不会跟其他人说起？别人会相信自己真的把钱退回去了吗？和张经理合作的公司销售经理不止一个人，他们能不能容得下一个跟自己不一样的人？这会影响自己未来在公司的发展吗？

如果把钱交上去，无疑将整件事暴露在了全公司面前，其他跟张经理合作的销售经理怎么面对别人？公司要用什么样的姿态来处理这件事？自己的直接上级甚至上级的上级是不是都会受到怀疑？他们该如何向别人解释自己跟代理商的关系？

把钱留下，那么安妮就等于认可自己被张经理拉拢了，别的同事如果跟自己一样，那么大家心照不宣，或许再介绍客户给张经理还可以得到更多进项。可是如果想要再对张经理公事公办是不可能的，另外如果公司内部真的有权力争斗，那么自己被抓住把柄也是轻而易举的事。

现在不做，今后可以一直不做吗？如果业界的人都如此，是不是意味着这件事可以做？

安妮陷入了深深的思考……

B

第二天一早，张经理送安妮去机场。下车时，安妮把钱放在了座位上。张经理有些惊讶，但是也没办法强制她收下。安妮感到如释重负，她当然希望自己的收入越多越好，可是不需要如此纠结不安地来增加收入。有人可能会说，这次张经理只是在试探，金钱的数额不大，要拒绝没那么难。可如果是十万、二十万呢？安妮不知道。

这件事情之后，张经理对安妮逐渐疏远，只保持公事公办的联络，一些新的业务发展机会也不再找安妮商议。也许是心理作用，安妮觉得公司里其他跟张经理公司有合作的同事也开始对自己有所保留。有时候他们一起热闹地讨论着什么，可是安妮走过去，他们就停住了。

安妮最终决定离开这家公司。待的时间越久，她越发现张经理的事件不是偶然，而且有一些事情是她不愿意看到也不愿意接受的。她不愿意在这家公司深陷下去，也希望有机会看看别的公司。她承认同事都很优秀，也相信不同的人可以选择不同的行事方法。如果她坚决不为所动，也可以在这里生存下去，至少她的敬业能干已经得到了大家的认可。但是大环境很难改变，所有人都认为你做了，你又不能为自己辩白，时间长了可能真的会去做。安妮觉得自己还没有到无可选择的境地。只是如果换了工作后发现这种做法在各家公司都是行规，她不知道自己是否还可以坚守。

后来她的经历证明别的公司不是这样的。不能说别的公司完全清白，但是至少不像这家公司这样已经形成风气，从业者常常需要自我斗争来辨明自己的立场。安妮知道有的人或许也在做同样的事，但是只会躲在黑暗里偷偷摸摸地做，不会在整个组织中形成一个扭曲的价值观。安妮离开后，那家公司依旧运转得很好，虽然爆出了几桩高管腐败的丑闻，但是整个公司的情况还是稳定的，业绩也逐年提高。与安妮同时进入公司的部分年轻人已经开始承担更为重要的工作。安妮有时候会想，自己如果不离开，应该会有更高的职位。但是她也会想，如果每天要在纠结中度过，思考自己的价值观是否正确，那一定会十分痛苦。人生没有重来的可能，即使重来，她也相信自己会坚持原来的选择，虽然她不知道局外人会如何看待这个故事。

评析：

安妮是千葱公司的区域销售经理。安妮刚把一家自己负责直销的大客户转给了代理商张经理，每年可以让其至少增收20万元。不久，安妮收到了张经理给的一万元红包。这让她心神不宁起来……

甲：张经理仅仅是在表达谢意吧？毕竟受了人家的帮助，表达一下谢意也是人之常情。

乙：但在案例的叙事情境中，不好说。

甲：安妮为何会感到不安呢？

乙：也许在安妮看来，张经理此举可能是在邀请她交纳"投名状"。毕竟拿人手短，下次"合作"就容易了。而安妮更担心这次张经理只是在试探，还会有下次。事实证明，当安妮退回了款项后，张经理明显冷淡了许多。安妮还担心，如果这次收下了好处，就不再能与张经理公事公办了。如果与张经理结成利益同盟后，公司内部有权力争斗，自己将无法置身事外，还可能授人以柄……

甲：安妮是新人吗？

乙：不算吧，她已经在公司工作几年了。但好像这种事是头一次遇到。

甲：当时安妮可以有哪些选项？

乙：她可以把钱收下，或者退回去，或者向公司报告，把钱交上去。

甲：公司方面对这类事件有规定吗？

乙：好像有，又好像没有。案例中倒是提到，千葱公司明令禁止销售人员与代理商合作，但公司又讲求狼性文化，鼓励同事之间互相竞争。而且安妮的同事都挺有钱的，买名牌、旅游都不在话下。

甲：安妮不差钱吗？

乙：不是。她虽然经常受到嘉奖，但薪水涨幅却很小。

甲：就是说千葱公司存在对员工努力工作激励不足和对员工合规销售约束不利两方面的问题。

乙：是的，她最终离职了。"良禽择木而栖""君子不立危墙之下"。我觉得也许张经理的事只是个导火索，它引燃了安妮内心深处积聚的焦虑和不安。

甲：显然，安妮在意自己的"羽毛"。

乙：这让我想起了叔本华的一句话："就其对我们的幸福做出的贡献而言，我们之所是远远超过我们之所有。然而，较之他们在培育精神上花费的功夫，众人为谋求财富付出的努力总是高出千倍。"①

甲：很有讽刺意味！离职表明了安妮对千葱公司的失望，也表达了她对业内其他公司的向往……

乙："逝将去女，适彼乐土。乐土乐土，爰得我所。"②

甲：彼岸的世界……

乙：但她其实也担心，如果新东家也有类似的问题，她不知道自己是否还可以坚守。

甲：而让我更好奇的是，如果她选择继续留下同时坚持自己的做事原则和风格，又会怎样？

乙："沉默是一种力量，你是不是和我一样，在现实中学会坚强？"③

---

① ［德］叔本华：《人生智慧箴言》，李连江译，商务印书馆 2017 年版，第 13 页。
② 《诗经》上册，国风·魏风。王秀梅译注，中华书局 2015 年版，第 218 页。
③ 郑智化词曲：《我不是沉默的羔羊》。

路在何方?*

背景

  季君站在了选择的十字路口,是去还是留,他心中万分纠结。梦想与现实的差距让他的选择难上加难,但似乎一切早有答案。今天是工作汇报日,季君按照惯例走向了经理办公区。

  "公司帮助解决户口的那个顾问在加拿大部连续三个月完成了双超指标(超额完成部门签约个数目标,以及超额完成部门签约付款金额目标),而且其中两个月还是部门签约的第一名。而这个月你依然没有达到公司关于特殊人才的业绩指标(公司在新员工入职之初,会让其选择是否成为特殊人才,特殊人才的起薪较普通员工会有一定的提升,当然其业绩指标也会较高,项目提成与普通员工相同),因此关于你户口申请的问题我也没有办法。不过我还是看好你的哦,加油!"

  在例行的部门汇报日上,季君得到了这样的答复。不难想象,他现在的心情是复杂的,眼看着落户北京的期限渐渐临近,他内心开始焦虑起来。

  季君留英七年,先后取得了心理学学士学位和营销管理硕士学位。毕业后,他选择回国就业,北京成了季君工作的首选地。首先,北京为了留住高端人才,制定了一系列吸引政策。最吸引季君的一条就是海归毕业回国两年内可以取得北京户籍。其次,北京距离季君的老家近,回家探望父母比较方便。最后,北京更多的是北方文化,在父母年龄大的时候,把他们接来,他们会更适应北京的生活方式。

  季君回国后的第一份正式工作就是出国留学咨询行业。对此,他也有自己的考量:首先,自己有从语言学校到硕士研究生的全程留学经验,这让自己进入留学咨询行业具有了先天的优势。其次,无论是自己的专业还是学历层次,都与这一行业的要求高度匹配。很多留学中介公司都给他发来了工作邀请,但是综合分析了发展空间、公司规模及声誉,以及工作地点后,季君最终选择了业界的巨头之一银吉列。

  到目前为止,一切看上去似乎都很顺利。然而事实上,从季君申请工作的那一刻起,一些"诡异"的事情就已经发生了。

  季君因为自身经历的缘故,把简历投给了英国部。但奇怪的是,他却收到了

  * 本案例由清华大学经济管理学院工商管理硕士刘才撰写,仅供课堂讨论。其中的企业及人物均已经过掩饰处理。作者无意说明相关组织经营成败及其管理措施的对错。

美国部的面试通知。当时季君很诧异，就在电话中顺便询问了一下。他得到的回复是，因为最近美国部这边人才奇缺，公司认为季君的学习能力比较强，美国部和英国部同属英语国家，所以差别并不会太大。而且，英美两国都是富裕家庭首选的留学目的地。虽然有些迟疑，但他对自己的学习能力和工作迁移能力很有信心，同时也有强烈的学习热情和挑战欲望，这都让他跃跃欲试。最终，季君接受了这一安排。

培训期间

按照季君的预期，入职培训应该介绍大量的咨询知识及如何为客户量身打造留学方案。简单地说，主旋律应该集中在什么样的学生适合怎样发展上。但是与预期稍有差异，银吉列的培训完全是硬性地把学生按照申请条件的高低分成不同的等级，之后再由培训师来讲解哪些学校可以申请，哪些不能。按照常理这本来没有什么，但后面的培训内容就让人有点琢磨不透了，培训师没有把重点放在学校学科的介绍上，而是强调了不同学校的返佣情况。①

培训期间，培训师讲述最多的是怎样拿下客户，而不是给予正确的咨询。季君想，可能是公司的业绩压力比较大，或者是个人的原因，让培训师并不愿意透露。因此，季君并没有特别在意培训期间的这些事情。但是，在随后的工作中，季君却着实大吃一惊，他之前的很多不解在随后发生的事情里也得到了解答。

试用期间

银吉列公司担心新员工不太能适应这里高强度的工作，因此给每位新来的顾问都指派了一位"导师"。这位导师由之前的老顾问担任，目的是让新顾问随时能获得指导。此外，部门对新顾问还比较照顾。一般来说，领导会优先把前来咨询的客户分配给新顾问。这一天恰好有一位孩子的母亲来咨询出国留学。季君被指派接待这位前来咨询的母亲。以下是他们的对话：

母亲："你好，季老师，我想为我们家的孩子咨询一下出国留学的情况。"

季君："您好，您能否简单地介绍下孩子的情况，以及孩子现在相应的一些成绩？"

母亲："好的，季老师，我的孩子想出国读硕士，但是她现在英语只考了雅思，而且成绩不是很好，也不想再考试了。另外，她今年其实是复读的第二年，也不想再拖延了，就想快点出国，去个一线国家。我家虽然不算富裕，但是供她上学

---

① 被指定的学校会在学生缴纳学费后向银吉列返还佣金，顾问也将因此受益。有的语言学校返回的佣金甚至要比学生缴纳给银吉列的留学费用还要高。

我们紧一紧也就够了。跟她一届的孩子今年已经读研了，孩子特别自卑，总觉得低人一等。您看，她连来咨询都不肯，说觉得丢人。我和孩子的爸爸也没有办法。"

虽然季君是美国部的顾问，但是根据自己的工作和留学经验，他认为这个孩子最适合去英国留学，有以下几个原因：第一，孩子考了雅思而没有考托福和GMAT，所以相对来说去英国可以申请上比较好的学校。第二，英国研究生的学制一般是一年，相较于美国的两年学习时间，时间更短，因此更经济。第三，对于女孩子来讲，不允许带枪的英国更为安全。

季君："请问您没有考虑英国吗？相对于美国留学我认为英国留学可能更适合您的孩子。"

母亲："我已经咨询了英国部的咨询顾问，他们也是这么说的，说美国到处都是枪多危险啊，说美国的英语就是土老帽的英语，多没品位，学英语就该学正宗的伦敦音。但是这毕竟是孩子的大事，我还想多考察考察，于是我问了他们能不能给我讲讲美国留学的情况，他们说那你得咨询美国部的顾问，我们不知道。所以我就过来问问情况。"

季君："×× 妈妈，我在英国读书七年，现在在美国部做咨询顾问。"

母亲："太好了，季老师，我正需要您这样能给我比较两个国家的老师，您快点给我讲讲。"

季君："我虽然是美国部的顾问，但是我还是建议您的孩子去英国，当然这不全是因为我在英国学习生活了七年，而是您的孩子确实适合到那里学习……"季君把之前的判断给这位前来咨询的母亲阐述了一下。

这位母亲对自己孩子的事情显然非常上心，而且找到了一位可以比较美国和英国留学差异的顾问也实属不易。她拿出了早已准备好的笔和本子，把对话的关键内容全都记了下来。两人足足聊了三个小时。

经理一看季君和这位母亲聊了这么久，在结束的时候满怀希望地问道："怎么样，季君，拿下客户了吗？"

季君："哦，经理，那位母亲的孩子适合去英国，所以我让她找英国部的老师去了。"

经理："Are you kidding（你在开玩笑吗）？为什么推到英国部？这么好的机会你怎么不拿下呢？显然在英国部咨询完又来美国部咨询，就是对之前的咨询不满意。这么好的机会你竟然推荐到别的部门去了，你是不是脑子有问题？！"

季君："经理，这个人确实适合去英国，您看她的条件……"

经理："别说了，你知不知道你现在在哪个部门？她又没出过国，好不好她能知道？只要咱们说美国好她就会认为美国好。咱们是做生意，部门要业绩，部门找你来不是让你做公益咨询，是要给部门带来利润。你想想我们美国部为什么要招一个从英国回来的人，不就是为了让别人看看英国回来的在美国部做留学，所以出国的首选应该是美国！"

季君听完之后，脑子中突然一片空白。这终于解释了他当初的疑问：自己申请的明明是英国部，为什么美国部的经理会打来电话呢？原来是这个原因。

经理一看话语过激，又把口吻放缓了些："季君，我也知道你的矛盾，不过你想想，美国是不是比英国好。世界前 500 名的大学美国占了多少你不是不知道，所以说孩子送到美国是最好的，比其他国家都好，也包括英国。"

"另外，我得提醒你，你那留学生落户的指标两年内有效，而且公司还要走审批流程，现在已经过去大半年了。部门得留住对自己有用的人吧，你自己想想该怎么办吧！"

走出经理办公室，季君思考了很多：首先，他背负着很高的业绩指标，如果没有完成业绩，将无法拿到奖金。其次，由于留学生落户北京需要公司开具证明，且两年内有效，过期的话就失去了落户资格，况且仅仅一个月超额完成指标是不可能成为特殊人才的。最后，因为季君家庭条件比较好，又留英七年，因此公司里很多人已经开始在背后议论他的工作态度，甚至怀疑他的工作能力，认为他签的客户总是没有别人多，肯定是能力太差。

虽然困难重重，但季君并没有放弃这份工作的打算。他打定主意，要做真正的人生规划师，把合适的学生送到合适的学校去。而且，公司也有规定，跨部门间相互推荐的同样有相应的激励机制。经过三个月的试用期，季君正式转正，开始了正式工作。但事情远没有季君想的那么简单。

正式工作期间

季君正式开始了在美国部的工作。按照原来的设想，季君开始有意识地接触一些英国部的经理、咨询顾问及文书写作老师。因为他想多了解一些英国部的相关情况，然后看看自己什么时候能调到英国部工作。毕竟每每被家长问及美国和英国哪个国家更适合留学的时候，虽然季君会尽量给出客观的回答，但是无论他回答哪个国家都会让自己感到不舒服。

不知不觉到了春节，季君回家过年。在老家的聚会上，季君的一位亲戚听说他在银吉列工作，就直接过来询问了银吉列及季君工作部门的一些情况。原来这位亲戚的女儿小雪已经通过银吉列英国部申请留学，申请的项目是本科，而凑巧的是，她所申请的学校正是季君留学英国就读的大学。季君听说小雪已经拿到了有条件录取通知书非常高兴。不过在席间的谈话中，季君感觉小雪及其家长也存在隐隐的不安。原来小雪的语言成绩没有达到学校的要求，而她又不想再次参加考试，因此让中介加申了这所大学的预科。但是申请预科已经将近两个月了，据银吉列的顾问说，学校那边还没有任何反馈，小雪和家长心里有些不踏实。这次聚餐正好碰到了在银吉列工作的季君，所以他们迫切地想追问出答案。

季君听完事情的缘由之后，没有立刻给出答复。主要是因为，季君认为这个事情还要和相关操作的同事核对一下，否则贸然给出了不确凿的结果，会让家长和学生更加担忧。季君一边应承会尽快给这位亲戚答复，一边开始联系小雪的留学顾问。就在联系的过程中，季君隐约发现了一丝蹊跷。

小雪的留学顾问的回复一直是：已经查过了，学校没有答复。之后就没了下文。眼下已经是 3 月中旬，9 月开学，还要办理签证，时间上有点紧张。更让季君担忧的是，按照常理，顾问应该急着结束申请，并帮助学生办理签证，因为只有这样她才能拿到完整的提成。而这个顾问对于小雪的案子却并不着急，有点不正常。

季君随后又联系了小雪的文案老师，也得到了相同的答复。季君想再等半个月，如果还没有实质进展，再想想其他办法。不过，来自小雪同学的一则信息让季君立刻给曾经的母校写了一封邮件。

这位同学也在申请英国留学。他的成绩比较好，可以直接上同一所大学的本科，但他还想早点过去读个预科，提前适应一下英国当地的学习环境。因此，他给该大学发邮件询问相关事宜。学校的回复是，申请预科的学生过多，名额早就满了，没有多余的空位，因而不能为他提供相关的预科学额。

"名额已满？"季君立刻意识到了事情的严重性。根据小雪的情况，要想进入这所大学，只有两条路可以走，要么再考一次雅思达到指定分数，要么进入预科学习，预科毕业之后直接升入本科学习。如果真的是预科位置已满，那么小雪现在的处境就非常危险了。而种种迹象也表明，小雪目前应该没有被该大学的预科录取，那么究竟现在是什么状况呢？季君立刻给母校的本科申请中心发了封电子邮件。学校非常重视这件事，两天之内就给了季君回复。结果却让季君心里一凉。

原来早在去年 12 月中旬学校就通知了银吉列的文书顾问，告知小雪申请的预科学额已满。对方随后又把发给文书顾问的邮件抄送给了季君。上面有明确的时间、接收人及其他相关信息。

收到邮件后，季君没有慌乱，相反他的脑子格外冷静。他已经猜到了这封邮件为什么被扣下了，但他还要确认小雪的留学顾问究竟是粗心大意还是有意为之。

季君从侧面询问小雪是否申请了其他学校，小雪说开始的时候没有申请其他学校，因为该大学是她最想去的学校，而且顾问老师也说了，雅思 6 分上个预科就可以进这所学校。因为担心被强迫进入其他不好的院校，所以小雪没有选择其他学校，而且在合同中标明申请不成功就要退费。最开始的时候，顾问老师也一口答应。最近由于没有申请预科的后续进展，小雪很是焦虑，于是跟她的顾问老师说了她的担忧。顾问老师首先劝她不用着急，然后又"好心"地说，可以给她增加申请两所其他院校，这样在等待的过程中就不会那么焦虑了。小雪并没有答应这个要求，因为一旦开始申请，那么只要银吉列为她申请到任何一所学校的录取，那么申请的中介费就不能退还了。

　　季君已经猜到了小雪事件的缘由和结果。他并没有把邮件转发给小雪，只是把结果告诉了小雪。在电话的另一端，他能感到小雪的愤怒、无助和失落。但是季君还是建议小雪申请一下其他学校，至少能完成出国的计划。小雪听从了这个建议，去了一所非常普通的学校留学。

　　银吉列最终没能把这件事压住。由于发生了大规模的学生抗议，银吉列对没有申请上预科的学生进行了象征性的赔偿。但是学生们的时间呢？他们的梦想呢？公司的信誉呢？

　　这两件事只是季君工作中的一些缩影。面对每天都要做出的类似选择，季君开始动摇了。他站在了选择的十字路口，究竟应该怎么办？初衷和现实有这么大的差距，是去还是留？去，往哪里去？留，留在何处？

评析：

　　主人公季君留学英国七年，归国投身留学中介行业，却阴差阳错进入了银吉利公司的美国部。他希望落户北京，这需要他先成为公司的"特殊人才"，拿到推荐指标，为此需要在短时间内实现高额的业绩。季君熟悉留学英国的业务，某位客户女儿的情况也适合去英国，但上司却要他努力推荐客户选择美国的学校。名义上，公司有跨部门推荐客户的激励机制，但事实上却未见落实。部门之间以邻为壑，各自为战。在为客户遴选推荐目标学校时，甚至优先考虑的是被推荐学校返还佣金的比例，而非学校和学生的特点以及客户的真实意向。

　　乙：案例让人感慨：虽然有所谓"无欲则刚"的说法，但凡间之事却多有利益上的牵绊，而让人"刚"不起来。

　　甲：说具体的，季君该怎么办？

　　乙：听从上司的意见，抓紧完成业绩，成为"特殊人才"拿到北京户籍再说。

　　甲：仅剩下一个月时间，能做到吗？就算可以做到，能说服自己的内心吗？

　　乙：申请调到英国部去！

　　甲：公司内部转岗容易吗？转过去以后再遇到适合去美国留学的客户又该怎么办？

　　乙：离职！

甲：那样的话，北京户口可就彻底没希望了。值得吗？自己甘心吗？

乙：确实不甘心！

甲：错综的纷扰归集到一点：季君该对谁负责？

乙：怎么又是这个话题？

甲：作为银吉列公司的新人，他应当为公司工作。再具体一点，他身处银吉列美国部，自然要接受部门负责人指导，完成被交办的任务——成功推荐客户子女去美国学校学习，毕竟自己的表现会影响部门的业绩。与此同时，作为留学顾问，他还要直面客户（及其子女）。事实是，客户对赴美留学有些犹豫，季君的判断则是客户子女更适合去英国。他推荐客户去英国部继续咨询，维护了客户利益，也符合公司（长远）利益，但却和部门利益冲突。而公司表里不一的政策明显是在支持部门利益优先。最后，季君要不要对自己负责？怎样做才算是对自己负责呢？

乙：这些问题太烧脑……庆丰的包子不错，快趁热吃，吃完了再想这些问题吧……

银政合作之困 *

星期五晚上的会议结束后，林杰感到既兴奋又忐忑。

会上，新新银行 A 市分行投资银行部总经理贺一鸣向林杰承诺，如果液晶面板融资项目能顺利拿到行内融资审批，就提拔他做项目组负责人。升职意味着薪水的大幅提高，而且能从繁重的调研和营销压力场中脱身。不过，完成该笔项目融资似乎并不那么容易，液晶面板项目未来的发展潜力似乎并没有预计的那么好。林杰需要对各合作方的经营情况做进一步调查，并找到能使项目融资在行内通过的解决方案。好在贺一鸣已经向林杰暗示了一个简单的解决办法，那就是在审批过程中向总行领导谢傲天寻求帮助。

液晶面板项目是由市政府和当地一家知名国有企业——原野集团主导发起的产业引导投资项目，拟通过出资引进开物集团来该市投资，建设液晶面板生产基地，推动当地经济发展，并向新新银行申请融资。林杰作为新新银行资历较浅的项目经理，凭借与原野集团领导良好的合作关系，拿到了项目的融资贷款申请。该笔融资项目是新新银行目前在当地最大的一笔融资申请，如果贷款顺利发放，将改变该行在当地同业中的竞争地位。同时，原野集团对该项目也十分重视，表示愿意提供合适的条件支持液晶面板项目的发展。在最近一次项目谈判中，原野集团答应对该项目的融资提供担保。项目似乎进行得十分顺利。

就在昨天，林杰拿到了开物集团的基础资料，这些资料原野集团之前一直未向林杰提供。从资料来看，开物集团并没有承做液晶面板项目的基础条件，其承接该项目的动机存在疑问。同时，一旦开物集团丧失偿还能力，后果将由当地政府和原野集团承担，这意味着国有资产的重大流失，并会对当地的液晶面板行业发展造成不利影响。不过，这对新新银行影响较小，拿到原野集团的担保等于拿到了市政府的财政还款承诺，即使该项目出现问题，新新银行也能从政府收回贷款本息，并赚取可观的贷款收益。

液晶面板项目投资是政府的决定，而且新新银行领导对该项目抱有很高的期望。但在分析和了解了该项目本身存在的风险后，林杰是否应该向原野集团揭示其可能存在的风险？有没有合适的解决方案？林杰陷入了沉思……

---

* 本案例由清华大学经济管理学院工商管理硕士刘颖撰写，仅供课堂讨论。其中的企业及人物均已经过掩饰处理。作者无意说明相关组织经营成败及其管理措施的对错。

新新银行

　　新新银行是国内一家知名的商业银行，由个人业务部、公司业务部、资产管理部、信用风险管理部、授信审批部等核心部门组成。个人业务部和公司业务部属于业务部门，负责客户经营和融资发放；授信审批部作为贷款审查部门，负责对业务部门提交项目的风险情况进行审查，并决定是否发放融资。同时，新新银行为了提高业务审查的效率，也设置了投资决策委员会等审批机构，由总行领导主持，负责对具有战略意义的重点项目进行审查，并决定是否发放贷款。目前，行内投资决策委员会的主任委员为谢傲天。

　　近年来，商业银行的生存环境逐渐严峻起来。新新银行为了扭转局面，组建了投资银行部，发展新型融资业务（银行通过理财资金进行投资获取收益的业务）作为新的利润增长点。该部门处于创设初期，各项制度有待完善。在业务审批方面，授信审批部对新型融资业务并不熟悉，其业务审查结论一般参考投资银行部自己的结论。

投资银行部和部门经理贺一鸣

　　投资银行部（以下简称投行部）作为新新银行未来发展的重点，得到了行领导的高度支持，加上新型业务对于专业性知识要求较高，其在资源配置、人员福利上都优于其他部门，主要人员为银行内部筛选的骨干及从其他金融机构招募的专业人士。

　　投行部在新新银行的主要职责在于：根据客户的个性化需求，在资金风险可控的情况下，设计新的融资产品，满足客户需求，因此属于银行的产品设计和客户营销部门。其客户群主要是上市公司和企业集团等大型客户，特别是大型国企等风险小、收益高的企业。

　　贺一鸣作为新新银行 A 市分行的投行部总经理，在新新银行已经工作了十余年。他拥有公司业务部和授信审批部双重工作经历，对业务营销和风险审查都较有心得，深得银行领导信任。

　　投行部将近 90% 的员工都有硕士以上学位，且大都属于拥有注册会计师（CPA）证书或律师从业资格的专业人士，配置的人员专业性高于行内平均水平。该部门下设两个项目小组，目前只有一名小组负责人，其余员工都为项目经理，另一名小组负责人暂未确定。

　　贺一鸣在新新银行声望很高，一方面是因为他分管部门的下属晋升很快，多名下属已经在总部担任要职；另一方面是因为无论部门业绩指标多高，他总能百分百完成。美中不足的地方在于贺一鸣分管部门的员工离职率连续几年高于新新银行的平均水平。贺一鸣的说法是他们不适应公司文化，而这些同事之前在该行表现都比较优秀，所以有传言说是因为他们没按贺一鸣的要求做事，遭到了排挤。

林杰

林杰大学本科毕业后加入了新新银行，前两年因没有得到领导赏识一直是银行柜员，负责最基础的柜面业务。林杰不太喜欢这份琐碎的工作，试图转到公司业务部，从事更专业的金融业务。投行部成立后，贺一鸣看中了林杰，将其破例提拔到了投行部。林杰感谢贺一鸣的"知遇之恩"，工作十分努力，并在投行部专业业务上进步很快，但苦于没有客户资源，加入投行部一年多没有做成任何一笔业务，这让林杰内心非常焦虑。直到原野集团根据政府指示进行"国企市场化改革"，林杰凭借其积累的专业知识，帮助原野集团在证券市场投资上取得了数亿元的超额回报。该项目不仅是新新银行与原野集团的首笔业务合作，负责该项目的原野集团投资部副总黄明也因此被提升为投资部总监，因而对林杰十分信任。林杰凭借与原野集团良好的合作关系，在投行部逐渐站稳了脚跟。但在这个人才济济的部门，林杰无论是在学历还是工作经验上都处于劣势，要想竞争空缺的小组负责人的位置，难度较大。

黄明出于对林杰的信任，提前向林杰透露了 A 市政府准备筹集产业引导基金①的信息。林杰了解到该信息后，立即向贺一鸣做了汇报。贺一鸣听了很高兴，甚至说"有了这个基金，咱们部门两年内可以不做业务了"。于是，在贺一鸣的策划下，新新银行总行领导谢傲天出面与 A 市政府领导签署了引导基金的合作协议，而液晶面板项目就是新新银行与政府产业引导基金合作的首个项目。

林杰自然而然地成了液晶面板项目的项目经理。他很开心，因为有市政府和原野集团的支持，该项目应该很容易落地，足够完成今年的业绩指标。行领导谢傲天也对他表示了赞赏，嘱咐他要为客户做好服务。作为项目经理，林杰的职责是商务谈判、项目尽职调查、方案撰写和内部申报沟通工作，属于银行的中前台。

---

① "政府产业引导基金"是由政府部分出资，同时吸引金融机构、专业投资机构和社会资本，发起并设立的专项基金。基金以股权或债权等方式投资于新兴产业、国企混合制改革、城市开发建设等领域，支持地区经济发展。2014 年，各地政府陆续出台相关政策并设立了专项基金，掀起了发展政府引导基金的高潮。"政府产业引导基金"对地方政府的意义在于：该模式成倍放大了投资的资金规模，为区域经济注入资本，带动区域实体经济；加强了对特定产业的投资力度，助力地区产业结构调整和升级；通过扶持中小型企业，创造大量的就业机会。其对政府而言可能存在的风险在于：政府可能缺乏特定行业的管理经验和判断能力，加上社会资本的利益诉求不同，有可能误导政府进行投资。

按照常规，林杰需要收集项目各参与方的资料，分析项目的行业前景及承做方的技术和资金实力，估算项目的投入和产出；最重要的，是判断银行的资金能不能收回。在判断一个项目风险可控以后，林杰需要撰写尽职调查报告提交给贺一鸣审阅，经其同意后再提交给总行授信审批部，由其批复是否放款。

原野集团

原野集团是本市最大的国有控股集团，厅级单位，掌握市国有企业核心资源，总资产逾千亿元，外部评级 AAA。顺应国企改革的潮流，原野集团正在向"市场化的国有投资平台"转型。而转型的重要项目就是由原野集团作为基金管理人打造的、市场化运行的、能带动当地产业经济发展的战略产业基金。

原野集团的优势在于资金实力和整合资源的能力较强，其控股企业涵盖当地几乎所有的地方国有金融企业，有能力协调各方完成各类重点项目。劣势在于，基金公司关键岗位均由政府领导转职担任，他们对产业投资和资本运作不够熟悉；而国有企业的工资限制，使其无法向社会公开招聘合适的专业人才，因而面临专业能力不足、人才匮乏的局面。

液晶面板项目

该项目是 A 市当年经济建设的重点项目，具体由市政府牵头，并由原野集团和开物集团签署协议，约定在当地投资兴建"N 代液晶面板生产基地"。该项目总投资超过百亿元，其中资本金占六成，一半由开物集团出资，另一半由市里的战略产业基金和区政府提供，余下的投资依靠配套贷款。项目建成后，配合当地原有液晶面板产业，可以带动上万人就业，税收数十亿元，从而使该市成为全国电子产品硬件生产的龙头。

液晶面板项目由市政府领导直接决策，原野集团作为战略产业基金的管理人，负责项目的实施和募资工作。市政府之所以看好该项目，是因为几年前该市政府曾投资了某大型国企的液晶面板项目工程，并成功上市。从这笔投资中，当地政府一共获取了过百亿元的投资收益，并在当地建立了全国性的液晶面板生产基金。基于以上经验，当地政府对新项目充满了信心。

开物集团

开物集团是一家液晶显示器的代工生产企业。其商业模式为采购液晶显示屏和各类组件，经组装调试后，再通过电商平台进行销售，据说年销售量近千万台。由于公司的主要生产成本来自液晶面板的采购，因此想与 A 市政府成立液晶面板生产基地，解决面板供应问题，提高公司利润率。

根据协议，开物集团对该项目首期需要出资 30 亿元；项目满五年后，还要回购原野集团和 A 市政府出资的 30 亿元所占的项目股份，合计需出资约 60 亿元。但从开物集团提供的资料来看，其年总资产 28.5 亿元，其中负债 21 亿元，净资产仅有 7.5 亿元，资产负债将近 74%，似乎无力提供项目首期所需资金。同时，公司每年虽有数十亿元收入，但由于只做基础组装，净利润却不足亿元，盈利能力较弱。从其提供的技术资料来看，开物集团似乎也没有研究、制造液晶面板所需的专业人才。

林杰向专业人士求助

开物集团的经营情况让林杰感到十分苦恼，虽然有原野集团的担保，银行投入的资金应该可以收回，但如果开物集团真的没有能力把项目做好，上百亿元的产业投资可能遭受什么样的损失？思考再三，林杰决定向某证券公司液晶面板行业首席分析师唐浩请教。

唐浩所在的证券公司与新新银行有多年的合作关系。听了林杰的请求，唐浩就液晶面板行业做出了如下分析：

（1）2013 年全球液晶面板的市场规模约为 1 400 亿元，预计五年内增长较平稳，至 2018 年约为 1 750 亿元，年均增长率为 12.2%。

（2）液晶面板产业中，薄膜晶体管液晶显示器（Thin Film Transistor Liquid Crystal Display，TFT-LCD）等大屏幕电视的需求增速将逐渐减小，将于 2016 年达到顶峰，并逐渐回落。

（3）目前，该项目拟新建的"N 代液晶面板生产线"，目前已在建的有数家，筹建中的也有一些，预计整个市场将在 2017 年接近饱和。

（4）液晶面板生产的核心技术一直为韩国掌握，国内并没有成熟技术。

（5）液晶面板的产业周期较短，生产设备更新较快。

唐浩也对液晶面板项目做了如下分析：

（1）整个生产线从建成到达到 70% 左右的产能，需要三年时间，即到 2018 年，届时市场上 N 代线液晶面板可能全面过剩。

（2）目前，液晶面板生产设备几乎全部从韩国进口，设备一次性投入大，需提前落实与韩方的技术合作，开物集团之前并无与韩国的合作经验，其合作前景堪忧。

唐浩的分析印证了林杰的担心：根据该项目的规划，当年开始建设，次年投产，两年后达到产能的 70% 才能实现盈亏平衡；但如果那一年市场已经饱和，该项目生产的液晶面板的售价将低于预期，项目将出现亏损。而该项目主要依靠银行借款和政府投资，根本不能承受后续的液晶面板价格战。如果唐浩的分析成立，那么该项目还没实现盈利就可能要终止。到那时，生产设备也已面临淘汰，处理价值较低，百亿元的投资可能有去无回，数千名工人可能因此失业，与之关联的配套企业也可能成片倒闭，这将极大地影响 A 市的经济发展。虽然凭借原野集团的担保协议，到那时新新银行已经收回了借款，但这样的结局，无论如何都是林杰不想看到的。

林杰向贺一鸣汇报

根据唐浩提供的行业信息，林杰在初步的尽职调查报告中说明了该项目存在的潜在风险，并拿给贺一鸣审阅。贺一鸣只翻了几页，就把林杰狠狠地骂了一顿，并指责林杰业务专业性不足，在报告中没有从银行资金安全的角度分析项目风险，要求他立即修改。当天晚上，贺一鸣又打电话叫林杰出来吃夜宵，和林杰谈起了他做领导的不易，希望林杰理解，不要往心里去。

次日，林杰向贺一鸣提交了修改后的报告，贺一鸣说稿子放下来他看看，下午再来拿。到了下午，贺一鸣亲自把稿子送了过来，林杰看过后，发现报告内容变化不大，在说明开物集团实力不足的同时，也强调了原野集团的担保能力，只是把项目未来的发展前景改为"依照银行目前的行业研究能力，尚不能完全判断项目的发展趋势"。这样的说法，林杰在历次的报告中倒是第一次见到。

下班后，贺一鸣又把林杰叫到了办公室，开口便问林杰该项目银行资金收回有没有风险，在得到了林杰否定的回答后，贺一鸣再次说起承诺林杰担任项目组负责人的事情，也说到了他没同意部门准备把研究生以下学历人员全部调离的想法。最后贺一鸣指示林杰将项目直接向谢傲天汇报。

林杰向谢傲天汇报

林杰按照指示来到谢傲天的办公室。谢傲天显然记得这个年轻人，热情地表示欢迎。林杰把项目情况如实地向谢傲天做了汇报。谢傲天沉思了一会儿，问林杰担心的是什么。林杰回答担心项目出问题后，政府会面临损失，同时也会影响新新银行的声誉。谢傲天反问林杰，投资的决定是否由原野集团做出，我们是否只是协助？并且，银行有没有在液晶面板行业的专业研究能力，使我们能准确判断未来三年整个行业的走势？谢傲天的话让林杰无言以对。最后，谢傲天笑着对林杰说，能想到新新银行的声誉风险是好事，我们约原野集团的领导开个会聊聊，到时你说说对项目风险的看法，做个会议纪要留底待查。这样我们也算尽到职责，将来出了问题也有个说法。

林杰的困惑

　　回到家，贺一鸣又给林杰打了电话，说谢傲天对他很满意，希望他再接再厉；会议发言要认真准备，要有度，控制好分寸。接完电话，林杰久久不能入睡：领导的态度很坚决，但想到上百亿元的国有资产损失和数千员工失业的情景，林杰心里五味杂陈。商业银行有向融资客户披露客户面临的风险的社会责任吗？林杰有没有办法扭转局面？有没有既能缓释项目风险又能满足项目融资要求的方法？

评析：

　　液晶面板项目是市里的重点项目。在市政府牵头下，由市属国有投资控股企业原野集团和引资对象开物集团共同投资。项目总投资超过百亿元，开物集团出资三成，另外三成由市里的战略产业基金和区政府提供；余下的资金要向银行贷款。在前期调查中，新新银行投行部项目经理林杰发现开物集团存在许多疑点。虽然原野集团会为贷款提供担保，但如果开物集团在项目运作上出了问题，可能会造成上百亿元的国有资产损失……

　　乙：话说"在其位，谋其政"，因此不在其位，也就不需要"谋其政"。

　　甲：果真如此？

　　乙：那当然。守本分，做好本职工作就好。

　　甲：那就是说要"各人自扫门前雪，莫管他家瓦上霜"？那又该怎么看待各种见义勇为？"路见不平一声吼"岂不就成了多管闲事？因为行为人又不是警察！

　　乙：好吧，我修正一下之前的表述，但我仍然坚持"在其位，谋其政"的立场，谋非其位之政不能妨碍谋其位上之政。举例来说，律师受聘为犯罪嫌疑人辩护，其间发现自己的当事人确实犯了罪，但受到辩护人身份（位）的限制，必须为当事人辩护（谋其政），维护其权益。至于揭露其有罪、追究其刑事责任，应当是检察官和法官的事。

　　甲：这个例子有局限性。律师与其当事人之间有委托关系。这种关系明确地要求律师尽到对当事人的保密义务，因此排除了律师将其在与当事人接洽的过程中掌握的、对当事人不利的信息向外披露的可能。但是在其他很多情境中，"位"与"政"的对应关系并没有那么明晰的边界。

　　乙：比如说——

　　甲：比如说，一位公共汽车司机，看到一位年迈的乘客下车不便，就主动去搀扶……

　　乙：这是分内之事。

　　甲：这时，司机得知老人要到马路对面去，司机便跟车上乘客打了个招呼，然后扶着老人过马路……

乙：这也算分内之事。

甲：在前面一个人行路口，没有红绿灯那种，有一位老者在路旁等待过马路，因行动迟缓，几次想要通过都因有车辆快速驶来而无法前行，在路口踟蹰不前。该司机恰好驾驶公共汽车经过这个路口，司机见状没有一脚油门开过去，而是将车停下，打开双闪灯，然后下车搀扶老人走过马路，然后重新上车、启动……

乙：这个嘛，如果是把车停下，礼让行人先行通过路口，没问题，但自己下车去搀扶，恐怕就有些问题了。因为司机所在的"位"要求其首先对车上的乘客负责，同时也要对交通秩序负责，因而由此"位"引发的"事"要居于优先的地方，进而排斥了职责以外的"事"。比如，一辆救护车在前往救助心脏病患者或者孕妇时，途经交通事故现场，有伤员需要救治，是该停下救人还是该继续赶路？① 我觉得应该继续前行。

甲：如果顺路可以送到某个医院呢？

乙：也不行，中途停留可能会延误原定患者的救助，从而违反自己的先在义务。但途中司机可以代为联系呼叫中心，通报事故现场情况，以便中心再派车来。当然，在职责以外的事并不与其所肩负的职责冲突的情况下，应该可以兼顾。

甲：我注意到了你的立场已经往后退了一大截。那么怎么看这个案例呢？

乙：案例中主人公的职责是为供职的银行审核客户的贷款申请，如果该申请风险较高，就应当拒绝，以免银行受到坏账之扰；反之，如果申请没有问题，那么就应当接受，以便给银行增加新的业务和收入。然而，主人公却发现：贷款申请人的还款能力存在疑点，但保证人（替代偿还人）的资产、资质俱佳，因此可以确保银行在申请人违约的情况下免受损失，但批准该贷款会让保证人亦即与该贷款申请人有合作关系的原野集团及其背后的政府产业发展基金遭受巨大损失。

甲：各方辛辛苦苦招来的项目，而且已经得到市政府批准，难道居然还要听一个信贷员的？因为他提出异议就放弃？

乙：采纳不采纳意见是一回事，提出不提出发现的疑点是另一回事。主人公的关切很大程度上源于与贷款相关的投资项目牵涉到国有资产。国有资产理论上是属于全民的，也有自己一份，因此自然不应袖手旁观。如果其供职的银行是国

---

① 2022年3月30日早8时，上海市浦东新区某小区804室有一人急性哮喘发作，使用气雾剂后未好转，且症状持续加重。邻居帮忙呼叫了120急救中心。当时该小区内正有一辆急救车在对另一住户进行急救任务，其急症患者已上车，急救车正准备前往医院。804室患者家属拦住急救车，要求车上医务人员出借车载除颤仪。由于该病人在自己家中，车上急救医生现场无法判断，未同意出借。9点40分左右，804室呼叫的救护车到场，抢救无效，患者病逝。3月31日，浦东新区卫生健康委员会对该名急救医生做出停职处理决定。该委员会在《关于浦东120急救中心的调查情况》中还提到"现场核酸检测的医务人员已奔赴其家中进行了数十分钟的紧急抢救，后因抢救无效而死亡"。https://new.qq.com/omn/20220331/20220331A0DRLZ00.html，2022年4月4日访问。

有银行，那么更有义务"谋其政"。

甲：为什么？

乙：国有银行和地方政府所有的原野集团、产业基金实质都是全民所有，就好像是同一母公司 A 拥有的多家子公司，第三人 B 向 A 的子公司 C（银行）申请贷款，并请同为 A 的子公司 D 提供保证，子公司 C 发现 B 的资产状况堪忧，C 当然有责任告知子公司 D 了。

甲：这个类比有些牵强，姑且不论。如果保证人与银行并非兄弟公司，而是与之没有任何关系的机构或个人，保证人也不是国有企业，即使要代主债务人偿还贷款，也不会动用全民名义下的资产呢？

乙：那就可以就事论事了，信贷员只需审核该笔贷款是否会给银行带来风险。

甲：如此说来，案例中主人公的判断标准就将完全取决于对方与他的关系，也包括与他供职的机构的关系？

乙：可以这么理解吧。

甲：那不就又成了亲亲疏疏？伦理判断全然没有了客观尺度？

乙：万物皆备于我。伦理中的"伦"字不就有"条理""次序"的意思吗？

甲：我不能同意。孟德斯鸠说："如果我发现什么东西对我有用但对我的家庭有害，我一定会把它逐出头脑外。如果我发现什么会对我的家庭有用而对祖国无益，我也会尽量忘记。如果我发现什么会有利于祖国却与欧洲利益相左，或者有利于欧洲却损害人类，我会把它当成罪恶，因为我成为法国人只是偶然，成为人却是必然。"[①] 还是要从更大的共同体角度来判定行为者的伦理责任。

乙：这段引文也不能说服我。"成为人"中的那个"人"是抽象的概念吧？在引文开始时，孟德斯鸠提到的"我"是个具象的存在吧？那么到底是这个具象的"我"还是那个抽象的"人"才是我们要进行道德推理的出发点呢？我这里也引用一段阿拉斯戴尔·麦金太尔的话："我们都是作为某种特殊的社会身份的承担者而进入自己的各种环境，我是某人的儿子或女儿、表兄妹或叔叔；我是这个或那个城市的公民，是这个行业或那个职业的成员；我属于这个家族、那个部落或这个民族。因此，那些对我有益的，也得对担任这些角色的人同样有益。同样的，我从我的家庭、城市、部落和国家的历史中，继承了各种各样的债务、遗产、正当的期望和义务。这些构成了我生活中的特定成分和我的道德起点。这部分地给予了我自己的生活以道德独特性。"[②] 因此，"我"在履行道德义务或承担伦理责任时便不能舍弃这些关系，不能无视关系项下的对象。

甲：看来，我们目前都还无法说服对方……

---

① ［西班牙］费尔南多·萨瓦特尔：《伦理学的邀请》，于施洋译，北京大学出版社 2015 年版，第 118 页。

② 转引自［美］桑德尔：《公正：该如何做是好？》，朱慧玲译，中信出版社 2012 年第 2 版，第 254 页。

李杰的选择 *

12 月的一天，李杰收到内部稽核部门陈老师的邮件。邮件内容是再次和他确认是否要继续投诉他的直接领导马东。如果他坚持意见，那么第二天他的投诉将会进入公司程序，再也无法收回。李杰深知，一旦投诉进入程序，自己在腾飞公司的职业生涯也将画上句号。李杰陷入了沉思……

快速发展的腾飞公司

成立多年的腾飞公司主营自动化设备，凭借领先的市场战略和强悍的销售风格，迅速占领了市场，成为中国首屈一指同时也是世界知名的自动化软硬件供应商。

腾飞公司以前的主要营业收入来自国际大型项目。从 2010 年开始，来自国际市场的收入有所下滑，而中国的经济却在不断发展。董事会经过讨论，决定加大对中国企业市场的投入。鉴于国内企业市场错综复杂，腾飞公司决定在国内企业市场仍保持渠道销售的方式，与现有的集成商、代理商合作，不允许公司直接签单。由于品牌优势，以及国家对国产品牌的支持，腾飞公司迅速在国内市场取得骄人的成绩。原本与国外厂商合作的代理商都纷纷主动签约成为腾飞的合作伙伴。

腾飞的中国企业事业部主要由销售部、产品部、售后支持部、销售管理部等组成。销售部又通过不同的客户行业划分为多个系统部，每个系统部有五到十名销售经理。系统部主管为系统部部长。销售经理负责与客户、代理商沟通，通过销售指标考核业绩。销售经理有权决定正常折扣及以上的报价，但是如果申请特价需要由系统部部长审批。一般情况下，只有意义特别重大及竞争特别激烈的项目才会申请特价。销售经理为特价申请的第一责任人。系统部部长有权更改下属销售经理负责的客户范围，分配相应的销售指标。

李杰

李杰毕业于自动化领域知名的工科院校，以应届生的身份加入腾飞公司，经过半年的培训进入了腾飞中国企业事业部，任第十三系统部销售经理。李杰年轻

* 本案例由清华大学经济管理学院工商管理硕士时思撰写，仅供课堂讨论。其中的企业及人物均已经过掩饰处理。作者无意说明相关组织经营成败及其管理措施的对错。

有冲劲，对项目认真负责，因此得到了原系统部部长刘刚的赏识，多次获得加薪和内部派股，在腾飞的发展前景十分光明。后来，公司内部岗位调整，刘刚被调到外地，由另一个系统部的副总马东接任。刘刚在临走前告诉李杰，他最欣赏李杰能够公正地对待每家代理商，同时付出最大努力在项目中维护公司的利益，而且李杰有很强的成就导向，比起一些追求安逸的老员工，他更有上进心。

李杰和马东原本交集很少，关系自然也一般。马东为人豪爽，交友甚广，在公司人缘很好。但是似乎由于工作性质的原因，他在公司露面的时间有限。和马东一起到第十三系统部的还有孙成。孙成原本是代理商的员工，通过工作关系与马东认识，后经马东推荐加入腾飞公司，一直配合马东运作项目。

特价风波

马东对下属采取宽松式管理，一般不过问具体项目的进展情况，对于李杰这样的年轻员工也很少给予工作上的指导，只看重项目的结果。在李杰所在的行业，腾飞公司已经经营多年，是该行业的第一品牌，所以很多项目都是客户直接找来采购，并不需要代理商做很多工作。而且李杰负责的几个客户也都有比较固定的合作渠道，价格也控制得很好，一般都是高于正常折扣下单。但是自从马东出任部长后，接二连三地给李杰介绍了几家代理商，希望李杰能够考虑与他们合作。深入了解这些代理商后，李杰根据他们的实力，也与他们在一些新的客户项目上开始合作，并没有打破现有格局。李杰发现，马东介绍的这些代理商总会提出各种困难，然后希望李杰帮助他们申请特价。但是考虑到腾飞公司的品牌价值及现有的价格体系，李杰大多拒绝了他们。私下里，马东却主动找他提过几次："那家公司也不容易，刚刚成立，老板和我也认识多年，价格上多少照顾一些。"这时李杰就会诚恳地解释其实该公司在这个项目上已经获利颇丰，并不需要特价支持。这时马东多半也不会再说什么。

直到这一年的 6 月，李杰突然发现，跟踪了三个月的项目消失了。代理商扶风公司的解释是客户需求发生改变，不采购了。虽然事情有些蹊跷，但由于项目金额不大，李杰也没有再去调查。7 月，李杰突然接到客户电话。对方告知他新到的设备出现故障，需要安排人员去维修。李杰愣住了！

李杰到达客户现场发现，设备型号与一个月前"消失的项目"中的设备型号相符。李杰意识到自己被审货了。他立即通过产品序列号查到设备来源，下单的代理商正是扶风公司，设备金额从当初他给的报价 100 万元变成了 80 万元，数量和配置没有变化，是一个特价项目。而销售负责人正是马东原部门的下属杨科。

　　窜货是代理商为了谋求更高的利润，通过非正常途径拿到更低价格的货物，卖给最终客户。一般有两种途径：一种是代理商通过大项目申请到特殊价格，下单时囤积一部分低价货，通过分销等渠道销往市场；另一种是代理商通过 A 销售经理拿不到好的价格，便通过找 B 销售经理批到低价，然后把 A 销售经理负责的项目让 B 销售经理下单。这次扶风公司的行为就属于第二种。由于窜货会破坏行业价格体系，同时会对销售人员的业绩造成影响，所以无论在哪个公司窜货都是被明令禁止的。在腾飞公司，如果窜货被抓到，代理商要受到严厉处分和罚款，参与窜货的相关销售人员也要受到处分和降薪。

　　李杰立即把这件事情报告给了马东。因为扶风公司的行为损害了部门和自己的利益，也破坏了行业规则，他希望马东能够向销售管理部反映这件事情，给予扶风公司和杨科相应的处罚。但奇怪的是，马东并没有表现出愤慨，相反好像早有心理准备。他首先劝李杰冷静，100 万元的销售额相对于李杰全年 1 亿的销售任务来说，不过是九牛一毛，没必要为了这 100 万元惊动销售管理部和大领导。马东还说杨科与公司的大领导都很熟，告上去不但没好处，还可能对李杰未来的发展不利。总之，在马东的"努力"下，这件事情最终不了了之。由于代理商扶风公司也是马东介绍的，加上杨科与马东的关系，李杰感觉到事情不一般。此后，李杰与马东介绍的代理商合作时，更加小心翼翼。

　　这段时间，李杰不断从同事和代理商那里听到关于马东的传言。有人说马东之所以常常不在公司，并不是像他说的那样，去拜访客户了，而是因为他早已在外面有了自己的公司，也是行业内的代理商。并且马东以前就常常通过帮助代理商申请特价的方式获利，所以他平时才会出手阔绰。

矛盾爆发

　　由于自己在腾飞公司还算是新人，在没有确凿的证据前，李杰并不想得罪自己的直接主管马东。但是 10 月发生的事情却再次把他推到了风口浪尖。

　　青云公司属于行业里的战略客户，长期以来一直使用腾飞公司的产品。空蝉公司是青云公司的核心代理商之一，销售了大部分的腾飞产品。而且空蝉公司的高总和李杰很早就一起合作项目，关系很好，空蝉公司也很少申请特价。李杰与青云公司的关系也很好，他每年至少有 1/3 的销售额来自青云公司。但是自从马东上任后，李杰发现马东常常独自请高总吃饭、喝茶。起初高总还会把双方洽谈的内容与李杰分享，多数是如何把和青云公司的业务做得更好之类的。但是最近高总与李杰的交流越来越少，对于和马东的谈话更不会透露半个字。

　　当时，李杰和高总正在一起合作青云公司的 Z 项目。项目金额超过 5 000 万元,而且通过李杰的努力,客户已经倾向于使用腾飞品牌。由于客户的预算足够多,所以只要李杰用正常价格做下这个项目,当年的销售任务就可以完成一半,全年任务的完成也近在眼前。李杰把一半的精力都放在了该项目上,节假日都在帮助客户写方案,没有休过一天假,连家里不满周岁的孩子也无暇顾及。功夫不负有心人,项目前景越发明朗,李杰预计自己终于可以收果子了。

就在投标前夕,高总突然约李杰面谈,希望李杰能够帮他申请 1 000 万元的折扣,而且可以将其中的 10% 作为回扣给予李杰。李杰甚至没有犹豫就断然拒绝了。他不明白为什么一直合作愉快的高总会突然有这种"卑劣"的想法。一天后,李杰在电话中再次拒绝了高总"仔细考虑下"的建议,并且要求高总不要再提这个建议。

项目将于 10 月 14 日发标,李杰开始认真做投标前的准备工作。10 月 12 日晚,李杰突然接到马东的电话,电话里马东通知李杰,考虑到他的能力,将会分给他五个新的客户,但是他必须立即放弃青云公司并把 Z 项目交接给孙成。

李杰立即提出抗议,Z 项目他势在必得,这个时候让他离开明显是马东在刁难人。马东却说,他接到代理商的投诉,李杰在项目中向代理商索贿。为了保护李杰的前途,他决定把李杰调离 Z 项目。同时马东安慰李杰,新客户也都很有潜力,凭李杰的能力一定可以顺利完成销售任务。这一切对于李杰来说无异于晴天霹雳,他彻底蒙了。

一个月后,空蝉公司顺利中标 Z 项目,给腾飞公司的下单金额是 4 000 万元,低于正常折扣 1 000 万元。此时,李杰明白他掉入了马东和高总精心设计的陷阱。在失掉 Z 项目的同时,他被临时调整客户的原因在部门内部也传得沸沸扬扬。无论如何,他在腾飞公司的发展前景再也不是一片光明。

艰难的选择

随后,李杰经历了人生中最艰难的一个月。在此期间,也有不少同事和代理商朋友来劝李杰,说马东的行为只是这个行业很普遍的潜规则,只是李杰不懂。甚至有人说李杰太傻了,马东应该给过他机会,让他加入马东的"阵营",但是李杰没有抓住机会。一时间李杰突然感觉他所处的环境复杂无比,他一直以来坚守的价值观受到了触动,难道马东和高总做的事情才是正确的?才是这个行业的生存之道?但是在短暂的迷茫后,李杰清醒地认识到这是违背职业道德甚至是违法的。如果让这种风气持续下去,不知道还会有多少像他这样"单纯"的人落入马东等人的陷阱,或者是步他们的后尘走入歧途。诚信二字一直是他做人的原则,而且对于事业的执着也不允许别人任意践踏他的劳动成果。他想到了公司里专门处理这类事件的内部稽核部门。但由于要求员工实名举报，所以无论被投诉人的结果如何，几乎所有的投诉人最终都离开了公司，因为在中国这个社会，"打小报告"的人一直都不受欢迎。

与此同时，一直欣赏李杰的另一个系统部的领导向他抛出了橄榄枝，希望处于职业低谷的李杰能够在他的部门重新开始。李杰陷入了两难：是投诉马东然后被迫离开腾飞公司还是去其他部门让这件事不了了之？

最终，内心的良知战胜了胆怯。12 月李杰发出了投诉邮件，详细说明了"窜货"和 Z 项目的始末。不出所料，所有同事，包括李杰原来的好友都开始躲着他，并且对他议论纷纷。可是调查似乎还没有结果，至少在次年 2 月李杰离开腾飞公司的时候，马东依旧一帆风顺。

后来

李杰的投诉像一颗石子打破了原本平静的湖水，腾飞公司在他离开四个月后开始进行内部稽查，尤其针对所有特价项目，一时间人心惶惶。在正式稽查开始前，听到风声的马东和杨科先后离开了腾飞公司。系统部部长级别的员工由于待遇优厚，大多会选择在公司持续工作到退休，所以马东的离开应该也是被迫的。

三年后，已经在行业内另一家著名厂商做到团队经理的李杰听说，当年腾飞公司的很多同事都因为违规特价被公司开除，有的甚至被追究了刑事责任。

评析：

李杰是一家自动化设备生产企业的销售经理，凭借自己的不懈努力及公平的处事原则，事业蒸蒸日上。但新的部门负责人来了以后，李杰却逐渐感到不适应。令他愤怒的是，自己志在必得的投标项目却被上司强令转交他人。最终该项目虽然中标，报价却低了两成。李杰听说上司另有自己的公司，也在业内开展代理业务。李杰想向公司报告上司的问题。在内部稽核部门正式开始调查程序前，李杰还有机会撤回投诉。此时，欣赏他的另一个部门的领导向他抛出了橄榄枝。是放弃投诉，转身去其他部门，还是坚持投诉然后离职？李杰陷入了两难……

乙：这家公司明摆着就是不想让人投诉啊！设立了机构和制度，允许员工投诉，又从中阻挠，接到投诉后不是立即核对、调查，而是询问投诉人是否撤回，如果撤回，事件就此打住，无论投诉的内容是否属实都不会再做追查。如果投诉人坚持，且投诉内容被证实，被投诉者只是一走了之，而投诉人也因此无法在公司立足。正所谓"鸟尽弓藏"……

甲：这其实反映了投诉或曝料（whistle-blowing）在现实中的矛盾处境。从社会角度看，投诉有助于发现真相，淳化社会风气，公众是因此受益的。

乙：我查过字典，whistle-blowing 是指向官方或公众报告自己所在组织从事的不道德或不合法行为。^① 中文中与之对应的词是"检举"，即"向司法机关或其他有关国家机关和组织揭发违法、犯罪行为"。与该词词义相近的是"告密"——"向有关方面告发旁人的秘密活动"。

甲：从定义来看，"检举"的外延明显偏窄，而且比"告密"更具正面色彩。事实上，在经过相关程序完成查证和相关推理前，检举者其实并不能确知其检举的内容是否真的违法或不道德。通常检举者只是提供了某些线索、证据，或表达了内心的某种怀疑。尽管如此，在组织内，"打小报告"却往往是不受欢迎的。

乙：人非圣贤，皆有利己之心，都会害怕自己的过错被别人知道。这是人之常情。但是，检举者奋不顾身仍旧坚持举报是基于什么考虑呢？

甲：伦理学上有结果主义（consequential theory）和绝对主义（categorical theory），或目的论（teleology）和义务论（deontology）的分野。可以推知检举人的立场可能是上述两种之一：要么是结果主义的，看重的是特定的结果，如恶有恶报；要么是义务论的，看重的是在那种情境下自己肩负的道德义务，如认为知情者有责任惩恶扬善。

乙：案例中，李杰是因为被上司算计"丢单"，愤而提出检举作为抗争的。而且，后来内部稽核部门让他确认是否坚持投诉时，他应该也对"投诉—离开"和"放弃投诉—转岗到其他部门"两种选择的利弊进行了权衡，才做出了最终决定。因此，应该可以归入结果主义的途径吧？

甲：这样的归因有相当的危险性。因为仅通过检举行为并不能探知当事人的内心想法。也许李杰是出于做人要诚实正直的道德准则而对上司提出检举的呢？

乙：好像也说得通啊！这样看来，同样的行为可能是以不同的伦理立场作为支撑的。而不同的伦理立场也可能促成同样的行为结果。

甲：是这样的。

乙：人真复杂……

甲：其实还不只这些。如果再加上前面讨论的公众对"曝料"的矛盾态度，你会对人的复杂性有更充分的了解。

---

① "the act of telling the authorities or the public that the organization you are working for is doing something immoral or illegal." *Collins Cobuild Advanced Dictionary of English*(Heinle Cengage Learning, 2009) 1789.

乙：这让我想起了汉娜·阿伦特的一句话："居住在这个星球上的不是一个人而是众人。众多是世界的法则。"[1]

甲：回到这个案例，我更觉得，面对复杂而多变的人性，还是离不开制度建设。站在公司的角度，其实有必要思考如何改进特价审批制度及内部举报制度，从根源上防范因制度疏漏而给李杰这样的员工带来的巨大的人性的、伦理的挑战，"激浊扬清传正声"！

---

[1]　[美] 汉娜·阿伦特：《精神生活·思维》，姜志辉译，江苏教育出版社2006年版，第19页。

肖强的困扰 *

肖强坐在电脑前，下意识地看了看时间，还有一刻钟。部门经理约肖强 10 点钟讨论他的直接上司李伟离职后的工作交接问题。这也将是肖强和部门经理一次比较正式的单独沟通。

但肖强却在进行着激烈的思想斗争：这也许是个合适的机会把最近一直困扰他的"怀疑"说出来，给部门经理提个醒，让部门经理去做判断；但万一他的"怀疑"只是怀疑，岂不是会给李伟和他自己带来不必要的麻烦？说还是不说？直到进经理办公室的前一刻，肖强都没做出决定。10 点整，肖强走进了部门经理的办公室……

肖强的困扰

盛捷公司是国内通信领域的"领头羊"，一直致力于无线通信领域的高科技创新。肖强加入盛捷公司快满四年了。在这四年里，肖强一直从事技术研发工作，因为喜欢这个行业又善于钻研技术，已经逐渐成长为技术骨干。他对自己目前的工作状态很满意，也很喜欢公司的工作氛围，他觉得这种感受主要来源于他所在的软件研发项目团队。项目团队承担的是公司比较核心的软件产品开发工作，任务很有挑战性，但也让肖强觉得很有价值感和成就感。项目经理李伟，也就是他的直接领导，比肖强早三年进入公司，作为肖强入职时的引导人，在工作方面一直充当肖强的导师（mentor）。肖强觉得自己的迅速成长与李伟的引导密不可分。由于团队成员朝夕相处，经常一起加班攻克技术难题，加之李伟在团队建设方面也做了很多工作，所以项目团队的气氛非常融洽。在肖强心目中，李伟是一个技术、管理能力都很强的高情商领导，他对李伟心怀敬佩和欣赏，甚至很庆幸自己当初新入职场就能遇到李伟这样一个可以称之为"良师益友"的同事和领导，毕竟这在很多年轻人看来都是可遇不可求的。

但就在一两个月前，肖强无意间发现李伟用移动硬盘复制工作电脑中的文件。这让肖强产生了一丝疑虑。虽然公司对移动硬盘、USB 等设备的使用并没有明文限制和管控，但毕竟在公司使用大容量移动硬盘的情况并不多见。李伟作为核心技术团队负责人，他的工作电脑里有项目组所有的技术文档甚至开发源代

---

* 本案例系第五届伟创力商业伦理案例写作比赛获奖作品，由清华大学经济管理学院工商管理硕士张英、黄师颖、王岩广撰写，仅供课堂讨论。其中的企业及人物均已经过掩饰处理。作者无意说明相关组织经营成败及其管理措施的对错。

码，如果……肖强没有往下想，他觉得可能是自己想多了。

　　而现在，李伟提出了离职。这个突如其来的消息让肖强在感情上难以接受。紧接着，他想到了近期公司有多名技术骨干离职的事情。同事之间私下里讨论这些离职的同事都去了一家新成立的与盛捷公司做同类产品的公司——若澜公司。听说若澜公司在大量招聘同业务领域的研发工程师，给出的薪资待遇很有吸引力。而且周围不少同事也接到了这家公司的神秘电话邀请。据说，李伟要去的就是这家公司……肖强突然想起了之前的移动硬盘事件，他不由得把这件事与李伟的离职联系到一起，内心顿生疑团。

　　带着原任职公司的商业资料去竞争对手企业，这样的事情在任何行业都是不被允许的。即使没有明文规定，职场人都应该遵守这个基本的职业操守。但当肖强把这种事情与李伟联系起来后，他的内心就开始变得焦虑和纠结：一方面，长期共事的经历让他不太愿意对李伟做这样的联想；另一方面，又忍不住对李伟的行为产生怀疑，虽然他并不能确定李伟是否复制了公司的技术资料，但如果是呢？他们项目组所承担的工作涉及很多核心技术，对公司造成的损失恐怕比较大吧？虽然肖强也不知道这对公司意味着什么，但他隐约感觉后果会很严重。

　　接下来的几天，李伟与项目组几个关系不错的同事有过单独的交流。与肖强聊的时候，李伟表达了对公司的不舍，也说了去新的公司会有更好的待遇，更重要的是从头组建团队更有挑战更有发展空间。言语间，李伟透露出如果肖强想换换环境，他也可以帮忙牵线的意思。

　　这次聊天让肖强感觉很不舒服。从李伟个人发展的角度看，寻求更有挑战更有发展空间的工作机会本无可厚非，但作为项目经理，还没正式离开盛捷公司，就开始“鼓动”项目成员也跟着一起离开，这就很“不厚道”了。肖强甚至想到了“背叛”这个词。再联想到硬盘事件，他几乎可以确信李伟复制了不该复制的东西。

　　李伟很快就要完成工作交接，正式离开公司了。部门经理与团队的业务骨干逐一进行面对面的沟通，一方面是安排必要的工作交接，另一方面也是为了稳定军心。在部门经理通知肖强此次沟通时，肖强就意识到这或许是一个合适的机会向经理反映自己的“怀疑”，但他反倒开始纠结了：他应该向经理反映这个让他困惑的事情吗？那会不会对李伟个人的名誉和前途造成不好的影响？还是就这样保持沉默？也许李伟其实并没有像他猜想的做那样的事情，他没必要多事。说与不说、如果说该怎么说等问题困扰着肖强。于是出现了开头的那一幕……

盛捷公司及其所在的行业

　　盛捷公司是一家中国本土移动通信高科技企业，拥有移动通信领域的自主知识产权。在盛捷公司和政府的共同努力下，基于该自主知识产权的 T 技术被国际电信联盟采纳，与其他几种制式并列成为国际通信标准。随着国际标准制定完成，盛捷公司开始致力于开发基于 T 技术的移动通信商用产品。由于 T 技术的参与企业很少，产业链不成熟，加之国际竞争技术的商用产品已经陆续推出，所以国内通信领域大部分企业并不看好这一技术，长时间以来，各方对盛捷公司推动该技术产业化的各种努力都持观望态度。

5 年间，在盛捷公司的持续研发投入和产业化推动努力下，基于 T 技术的产业链逐渐成熟，加之国家对自主知识产权技术的大力支持，该项技术的商用化前景开始逐渐变得明朗。由于移动通信的应用最终要在全国范围内部署网络，所以可以想象未来的市场空间将会非常大。之前持观望态度的企业也纷纷加入了 T 技术的产品研发，还有一部分因为看好这个市场而新成立公司以期在市场上分到一块蛋糕。若澜公司就属于后者。

通信行业的特点是技术壁垒高、研发投入大、研发周期长，所以对于后进入的企业，尤其是之前没有任何通信产品开发基础的公司来说，要研发产品是非常困难的。业内惯用的一种"不厚道"的方式是从其他公司"挖墙脚"，用高薪吸引技术骨干加入，培育自己的团队。若澜公司显然就采取了这样的策略。

盛捷公司作为该技术的自主知识产权拥有者及该产品最早的研发者，在业内最早推出该技术的商用产品，积累了大量研发成果，同时，也培养了一大批非常优秀的通信技术人才。

通信行业属于科技创新行业，技术人才在企业间的流动并没什么不同寻常。由于外部看好 T 技术产品的发展前景，盛捷公司的研发工程师就成了各通信企业争抢的对象。不过，盛捷公司比较宽松和人性化的制度，以及在行业领先的技术和产品实力，使它对技术人才仍然具有很强的吸引力。因此，在这 5 年里，盛捷公司并没有出现非正常比例的人员流动。

但盛捷公司在管理方面也存在短板。在主导的通信技术产业化之前，盛捷公司属于纯研发型的企业，人员结构以研发工程师为主，研发人员平均年龄低于30 岁，是一家年轻有活力的公司。由于盛捷公司尚未真正面对市场，也未经过残酷的商业竞争的洗礼，因此不可避免地，其管理制度与管理流程都存在相当大的优化和完善空间。

李伟其人

李伟是最早加入盛捷公司的一批应届毕业生员工。当时正值国内通信行业加速发展的初期，该行业对通信人才的需求非常旺盛。李伟进入盛捷公司后就在研发部核心技术部门从事研发工作。李伟的技术能力很强，很快得到领导的信任和赏识，入职一年后就开始负责一个子项目的研发工作。随着工作经验的积累和能力的提升，李伟开始被委任负责公司产品研发的核心软件开发，并成为该软件开发项目的项目经理，带领约20人的研发团队。

李伟在研发团队管理方面也展示了自己的能力。他所带领的软件开发团队成员关系融洽，关键时刻总能齐心协力攻克难关，能够高质量地完成开发任务，是公司级别的"明星团队"。

李伟带领的项目组里，大多数成员年龄相仿，但因为都比李伟晚进公司，所以李伟更多时候承担的是技术专家和团队核心的角色，李伟和项目成员的相处基本是保持一定距离的友好和信任。和肖强一样，大多数同事都认为李伟业务能力和管理能力强，虽然有时候会因为项目间分工协调的问题与其他项目经理发生争执，但都是从项目角度出发并针对具体工作发表意见，所以并不影响他在同事心目中的威望。大家都觉得李伟是一个正直、讲原则、敢表态的人。

肖强的选择

从部门经理办公室出来后，肖强心里仍然像堵了石头一样不舒畅。

和经理的沟通其实很顺畅，经理肯定了肖强的工作能力和工作成绩，还流露出让肖强做好"承担更重责任"的心理准备，似乎有提拔肖强之意。当经理问到"还有什么需要讨论"时，肖强无数次就要到嘴边的话却没说出来，他只是摇摇头说"没有了"。

接下来的一周，肖强过得很忙碌：一方面，他负责的代码开发任务需要在周内提交测试版本；另一方面，李伟离职前需要将一部分工作暂时交接到他的手里。

在和李伟讨论工作交接的时候，肖强仿佛又回到了之前什么都没发生的状态，他觉得李伟还是那个正直、讲原则、敢表态的"良师益友"，他之前的疑虑恐怕是多余了。但他也掐头去尾隐去敏感信息，与朋友讨论过这个事情。朋友听完就说："这个人肯定有问题！只不过真的要搬到台面上，还得看能不能找到证据，以及公司有没有相应的规章制度明文限制这种行为，这才叫有据可依，按制度办事，否则，有可能是反映问题的人吃不了兜着走。这事儿得慎重。"是啊，如果冒冒失失地向上级反映这个事情，但最后什么证据都没有，或者公司根本就没有相关规定约束这种行为，岂不是把自己置于尴尬境地？

肖强一直做开发，对公司的管理制度和流程规定并不关注。在忙碌的一周里，他也尝试翻了翻公司以往发布的管理制度，至少在他能看到的文件中，并没有发现任何针对"泄露商业秘密"的处罚描述，虽然有"保密、竞业限制及知识产权"

的规定，但在肖强看来，其实完全没有明确的处理细则，那些规定都太过泛泛了。

一周的时间，就在肖强赶工作进度和交接工作中很快过去了。他没有向任何同事和上级提起最近一直困扰自己的"怀疑"。而李伟也办完离职手续，和项目组同事告别，顺利结束了他在盛捷公司的工作。肖强心里隐隐有一些不踏实，但似乎一切还好。

盛捷公司的离职潮

新的一年，通信行业在国内的发展得到了更多的关注。各方消息都表明政府很快就会发放 T 技术的运营牌照，这对盛捷公司来说无疑是好消息。但春节过后，盛捷公司离职的员工数量开始增加，远超出往年的"合理范围"。离职的人员主要是研发部门的技术骨干，而且有的技术骨干的离开还会伴随一批研发工程师的集体离开。更明显的问题是，这些工程师的去向大都是若澜公司。

肖强周围也有不少同事去了若澜公司。听说大部分都是被李伟"做思想工作"后带走的。这对项目组的士气打击不小。有经验的研发人员减少，产品研发进度也受到很大影响，大家的工作压力更大了，而且听说去了若澜公司的同事现在的薪酬待遇明显高出一截，大家也出现了抱怨情绪。肖强听说，其他研发团队也出现了类似问题。

肖强听说公司管理层已经关注到这个现象，并且开始限制离职人员去若澜公司。陆续还有同事离职，肖强看到的是，大家都不说自己的去向，或者跟人力资源部门解释说要去别的公司、别的城市，但后来的消息证实，这些人虚晃一招，其实还是去了若澜公司。

这年 6 月，盛捷公司开始迅速推行信息加密系统，包括封闭工作电脑 USB 接口、限制邮件外发权限等。盛捷公司还与研发人员签署保密协议。保密协议中对员工离职加入竞争对手公司有严格的限制，并对携带、窃取公司技术成果的行为在劳动合同附件中进行了详细规定和限制。听同事说，一部分去了若澜公司的员工还带走了盛捷公司的技术资料甚至程序代码，直接在若澜公司搭建平台进行开发。对此，肖强感到非常气愤。

很快，肖强所在的部门召开紧急会议，公司人力资源总经理出席会议，强调稳定团队、加强商业机密意识和信息保密系统的重要性。人力资源总经理的讲话证实了之前传言中盛捷公司核心技术成果被部分离职员工以不正当手段带到竞争对手尤其是若澜公司这一事实。当有员工提出目前的保密系统导致电脑运行速率降低影响工作效率时，人力资源总经理做了如下回应："盛捷公司一直以来都给予员工最大的信任，但就是因为这份信任，导致目前公司的信息安全遭到了前所未有的挑战，公司面临的是不良企业的恶意竞争和毫无职业道德操守可言的老员工的'背版'，所以从现在开始，我们做事都以人性本恶为出发点，我们就是要牺牲效率换取安全！"

人力资源总经理的这番话让肖强感到震惊，更让肖强产生了深深的内疚感。半年前困扰他的事情又一次袭上心头。他总觉得，即使李伟并没有做那样的事情，毕竟自己已经有了怀疑，如果他当时能够坚持通过合适的渠道反映，至少公司管理层有可能关注这个问题而有所防备，公司也许可能避免后续的损失……

公司还承诺了给技术岗位员工大幅加薪，当月就得到兑现，而且加薪的幅度远远超出肖强的预期。虽然对留下来的人来说，这是值得高兴的好消息，但肖强却高兴不起来……

评析：

肖强在一家无线通信领域的高科技创新企业从事技术研发工作。他对自己的工作非常满意。一天，他无意中发现自己的入职导师和直接领导、项目经理李伟在用移动硬盘复制工作电脑中的文件。要不要向公司报告？这件小事困扰了肖强很久，甚至持续到李伟离开公司之后。

乙：真巧，上回您刚说完下属要不要对上司进行规劝，这个案例就讨论了这个话题。

甲：困扰主人公肖强的，是一个大问题：如何看待自己在职场的身份。如果单纯从法律角度看，问题似乎很简单。在存在劳动合同的情况下，劳动者是与之签约的用人单位的工作人员。双方互负劳动合同约定的，以及相关劳动法规规定的权利义务。

乙：但在实践中……

甲：在实践中，作为用人单位（雇主）的公司是一个充斥着科层结构的组织。新员工进去，会遇到前辈、导师、上司等资历比自己更深的同事。单就上司而言，下属员工对其负有何种责任？服从命令，听从指挥，指哪儿打哪儿？

乙：这听上去似乎更像是在军队里。

甲：然而，商业组织不是军队。按照马克斯·韦伯的组织效率模式假说，"个人在进入组织后其个人人格中与严格履行其职责无关的所有方面都会被抛弃，或者可以通过有效的社会化加以抑制……然而，实际上，人们的个性从来不可能如此完全地纳入其角色中。人们作为个人进入组织，他们希望通过工作场所的社会变迁、发挥工作技能和对工作过程的一定程度的控制、被当作'一个人'而不是被当作一个没有个性的角色扮演者来对待"。[①] 因此在公司里，承认并容许下属对

---

① ［英］戴维·毕瑟姆：《官僚制》（第二版），韩志明、张毅译，吉林人民出版社 2005 年版，第 9 页。

待工作保有自己的判断（包括对上司言行是否正确的判断）还是需要的。

乙：员工希望形成自己的判断又怎样？"人类的良知同权力组织所提出的集体要求显然是不相调和的。"[①] 要不要跟上司讲自己的不同判断？是否能对上司说"不"？如果上司真做错了，比如违反了公司规定，甚至违反了法律，要不要向公司报告？如果只是对上司的某些行为产生了怀疑呢？这不是我们在上一个案例中讨论的内容吗？

甲：是的，其核心问题是上司和下属之间究竟是怎样的关系。是一种人身依附关系吗？如果是，那么当上司离开公司后，下属是应该跟着上司走，还是该留下来？如果留下来，又该怎么解释先前的存在依附关系的判断呢？如果说依附关系随着上司的离职而自动解除了的话，那么下属为何不能、不应将此前对上司产生的合理怀疑向公司（抑或原上司的上司）报告？这里让主人公肖强不想讲、不能讲、不敢讲的因素是什么？

乙：案例中用到了"背叛"一词。

甲：如何看待"背叛"和"忠诚"？离开公司去别的公司（甚至是对手公司）就职，算"背叛"吗？带着技术、信息和人员去对手公司算"背叛"吗？去到对手公司后在业务竞争中胜出原公司，算背叛吗？相反，虽然去了对手公司，但对原公司的事却一如徐庶进曹营，守口如瓶，三缄其口，这算是对原公司的忠诚吗？当同事纷纷离职，仍选择留在公司，是忠诚的表现吗？这种忠诚应否得到褒奖？

乙：忠诚，或不背叛是一种职业操守吗？

甲：如果是的话，那么"忠"是针对谁而言的？是上司个人？是所在团队？是公司（是公司安排了岗位、交办了任务）？还是自己所从事的职业？如果接下来公司业绩变差，需要辞退一些先前留下的员工，又算什么？

乙：让我想想……

---

① ［德］路德维希·艾哈德：《来自竞争的繁荣》，祝世康、穆家骥译，商务印书馆 1987 年版，第 234 页。

大卫·史密斯[*]

A

星期五晚上，大卫正在参加大学本科同学毕业七年聚会。同学们谈论着过往的校园生活和当前的职业成就，慷慨激昂地展望未来。聊得正投入，大卫接到一条短信息，还没来得及看内容，总公司安全部张主管的电话已经打了进来，要求他尽快核查某位重要领导的投诉，查询最全面、最具深度的信息，同时对相关对象采取严厉的封堵措施。

刚挂上电话一分钟，大卫所在分公司的总经理李总又打来电话，让他尽快配合总公司做好某领导的投诉核查。大卫已记不清这是过去两年中的第几百个重要投诉任务，那些任务多半是在下班之后下达的。大卫又习惯性地怀着沮丧、无奈和厌烦的心情，按部就班地安排相关人员进行处理。

大卫的困境

研究生毕业后，大卫直接进入省电移联总公司的林西市分公司工作。省电移联总公司是当地的电信运营商之一，主要提供语音、数据和短信息通信服务。

工作的前三年，大卫负责公司的安全技术管理。这一专业在国际、国内、社会、产业和总公司层面均属于有很大发展前景的新兴领域。由于大卫在本科和研究生阶段学的就是安全专业，再加上个人能力出众，他在短短三年内就成为公司的骨干，并且获得过国家级和多个总公司级的奖励。大卫逐渐成为公司内部和产业圈里小有名气的新星。能有一份对国家社会发展有贡献、与自己的兴趣爱好相符、能充分发挥自身价值的职业，让他特别享受。大卫的职业目标不仅是做好本职工作和领导交代的其他任务，还立志成为本领域有影响力的安全专家。

然而，两年前，为应对外部形势和社会舆论的压力，总公司成立了新的安全部门，负责垃圾信息治理，各分公司层面也陆续成立新部门，承接总公司安全部下达的相关工作任务（组织结构图见附件 1）。由于垃圾信息被归为安全问题，大卫顺理成章地被调到分公司新成立的安全部门，并被委以重任，负责新工作领域的开拓。他原来负责的工作被移交给了资历更浅、能力也较弱的其他同事负责。

---

* 本案例由清华大学经济管理学院工商管理硕士颜骏、刘拉雅撰写，仅供课堂讨论。其中的企业及人物均已经过掩饰处理。作者无意说明相关组织经营成败及其管理措施的对错。

接手新工作以来，大卫心中的困扰越来越多。首先，新工作似乎对实现自己的长期职业目标没有任何帮助。比起之前的安全技术专业，新工作仅属于公司所在行业的一个特例问题，国际上其他国家不关注，产业圈里没有任何参与者，也不像其他工作在各行业有互通性，属于小众领域且没有发展前景。其次，许多工作内容游走在灰色地带，没有专项的法律依据支撑，又违背普适性的法律要求。最后，为了满足某些外部诉求，作为规则制定者和执法者的总公司常常违背自己制定的管理要求，将公司客户权益置之度外。

大卫最近心情越来越沉重，经常陷入深深的思考，该如何改变现在的状况？再一次和领导沟通，说明现在工作中的风险隐患，让领导调整管理策略？领导还有自己的压力，不知是否会同意。向领导申请调整工作分工？目前没有合适的人接替手头的工作。坚持自己的价值观，表面上积极配合任何工作，实际开展时以各种理由搪塞？但这样会让自己的口碑价值不断下降，也是浪费时间搞内耗，最终耽误的还是自己。辞职走人，换个新环境呢？现在已经有很好的积累，去别的公司不仅要从头开始，而且短时间内也不一定能找到比现在还好的公司和职位。无论做哪一个选择，似乎都不是最完美的解决方案，近半年来大卫一直处在纠结中。

新业务的爆发增长

1992 年，世界上第一条短信在英国沃尔丰的通信网络上通过个人计算机向移动电话发送成功。当时谁也没有预料到，这项由电信运营商为解决手机话费过高而推出的低廉文本信息的服务，竟会在多年后对人们的经济文化生活，甚至对政治都产生巨大影响。由于短信息业务的持续爆发式增长，应用范围和社会经济影响越来越大，成为继报纸、杂志、广播、电视四大传统媒体之后的"第五媒体"。

2000 年，全国短信息量突破 10 亿条；2001 年，达到 189 亿条；2004 年，飞涨到 900 亿条。[1] 到 2012 年，全国短信息发送量达 8 973.1 亿条。[2] 短信息业务成为电信运营商的重要收入来源之一。

短信息分为三种，即个人之间的点对点信息、用户点播的服务信息、企业发给用户的行业应用信息。对个人而言，短信息可以表达平时不好意思用语言表达的感情和思想；对服务提供商而言，可以为用户提供即时、灵活、丰富的信息服务；对企业而言，可以向用户宣传自身业务、提供便捷服务。

---

[1]　https://new.qq.com/omn/20200901/20200901A0AG9G00.html。2021 年 1 月 30 日访问。

[2]　http://www.199it.com/archives/92760.html。2021 年 1 月 30 日访问。

大卫所在省份的电信运营商是从 1998 年开始大范围拓展短信业务的。

双刃剑带来的麻烦

短信息具有开销成本低、发送速度快、传播范围广等特点，日益受到商家青睐，被用来发送大量商业广告。甚至有不法分子发送具有虚假、诈骗内容的信息。相应地，手机用户受到垃圾信息骚扰的情况也越来越严重。

几年前的"3·15"晚会就曾对日益严重的垃圾信息现象进行了深度揭露。省电移联总公司下属的一些分公司因主动接受客户预订，群发垃圾信息，甚至发送包含违法内容的垃圾信息而被曝光。该晚会还披露，涉案的分公司会将部分领导和监管部门的手机号列入发送屏蔽列表，以规避风险。节目播出后，省电移联总公司立即发表公告，表示绝不会靠出卖客户信息和发送垃圾信息等违法违规方式获利，坚决反对垃圾信息对消费者造成骚扰，绝不会依靠违反国家法律法规和损害消费者权益的方式推动公司发展。与此同时，省政府主管部门也表示将对整个事件进行全面、彻底的调查，同时立即在全省范围内有针对性地开展自查自纠，切实规范经营行为，坚决制止各类违法违规和侵害用户权益的行为。主流网络媒体对该事件也进行了报道，分析了各方观点。

不过，对于垃圾信息治理问题，社会上尚未形成统一认识，缺乏相关法律约束，责任归属很不明确。电信运营商认为：自己不具备执法权，无权屏蔽私人群发的商业广告。警方认为：自己没有职责处理广告信息。工商部门认为：被动接收短信不产生消费行为，不在受理范围内。电信行业监管部门认为：商业性信息目前不好控制。

除明显违法的信息外，无论社会认知层面，还是政府监管层面，均没有对商业广告信息的处理形成统一认识和可落地执行的方案。然而，服务型企业不能用法律条款去规定用户的感受，凡是用户不想接受的信息都会被用户视为垃圾信息。这让省电移联总公司在实际处理时遇到很多棘手的问题。

迫于外部压力，省电移联总公司制定了极为苛刻的治理考核指标，下达给各分公司执行，年底对不达标的分公司进行考核扣分，直接后果是减少分公司的工资总额。

新任少壮派大领导

林西市分公司响应总公司要求，成立了新的安全部，负责垃圾信息治理。部门领导由原市场部的李总担任。李总堪称林西市分公司的风云人物，是公司历史上唯一一个从普通员工直接升级到部门副总经理的新生派领导。

　　李总的调任看似一个平常的人事变动，但背后暗含着一些大家心照不宣的信息。由于李总在市场工作方面表现欠佳，于是公司决定将其调离，暂任安全部门总经理。在公司内部，市场工作属于重中之重，市场部的员工有近百人，相比之下，新成立的安全部门比较边缘化，人员编制不足五人。

　　李总到新部门任职，憋着一口气要打翻身仗，因此对各项工作都严要求、高标准，凡是总公司安全部下达的工作任务必须全力做好，不能有任何借口或理由拖延工作，而且工作表现要超越同类分公司，在总公司的工作评价要排在第一梯队。

资深传统派小领导

　　新成立的分公司安全部下设一个科室。部门成立后，大卫和他原来科室的王经理一并调入。大卫来公司之前，王经理还是普通员工，负责安全技术管理。大卫入职以后，王经理自然成了师傅。由于有相同的职业价值观，二人配合非常顺畅、高效，共同创造了许多突出业绩，王师傅变成了科室经理，新员工大卫变成了业务骨干。

　　比起李总和大卫，王经理在安全技术领域的资历很老，在全公司都属于屈指可数的老专家。和大卫相同，王经理起初对垃圾信息治理工作也嗤之以鼻，但毕竟是管理者，王经理需要对李总负责，协调落实相关工作。李总是市场管理思维，王经理是资深的技术管理思维，对于垃圾信息治理的新问题，各有各的想法，两人经常为一个工作的落地执行方法争论一天，而且不是每一次都能形成最终方案。

来自不同部门的团队下属

　　安全部在职能上属于管理部门，牵头成立了一个虚拟安全工作团队，组织协调公司其他部门共同完成垃圾信息治理的目标（业务关系图见附件2）。然而，各部门有自己的利益，无法完全统一。

　　市场部要对个人发送垃圾信息行为进行治理，同时承担非常大的个人用户发展指标和个人业务收入指标。

　　客服部负责对短信被拦截、号码被停机等情况的投诉制定解释口径，如果用户不满意投诉处理结果，可以升级投诉到政府主管部门进行申诉，而客服部的核心考核指标就是控制升级投诉量。由于垃圾信息治理缺乏明确的法律依据、标准和界定，用户很容易产生升级投诉，因此客服部经常把各种难题抛回安全部，甚至让安全部分担升级投诉指标，形成俗称的"吵罗圈架"。

客服中心是负责受理、处置用户举报投诉的一线部门，每天接听大量的服务热线电话、查阅大量的短信息。垃圾信息治理只是其中的一小部分工作，客服中心还要承担资费、产品、服务、业务、网络等方面的客户服务工作。由于整个公司的经营业绩增速持续放缓，对一线客户服务人员数量进行了严格的限制，现有人员较以前大幅减少。严格的安全考核指标需要有大量的一线客服人员支撑，由于治理工作缺乏明确的依据和标准，误伤造成的投诉量占了总工作量的一多半，客服中心希望放宽治理措施，减轻人员工作负担。

政企部是带动公司收入提升的龙头部门，是公司领导的掌中宝。然而，连续几个月的严格治理措施使政企部收入直接减少三个亿，间接减少五个亿。由于收入业绩压力非常大，一直以来政企部的治理积极性都非常低，可恰恰政企部所负责的行业应用短信息是最容易控制和见到治理成效的部分。

网络部主要负责网络运维管理，需要对治理手段运维进行管理，确保持续有效运转，提高治理效果。由于刚颁发新的网络牌照，公司想要扭转 2G 市场的颓势，网络部的主要精力都放在新业务运维上，无暇顾及安全系统。

网运中心负责短信中心的维护和垃圾信息治理的手段建设。由于受到微信的极大冲击，整个行业的短信息业务量逐年大幅下降，公司已经逐渐缩减对短信中心的新建投资预算，仅保留日常业务运维所需的最低投资预算。垃圾信息治理系统是短信中心的配套设备，网运中心为了保障核心业务的稳定，不愿意从其他投资项目中挪用预算，因此垃圾信息治理效果一直受到技术手段不足的困扰。

IT 部负责客户信息系统的开发和运维。处理重大投诉中的查询操作也是由 IT 部的同事具体执行，而 IT 部发生过客户信息泄露事件，有同事和领导被公安机关拘留调查，所以人人自危，不愿意做违规的事情。

计划部负责公司的投资管理，所有部门的资本性支出项目首先要通过计划部的初审，然后才能提交公司项目管理委员会进行终审。由于公司整体业绩下滑，公司领导大幅削减整体投资预算，网络与系统建设、运营预算是被削减的大头，剩余大部分投资预算向市场类项目倾斜。因此，除了网络和 IT 部门可支配的预算总额大幅下降外，计划部对网络与系统类建设项目的初审极其严格。安全工作所需的系统预算受到严重影响，项目迟迟无法通过公司审批，安全部只好向其他部门施压，通过借用设备、许诺未来订单等方式协调厂家紧急配置资源解决问题。

采购部负责公司所有物资的采购。采购按性质分为两类，一类是总公司规定的集中采购项目物品，一类是林西市分公司自主采购的项目物品。对于集采的项目物品，首先要与供应商取得联系，确认库存情况，然后进行二次价格谈判，最后走签报、合同审批、法务审批等流程。对于非集采的项目物品进行公开招标，在招标过程中很难避免因厂家资质不足、投标厂家数量不足等原因造成的流标，一来二去，一个项目的采购周期变得很长。安全系统的设备迟迟无法到货，而采购部又不想承担未签合同先拿设备的违规行为审计风险，因此安全部和其他部门只能等待。

夹缝中的大卫

除了部门之间的壁垒和推诿让大卫左右为难、无法协同之外，他还受到心理上的煎熬。大卫一直坚持认为应该通过法律法规去惩罚不良行为的真正始作俑者，而不能仅靠没有执法权的一个人或一个公司。在企业管理方面，他认为企业应该有统一的目标，所有人朝着同一个方向努力，才能发挥团队的最大力量，使企业更好地发展。在垃圾信息治理方面，他认为企业有责任杜绝他人利用企业资源开展违法行为，但企业没有执法权，对于不违法却又造成社会不良影响的行为，应该汇报给相关执法部门进行处置。同时，企业在治理他人非法行为时，也应该注意保护正当客户的权益，维护客户的隐私权。大卫认为，作为一名管理者，要带头做好各项工作，尤其是要严肃对待自己下发的管理规定，只有自己严格执行，才能更好地要求别人做到。

作为总公司安全部的对接人，大卫经常收到总公司主管下达的各类投诉处理任务，其中绝大部分是某某有来头的用户接到了垃圾信息，要求追查骚扰来源，核查源头的详细信息，包括客户姓名、身份证号、家庭住址、工作地址、近几个月的所有通话记录、短信记录、充值记录、通信地点等。处理一般客户投诉时，公司规定的正常流程不需要查询这些信息，而当有重要用户投诉时，总公司又要求全面深度核查。起初，大卫会直接向总公司主管反馈，说明查询这些信息违反总公司自己下发的客户信息保护管理办法，不应该随意查询这些信息。总公司主管无奈，直接找李总安排工作，李总迫于压力，告诉大卫按照总公司主管要求处理，但注意留下相关证据。然后大卫继续以"难以协调其他部门""其他部门同事出差"等借口予以搪塞。总公司主管又继续找李总施压。总公司安全部曾下发客户信息保护管理办法，对客户信息查询给出了严格、明确和详细的要求与控制流程，按照其下发的制度，现在这种工作方式不但违规，还存在很大的违法风险。

在部门内部，李总和王经理对很多工作无法快速达成一致，于是李总直接绕过王经理指挥大卫干活，而大卫深知越级汇报在职场是大忌，但又不敢违抗领导的命令。刚开始时，大卫会将李总直接布置的工作情况向王经理汇报，但随着这类工作任务增多，加之有些工作时效性很强，大卫没法做到将所有工作一一抄送王经理。时间久了，王经理就对大卫产生了极大的不满。大卫夹在李总和王经理之间，左右为难。

为了迅速见到治理成效，向社会、媒体和政府交代，总公司提出了极其苛刻的垃圾信息治理考核指标，所有的分公司都认为根本不可能完成，除非靠指标造假手段达成目标。经常有同事找到大卫，投诉正常的短信息被拦截，造成严重损失。大卫对此类情况表示理解，换位思考，自己发送的正常短信息被拦截也会很生气。但悬在头上的考核之剑让他不得不继续向其他部门施压，让它们做好监测和拦截。

同时，大卫希望李总能和总公司安全部进行深入沟通，将考核指标定得更具客观性和可行性，或者在总公司层面综合考虑治理要求和业务发展要求，给出一个平衡的指标。王经理也持同样的观点，但李总不完全认同。他认为我们还没有想尽所有办法达成指标，只知道提出困难，其他分公司有完成的，为什么我们不能完成？经过几次正式和非正式的沟通尝试，均无结果。李总志在打一场翻身仗，对能看得见的工作成效异常重视，想尽所有可能的办法，想通过精细化管理推动各部门的工作，逐步达到考核指标。在李总的不懈努力下，林西市分公司的垃圾信息治理水平逐步提升，但面对最终的考核指标，还是采用了大卫最不情愿的"造假"方式。但今年靠造假完成指标，明年总公司就会下达更严格的指标，如此一来，大家的精力都放在研究如何造假上，对自身技能提升没有实质性的促进，而且离大卫的职业目标计划也越来越遥远。

寻求出路

工作的激情慢慢被各种内心纠结消磨得所剩无几。刚参加工作时，大卫每天如打了鸡血一样兴奋，现在每天一上班就感觉身心俱疲，工作效率也越来越低。

大卫始终没办法压下心中那股反抗的力量，时常思考该如何改变现状。再一次与李总、王经理沟通，说明现在工作中的风险隐患，调整管理策略？还是向李总申请调整工作分工？还是强迫自己适应现状，做一个没有个人情感的执行者？甚至选择辞职，换个新环境？无论哪一种方案，似乎都不是最完美的选择。

B

尝试改变环境，但身不由己

大卫不仅尝试与李总沟通考核指标制定的问题，还就总公司不合规查询客户信息的行为进行了多次沟通，但始终没有结果。李总认为只有解决了优先级最高的重大投诉，服务好大领导，我们才会有更宽松的生存空间。李总嘱咐尽量留好查询证据，保护自己。在面对 IT 部门时，时常遇到对方拿着总公司安全部下发的客户信息保护办法来反问，大卫只能把问题上报，请李总出面找 IT 部总经理搞定。但同时负责客户信息管理的大卫觉得，执法者不守法，长期下去不利于客户信息保护工作的推进。

大卫感觉到改变李总的想法几乎是不可能的，于是在新的一年主动提出调整工作分工，想让部门的其他同事负责这一块工作，但被李总婉言拒绝：这一块新工作除了他还真没有合适的人选。这让大卫心情很是低落。

思考了两个月后，在某一次谈话中，大卫向李总暗示想换部门，探探李总的口风。结果李总表示大卫已经有了很好的积累，完全没必要去其他部门，除非别的部门能给他科室经理的职位。大卫深知短期内这肯定是没希望的。

他彻底心灰意冷了，迷茫地站在职场的十字路口，不知该何去何从。

C

辞职走人，然而形势大变

经过一番内心斗争，大卫最终选择了辞职，宁可放弃在这里所有的积累，也想换取一颗宁静、开心工作的心。大卫去了自己一直梦想的咨询公司。一到咨询公司就接触到最新最前沿的安全知识，这让大卫兴奋不已，又恢复了刚参加工作时打鸡血般亢奋的状态。

三个月后，一次偶然的机会，大卫遇到了总公司负责垃圾信息治理的张主管。寒暄之中，他听说这项工作已经从神坛走下，领导不再那么重视，考核指标不再那么苛刻，工作内容也逐渐减少，公司正在拓展其他领域和方向的治理。张主管还表示，总公司安全部总经理听说大卫辞职的消息后表示很惋惜，觉得他当时应该选择调来总公司工作。大卫还听说，垃圾信息治理形势变化后，李总手下缺乏安全技术骨干，林西市分公司的安全工作在新领域迟迟没有进展。

大卫一声长叹。如果当初选择再坚持三个月，现在结果会如何呢？就算坚持下去，短时间内能回到自己心中职业目标的正轨上吗？李总和王经理之间的意见不统一是否会一直存在，是否又会让自己陷于被动"越级汇报"的尴尬境地？种种选择的可能结果在他脑海中不断翻腾。

附件 1: 省电移联总公司与林西市分公司组织架构图

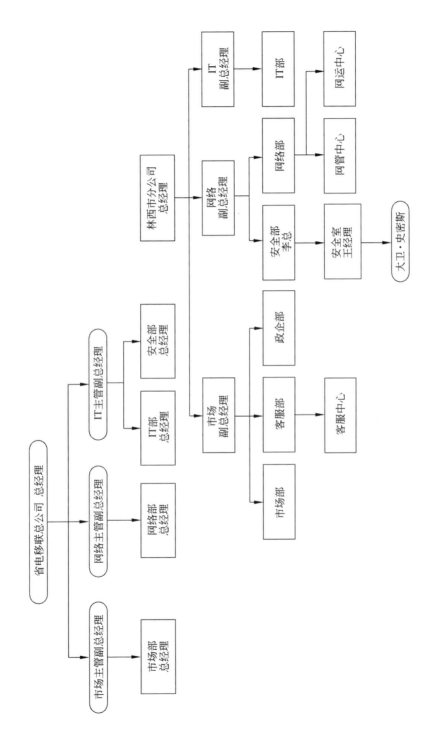

附件 2：省电移联总公司与林西市分公司的业务管理关系

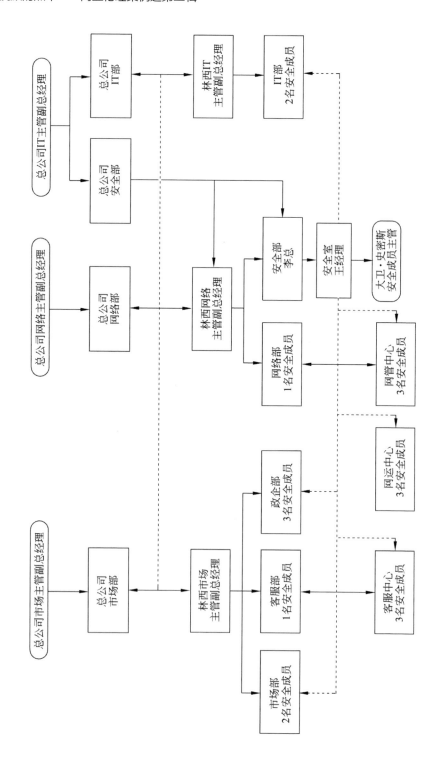

附件3：法律既要保护通信自由，又要拦截垃圾信息

《中华人民共和国电信条例》（2016）第六十五条第一款：电信用户依法使用电信的自由和通信秘密受法律保护。除因国家安全或者追查刑事犯罪的需要，由公安机关、国家安全机关或者人民检察院依照法律规定的程序对电信内容进行检查外，任何组织或者个人不得以任何理由对电信内容进行检查。

第五十六条：任何组织或者个人不得利用电信网络制作、复制、发布、传播含有下列内容的信息：（一）反对宪法所确定的基本原则的；（二）危害国家安全，泄露国家秘密，颠覆国家政权，破坏国家统一的；（三）损害国家荣誉和利益的；（四）煽动民族仇恨、民族歧视，破坏民族团结的；（五）破坏国家宗教政策，宣扬邪教和封建迷信的；（六）散布谣言，扰乱社会秩序，破坏社会稳定的；（七）散布淫秽、色情、赌博、暴力、凶杀、恐怖或者教唆犯罪的；（八）侮辱或者诽谤他人，侵害他人合法权益的；（九）含有法律、行政法规禁止的其他内容的。

附件4：《中华人民共和国广告法》（2015）

2015年4月24日第十二届全国人民代表大会常务委员会第十四次会议对《中华人民共和国广告法》进行了修订，增加了通过电子信息方式发送广告的规制内容。该法在2018年和2021年又进行了两次修正，相关内容未受影响。

第四十三条：任何单位或者个人未经当事人同意或者请求，不得向其住宅、交通工具等发送广告，也不得以电子信息方式向其发送广告。

以电子信息方式发送广告的，应当明示发送者的真实身份和联系方式，并向接收者提供拒绝继续接收的方式。

第四十五条：公共场所的管理者或者电信业务经营者、互联网信息服务提供者对其明知或者应知的利用其场所或者信息传输、发布平台发送、发布违法广告的，应当予以制止。

评析：

公司新成立了治理垃圾信息的部门，大卫是技术骨干。然而，新部门在公司里处于边缘地位，对大卫实现长期职业目标似乎没有任何帮助。新来的大领导心气正高，要求全力做好总部下达的任务。而资深的顶头上司却是技术管理思维，对垃圾信息治理并不积极。大卫夹在中间颇感为难。此外，大卫还要面对其他部门的壁垒和推诿，以及来自总部的各类投诉处理任务。那些投诉绝大部分源自一些有来头的用户，其往往要求彻查骚扰来源，但这却是违规的……

甲：大卫辞职了吗？

乙：辞了。

甲：他后悔了吗？

乙：好像有点儿。但也不好说。

甲：促成他辞职的原因是什么？

乙：至少有两个：一个是活不好干，上级交办的工作与现有的规定之间总有矛盾；另一个是业务太边缘，看不到前途。

甲：哪个因素更主要些？

乙：恐怕是后者。

甲：我倒更看重前一个方面。哪怕它不是促成主人公辞职的最主要因素。它提示了现实职场中的一种悖论。

乙：什么悖论？

甲：一方面，职场人士身在组织里，受到该组织科层结构的约束，需要履职，需要完成上级交办的任务，而任务并不见得都是正当的。这里判断正当与否的标准，可以是法律，也可以是组织（公司）内部的规章制度。另一方面，员工向上级——不是直接的上司，而是更高级别的组织官员或机构——反馈的渠道却并不顺畅。有的组织有正式的或非正式的渠道，有的则没有。而在相当多有渠道的组织内，该渠道并不希望被启用，组织内部会设法消解掉员工启用该渠道的冲动。

乙：您说过，"打小报告"一般是不受欢迎的。

甲："打小报告"是一种相当笼统的说法。反映情况、提出建议、表达不满等内容、方式都不尽相同的自下而上的反馈被贴上了这个标签，从而使任何越级的自下而上的交流都可能被污名化，进而在组织内部形成一种驯服的氛围。政治学上有关于公民不服从的讨论。"几个世纪以来，国王、祭司、封建领主、行业工头、家长，无不强调服从是一项美德，不服从是一项恶性。"①

乙：没想到，在今天的商业组织里，员工被组织规训进而驯服，居然仍可能是一种常态。

甲：需要承认，组织的规训有其积极意义。历史学家威廉·麦克尼尔（William McNeill）曾谈到他早年从军时训练踢正步的经历："训练时众人冗长一致的动作，在我心中引发某种情绪，这种情绪实非文字所能形容。回想起来，这是一种弥漫的幸福感，讲得更精准点儿，是一种从个人扩散开来、膨胀起来的异物感，一种比生命更巨大的感觉，这一切都拜集体仪式所赐。"他将这种同步性训练称为"肌

---

① ［美］艾里希·弗洛姆：《论不服从》，叶安宁译，上海译文出版社 2017 年版，第 16 页。相关讨论还可见 ［美］汉娜·阿伦特：《共和的危机》，郑辟瑞译，世纪出版集团上海人民出版社 2013 年版，第 39-76 页。

肉结合"（muscular bonding）。他认为此举可以使人类忘却自我、信任他人、集体行动、征服缺乏凝聚力的团体。[1]

乙：这是规训的正面效用。那负面的呢?

甲：我之前提到的那位论者的调子就很是有些低沉："'组织'人早已丧失了不服从的能力，他甚至都不会意识到自己正在服从的事实。""人类究竟是否有未来，文明究竟是否会终结，端赖我们是否能秉持怀疑的能力、批判的能力和不服从的能力。"[2]

乙：在公民社会中，公民无从退出，而在商业组织里，员工总有机会用脚投票、一走了之吧?

甲：看起来是这么回事。不过有一个细节你注意到了没有：主人公最终选择了悄然离开。既然都已经做好了最坏的打算，为何不尝试着在公司内部转换一个岗位?

乙：我原来也对此颇为不解。现在看来，是无形的规训起了作用……

---

[1]　［美］乔纳森·海特：《正义之心：为什么人们总坚持"我对你错"》，胡舒月、胡晓旭译，浙江人民出版社2014年版，第241页。

[2]　［美］艾里希·弗洛姆：《论不服从》，叶安宁译，上海译文出版社2017年版，第23页。

两份录用通知 *

5 月 30 日，对柯希来说，是个既兴奋又苦恼的日子。这一天她收到了期待已久的来自白露公司的录用通知。但棘手的是：手里还有另外一份来自洁霜公司的录用通知。

洁霜公司的录用通知比白露公司的早一天寄到，给的薪酬条件非常好。如果没有白露公司这个选项，洁霜公司将是柯希的不二之选。既然已经选了白露公司，本应拒绝洁霜公司，但好友建议她保留洁霜公司的录用通知直到正式入职白露公司。因为现在大环境不好，找工作不易，留着洁霜公司的录用通知，将多一份保障，避免入职白露公司违约带来的窘境。两家公司的通知上都没有约定违约责任，任何一方的违约都几乎是零成本的。这个时候，保护自己的最佳方式将是：宁可我负他人，不可他人负我。但柯希想想这半年来洁霜公司对自己的信任，于心不忍。

中国的外资医药公司

外资医药公司自改革开放后陆续进入中国，设立代表处，成立中国公司，建厂、设立研发机构……经过三十余年的深耕，中国市场已经成为跨国医药公司举足轻重的利润板块。同其他行业一样，外资医药公司刚进入中国时依靠高薪、高福利吸引了一大批优秀人才。近十年，随着中国经济的飞速发展及中国本土公司的崛起，外资公司的待遇已渐渐失去绝对优势。

2013 年因行业内著名医药公司葛兰素史克被爆出行贿受贿事件[1]，整个医药行业为之震动。外资医药公司更是如遭当头棒喝，各公司国外集团总部纷纷启动对中国分支机构的突击审计工作。后者随即重建内部管理控制机制，严查销售人员的行为，同时缩减费用。一时间销售人员人人自危。一些企业以合规问题开除了部分员工。各集团总部还相继削减了中国的费用预算。中国分支机构不得不从最立竿见影的削减人员编制入手，达到总部对费用的要求。

柯希现在的工作

柯希现在工作的公司是一家大型跨国制药集团的在华子公司。母公司具有多

　＊　本案例由清华大学经济管理学院工商管理硕士赵森蝶撰写，仅供课堂讨论。其中的企业及人物均已经过掩饰处理。作者无意说明相关组织经营成败及其管理措施的对错。

　①　http://www.chinanews.com/gj/2014/09-19/6611243.shtml。2020 年 6 月 9 日访问。

元化的业务组合，业务遍及全球，20 世纪 90 年代在中国设立子公司，销售公司研发的各类新药。

　　柯希大学毕业两年后进入这家公司，从商务部门的助理做起，凭借自己的努力和勤奋获得了周围同事的一致好评，每年年终考核均被评为优，入职第三年便升到了主管的职位。然而由于公司战略的调整，公司总部向南方转移，柯希办公室里的同事陆续搬去了南方，不时有小道消息说公司总部办公室到期后将不再续约。柯希对此并不太关心，因为这两年随着对业务了解的加深，她越发清晰地认识到去一线市场锻炼的必要性。她为自己做好了新的职业规划：去区域做一线的商务经理。

　　该公司商务部门的组织架构是制药行业的典型架构。商务总监下设渠道策略与运营副总监，招标策略与支持副总监及东、南、西、北四个大区副总监。渠道策略与运营团队和招标策略与支持团队均在公司总部，专注内部管理，负责制定全国统一的策略并对四个大区的日常业务进行支持。柯希从入职起就在渠道策略与运营团队工作。四个大区覆盖中国所有省份，专注外部管理，根据业务量和工作量在每个省份分别设置一两名商务经理，代表公司管辖区域内各级经销商日常事务和政府招标应对工作，并负责将总部的策略落地实施。这是柯希职业规划中的目标岗位。

　　柯希在年初设定工作目标时，就向上级副总监提出了自己对职业发展的想法，希望他在分配工作任务时能够将与区域商务工作相关的内容分给自己，同时，在公司有区域商务空缺时推荐自己转岗。副总监表示很支持她的想法。

　　然而由于市场寒冬，行业人员流动减缓，公司的区域商务经理一直没有空缺。同时，柯希还听说公司人事出了一个新政策，公司所有岗位维持现状进行锁定，不再增设，停止除销售岗位外的所有招聘，如有员工离职，亦不开放。柯希在等待区域商务经理机会的同时，申请了几次内部转岗，都被副总监以各种理由阻拦下来。

首次接触白露公司

　　白露公司也是一家跨国医药公司在华子公司。其母公司的产品种类虽然不及柯希现在的东家，但凭借良好的产品疗效，在全球制药市场也拥有较高的认可度，20 世纪 80 年代在中国合资成立了白露公司。

　　春节刚过，城市还沉浸在连日的雾霾里。柯希却神清气爽，因为她接到白露公司的通知，要她去面试商务经理的职位。这一岗位市场空缺并不多，柯希已经按网上搜到的这一岗位信息挨个投了简历，但都石沉大海。这次要不是前同事推荐，估计也会是一样的结果。

面试柯希的是白露公司北区商务总监佟义。佟义看上去40多岁，很严厉，偶尔用一两个大笑来缓解柯希的紧张，提的问题很细节，通常会就一个问题连续再问四五个问题。还好，柯希对自己做过的工作很自信，对答如流。佟义惊讶地发现，柯希远不止是一个运营主管的角色，而且柯希对行业和公司政策的熟悉程度也令他赞叹有加。面试结束后，佟义告诉柯希，他还有一些候选人要面试，如果有进一步消息会在大约一周后联系她。然而两周过去，没有任何消息。柯希对这个结果并不感到吃惊，因为她知道行业同类岗位一般都要求有相关外勤工作经验，不愿意要新手。自己只有内勤工作经历，没有通过面试也在情理之中。

没想到几天后，佟义打电话告诉她自己对她挺满意，但是公司人力资源突然要求暂停招聘，并冻结了所有名额。一旦重新启动，一定会首先考虑她。柯希想，这就是委婉的拒绝吧。

工作的迷茫

柯希在现在的公司几次申请转岗都失败后，终于在第二年年底下定决心要换一个公司发展。在她看来，职业发展有两条线：一条是纵向的，在自己现有的岗位上追求更专业的更高职位，提高自己的专业性，向深度发展；另一条是横向的，在自己没接触过的平行领域学习，在广度上积累。由于运营工作专业性不是很强，本身也需要广阔的知识面，所以柯希选择向横向发展。但用人单位对外招聘都是要求具有相关工作经验，因此虽然每天都会接到猎头的电话，推荐的岗位却大都是跟柯希当前工作一样或很接近的内容。柯希都直接拒绝了。找柯希的猎头渐渐少了。难道真的只能求全一直待在这家公司或者换一家公司做同样的工作？

洁霜公司

柯希毕业时最想进的就是洁霜公司。洁霜公司是业内老牌的制药公司，20世纪80年代在华设立，各方面的管理都处于业内领军水平，有很好的口碑。

就在柯希开始怀疑自己的定位是否正确时，她接到了洁霜公司人力资源部门的电话，邀请她面试一个岗位。听介绍，这个岗位跟柯希最近做的某个项目相关，但更专业，工作内容也更偏策略制定和流程设计。柯希决定去面谈了解一下。面试她的是人力资源经理汝诗和部门负责人陆倩。汝诗年轻有活力，陆倩端庄大方。面试过程轻松自在，双方对彼此印象都很好。一周后，汝诗通知柯希进行第二轮面试。面试人是公司高级副总裁和人力资源总监。面试中，副总裁提出了一些高屋建瓴的问题，很是出乎柯希的意料。但柯希能看出副总裁对她还是比较满意的。

再次接触白露公司

就在柯希等待洁霜公司的结果时，时隔两年再一次有了白露公司的消息。先是那位当年推荐柯希去面试的前同事找到她，问她是否还想转去做商务，是否还愿意考虑白露公司。柯希惊喜万分，自己这两年换工作的不顺原来都是为了等这一天啊！如果能去白露公司做商务经理的话，就不考虑洁霜公司了。于是，柯希兴奋地拨通了佟义的电话。佟义显然也很高兴："缘分啊！上次面试完你以后，公司发生了大的动荡，两年间裁了很多人，幸亏你当时没来。现在的商务经理被裁得只剩下一个了，完全忙不过来，我打了无数的报告，上面才同意增加一个名额……你也是幸运，如果两年前来的话只能给你专员的头衔，现在可以给经理头衔了。不过这个名额还在审批中，要等一等。你要确定能来，我这次也不打算面试别的人了。发份最新简历给我，一旦批下来就可以立即启动招聘流程，到时我推动人力资源部门尽快走流程安排上岗。"

戏剧化的发展

佟义那通电话后，柯希就不再接受面试邀请了，专心准备着去白露公司。但等了一个月都没有消息。其间，柯希通过微信向佟义询问进展，被告知"在走流程，请耐心等待"。柯希不好意思追问，但心里很忐忑，会不会再节外生枝？如果一直没批下来，自己是否继续等，等到什么时候呢？自己在这家公司已经待了五年，人和事都非常熟悉了，惰性日渐严重，经常有放弃走出的想法。如果再等一年，恐怕真不想动了。

距离洁霜公司的面试已有一个月。柯希正在广州出差，忽然接到汝诗的电话：陆倩和副总都对她印象很好，但是那个职位因为是新设，需要经验比较丰富的人员担当，她的工作经历中这方面的经验还是偏薄弱，他们准备考虑另一位候选人。同时问柯希对做副总助理是否有兴趣，如果有兴趣的话可以直接谈薪酬待遇，也可以选择再跟副总聊一下具体工作内容。这出乎柯希的意料，她感谢了汝诗及洁霜公司对自己的欣赏，然后坦白自己的第一份工作就是做助理，好不容易转到职能岗位上，不想再做行政工作了。

5月15日，距离跟佟义通电话已经过去了两个半月，白露公司仍然没人联系柯希。佟义的回复还是在审批中。同时，不断有媒体报道白露公司为转型做准备，裁撤某销售团队若干人。柯希愈加担心这个岗位能否批复下来了。

这时，汝诗打来电话，说洁霜公司有个员工转岗了，马上会空出一个柯希一定会感兴趣的岗位，邀请柯希与陆倩面谈了解一下具体情况。柯希同意了。这次与陆倩的面谈很轻松。陆倩详细讲解了这个岗位的职责，虽然这不是柯希最想去的区域商务岗位，但也是她横向发展目标中的一个。白露公司没有音讯，这个岗位又如此有吸引力，柯希答应了。

一周后，柯希接到汝诗的电话，谈到由于副总近期都在外出差，而且上次对她印象很好，这次就不用再面试了，直接进入谈任职条件的阶段。柯希只需说明自己的期望薪资，并提供近三个月的工资单，用于给她计算工资。

柯希正感叹两家公司的差别如此之大时，佟义忽然发来微信说："审批已完成，人力资源经理会联系你。"但此时的柯希却一点也兴奋不起来。她不确定白露公司的人力资源经理什么时候会联系自己，不清楚这个招聘流程要走多久，会不会进行到一半又发生意外。都到这个阶段了，柯希打算先看看洁霜公司的条件再做决定。

这一次白露公司没有让柯希等太久，人力资源经理下午就打来电话询问她的过往经历和为什么要换工作等例行问题，然后安排柯希两天后接受全国商务总监的面试。之后又发给柯希合规测试和性格测试的链接，并索要了近三个月的工资表。

其间，汝诗每天都会跟柯希联系，加了微信，告诉柯希，她的期望薪酬高于洁霜公司对这个岗位的原定薪资水平，她需要跟陆倩协商是否可以申请将岗位级别提高；已经向公司申请提高岗位级别了；在找第三方公司索要行业平均薪酬报告；需要柯希提供年终奖那个月的工资表，以便于她们申请；在写新的薪酬报告了，估计明天就能下来……每一次，柯希都有种告诉汝诗自己还在面试白露公司的冲动。

5月29日下午，汝诗开心地告诉柯希薪资批下来了，这是她和陆倩尽最大努力争取到的，是历史最高水平。稍后会有同事给柯希发录用通知，请柯希尽快签字回复。

第二天一早，白露公司的录用通知也来了，比洁霜公司开出的薪水少了点。但柯希前一晚已经想好了，自己这些天心心念念的还是白露公司的商务经理岗位，可能是因为两年前就种下的梦想，可能是因为对佟义的感恩，也可能只是厌倦了办公室，希望出去看看。柯希决定选择白露公司。

柯希将这个决定告诉自己在另一家跨国制药公司做商务经理的好朋友葛丽雅。葛丽雅在恭喜柯希的同时，正告她白露公司和洁霜公司的录用通知都要签下来。柯希表示不能理解：都已经做出选择了，为什么不能直接拒绝洁霜公司？葛丽雅语重心长地说：这是对她的一种保护。录用通知上并没有约定双方的权利义务。单方面毁约是很正常的。按照白露公司这两年削减人员的趋势，这个岗位节外生枝的可能性还是存在的。如果这时就拒绝了洁霜公司，一旦柯希向现在的东家提出离职，白露公司又违约的话，柯希将无法再回头找洁霜公司，只能失业重新找工作，不仅白白耽误大好时光，而且以失业的身份找工作将会在薪酬谈判上处于劣势。相反，保留着洁霜公司的录用通知，到白露公司上岗那天再告知洁霜公司，可以给自己多一层保障。对洁霜公司来说，这种事情也肯定不是第一次遇到，重新招聘就好了，不会有什么影响。

柯希听着觉得有些道理，以前经常听人说手里已经拿了两个录用通知，还没决定去哪家，准备再看看有没有更好的机会。去年自己也亲眼见到了候选人拒绝就职后公司的反应：新员工入职第一天，到下午人都没出现，打了好几个电话后才被告知不来了。部门总监抱怨时也只是说这个人太不懂礼貌了，不来应该主动告知，竟然连电话也不接。一个月后那个岗位迎来了新的员工，这件事也没人再提。也许拒绝录用通知是很常见的吧，自己没做过才会如此看重。但想想陆倩和汝诗这段时间为自己所做的种种努力，柯希总觉得自己对她们隐瞒似乎不妥。

问心无愧的选择

柯希回想了这半年来面试的种种坎坷，以及洁霜公司为自己提供的三次机会。想到未来一个月内每次面对洁霜公司自己都将内心不安，想到 7 月 1 日入职那天自己一条短信过去，陆倩和汝诗的反应，柯希就羞愧难当，这不是自己想要的结果。

于是，柯希在答复了白露公司后，立即写了一封邮件给汝诗和陆倩，诚恳地感谢了对方给予的信任和为她做的种种争取。她讲述了跟白露公司的渊源及自己对白露公司这个工作机会的渴望。她很抱歉给洁霜公司带来的麻烦，希望汝诗和陆倩能够理解她做的选择，也希望对方能够尽快重启招聘流程，尽早找到比自己更合适的人选。

邮件发出两分钟后，汝诗打来电话，想了解柯希拒绝的真实原因，如果是因为薪水的话，她可以再去试着争取。柯希很感激，她诚恳地告诉汝诗不是因为薪水，邮件中的内容就是真实原因。汝诗表示很遗憾，说她尊重柯希的选择，也感谢柯希能够第一时间分享自己的选择，希望以后有机会再合作。

接下来一个月，柯希安心地交接了手头的工作。偶尔接到佟义的电话，也会担心有变，但她心里很踏实，最差不过是重新找工作。

7 月 1 日，柯希如期去白露公司报到，心中只有欣喜和期待，没有其他。

评析：

柯希供职于一家跨国制药公司。她希望从事与区域商务相关的工作，但受市场行情影响，业内人员流动减缓，公司内部一直没有相应的空位。于是柯希联系了白露公司。对方的面试官对她非常满意，但也表示公司人力资源部门突然冻结了所有招聘名额，一旦重新启动，一定会首先考虑她。柯希又把目光投向了洁霜公司，那是她毕业时就想去的企业……洁霜公司的录用通知比白露公司的早一天寄到，开出的薪酬条件非常好，而且之前洁霜公司的人事经理一直在为柯希的事忙碌。不过，柯希其实更钟情于白露公司。好友建议柯希保留洁霜公司的录用通知，直到正式入职白露公司。这样可以给自己多一份保障。何况，两家公司的通知上都没有约定违约责任的内容……

乙：这篇案例写得有趣，读来让人心里微微紧张，但不纠结。

甲：为什么不纠结呢？

乙：在法律上没问题啊！录用通知也就是 offer，法律上叫"要约"。《民法典》第 472 条规定："要约是希望与他人订立合同的意思表示"，要约需要满足"内容具体确定"和"表明经受要约人承诺，要约人即受该要约约束"两个条件。第 483 条规定，除非法律另有规定或当事人另有约定，"承诺生效时合同成立"。从案例来看，白露和洁霜两家公司的录用通知都没有附加什么条件，因此只要主人公接受其一，合同就成立了。

甲：那另一家公司的录用通知呢？

乙：如果该录用通知没有设定承诺期，那么主人公可以一直等到该录用通知规定的报到日再回绝对方，说自己不去了。

甲：这样做没有问题吗？

乙：没问题！洁霜公司发来的是"要约"，在主人公做出"承诺"之前，双方之间没有合同关系，谈不上违约。

甲：确实，案例中提到了，录用通知上并没有约定双方的权利义务。

乙：是的，录用通知一般不会写那么细。通常，员工入职时还需要同公司签订正式的劳动合同，那上面会就试用期、解约等内容做出具体的约定。因此，主人公拿住两份录用通知，接受其一，而又不立即回绝另一个，并不违法。

甲：这对那个注定被回绝的公司好像不公平。

乙：其实没有。案例中不是也提到，员工拿到录用通知正式入职前，仍存在节外生枝的可能吗？《民法典》第 477 条也规定，要约人可以在受要约人做出承诺之前撤销其要约。当然，撤销要约有两个例外：一是"要约人以设定承诺期限或者以其他形式明示要约不可撤销"；二是"受要约人有理由认为要约是不可撤销的，并已经为履行合同做了合理准备工作"。因此，在录用通知可撤销的情况下，主人公拖延回绝对方的做法，在法律上是可行的。

甲：法律上可以，那道义上呢？要知道，康德可是将诚实守信列为了"对他人的完全责任"的！

乙：康德是说过。不过，他的学说太不接地气了。身在尘世，没法落实。何况从案例来看，主人公也不是秉持康德的伦理途径，她在白露和洁霜两家公司之间取舍时，分明经历了一番利弊权衡——"最差不过是重新找工作"。

甲：这句我也看到了。

乙：因此，在签署还是回绝录用协议问题上，还是要"在商言商"的吧。

甲：在商言商？

乙：是呀！商业环境里，没人指望对方说出全部实情。就像商务谈判的双方都是行家，各为其主，谁肯先亮出底牌来呢？

甲：那倒也是。

乙：所以，"话到嘴边留半句""说的是事实，但并非全部事实"，也没啥错呀。

甲：不过，如果双方地位不对等呢，比如商家对消费者——

乙：如果双方确实地位不对等，也不能指望商家把从中赚了多少钱的事都告诉消费者吧？

甲：那么在求职问题上呢，求职一方明显要弱于用人单位，因此动一些小心思，也就成了正当的？

乙：我觉得是这样。

甲：我觉得不对……要是求职者都采取脚踏两只船，外加拖延回绝的策略，到头来，用人单位见得多了也学聪明了，在录用通知上严格压缩承诺时间，逾期便失效呢？吃亏的好像还是求职者……

乙：此求职者非彼求职者。

甲：这种行为就好比是说"只要自己快活就好，哪管身后洪水滔天"。这种人在求职时没有操守，会败坏求职的氛围，难保日后工作中不会急功近利，做出败坏职场风气的行为来。

乙：有那么严重？

甲：当然严重！一个人的品性往往可以从小事中窥见。所谓"小处不可随便"。

乙："小处不可随便！"让我想想……

两位"老大难"*

我的职业轨迹

凭借之前有五年的现货行业经验,以及在业内大型公司工作过一年的经历,我顺利加入现在供职的公司并直接以负责人的身份筹建了一个事业部,主要负责化工板块的市场开拓。当时正赶上几个重要的化工品种挂牌且市场火爆,加上我从一家央企贸易公司挖来了优秀的伙伴一同开展业务,部门业绩上升很快,第一年基本覆盖直接成本,第二年盈利,到第三年,部门收益最高时占到公司整体收益的三分之一强。

后来,我的直接上司、公司主管业务的副总突然离职,去了另一家同业公司任总经理。31岁的我临危受命,成为总经理助理,分管公司业务条线。这项任命使我成了业内最年轻的高管,比公司总经理之前的设想来得早了些,也超出了我当时的想象。

由于我太年轻,从业年限也不长,我的提拔自然引起公司很多老资历同事的议论。当时在投资咨询部担任经理的李萍就是其中之一。

投资咨询部是一个自诞生之初定位就不太明确的业务部门。那是在前一年的年初,由于客户数量增多及客户需求差异化明显,服务产品化成为行业发展主流。综合的多层次服务体系构建成为期货公司间差异化竞争的重要内容,为进一步解放销售力量、提升服务专业化水平,公司拟设立客户服务中心。而当时,公司刚拿到投资咨询业务资格,需要有相应的部门及制度设置,同时也需要配备合适的人员开拓投资咨询业务。考虑到资源匹配及人力等投入,最终决定成立投资咨询部,并将客户服务中心职能划入其中,一组人员身兼两项职能。

李萍是行业第一批从业人员,管理经验也更丰富。投资咨询部成立时,她由另一事业部经理改任投资咨询部经理。一年半以后,李萍升任公司总经理助理,原东兰市营业部总经理刘玲出任投资咨询部副经理,部门仍由李萍分管。

那时我已经被任命为分管业务条线的副总经理,除了管理总部各综合业务部、事业部及异地营业部以外,还分管介绍经纪(introducing broker,IB)业务——作为公司股东之一的证券公司接受我公司委托,介绍客户给我公司并收取一定佣金。股东拥有的客户资源数比我们高一个数量级,因此介绍经纪业务是公司的主

---

* 本案例由清华大学经济管理学院工商管理硕士尚永辉撰写,仅供课堂讨论。其中的企业及人物均已经过掩饰处理。作者无意说明相关组织经营成败及其管理措施的对错。

要业务之一。

我的管理风格

我是理工出身，本科毕业后就在业务条线上，一直在跟市场打交道。我线性思维，在意结果，注重工作效率，擅于在一穷二白的基础上开辟一片新天地。之前我团队里的下属大都熟悉我的做事风格，当然也有觉得我过于严厉而中途离开的。一般来说，什么样的经理招聘什么样的下属。那些年，我总是倾向于选择比较年轻、充满活力的，对工作充满热情并十分执着的人作为团队成员。尤其是从外地到一线城市来打拼的年轻人，有一定经济压力并勇于尝试、勇于奋斗的人。我希望自己的下属都是自己这一类人，而不是老气横秋、贪图安逸的人。

在我还是部门负责人的时候，我更喜欢亲力亲为，并且希望团队成员都和我一样，来之能战，战之能胜。对没有经验的新人，我会手把手地教他们具体怎么做事情，如何做得更有效率，应该期待什么样的结果，必须业绩导向。那时跟着我坚持下来的下属，后来都成了公司的中层骨干。部分不适应的、做不到的，或者觉得我过于严厉的下属，基本都主动调离了部门或离开了公司，但只是理念和做事方式不同而已，从未发生过个人之间的激烈冲突。当然，部门人数最多的时候，我只管过7个人。而当我任总经理助理时，我的直接和间接下属最多达到140多人。

面对管理部门相对多、人员庞杂的局面，我更愿意相信并授权给经理们。至于他们对部门员工的管理，那是他们自己的事。有些或许像之前的我，有些可能是别的风格，都没关系，在我这里统一结果导向。在各团队内部管理上，我顶多稍加过问，或者充当参谋的角色。我希望为中层经理的成长提供力所能及的支持和帮助，也越来越直率地同他们交流。当然，我会坦率地指出各部门负责人在工作中的糟糕表现，考核管理上相对还是比较严厉的。但比起我之前带团队时已经温和多了，相对多了一些包容和理解。只要团队能相对高质量地完成既定目标，我对其过程并没有过多的控制欲，也能接受不同经理的各种管理风格。

关于供职的公司

我供职的这家期货公司在业内规模偏小，净资本实力处于行业中游。除总部直属业务单元外，下设三家异地营业部，现有员工一百余名。公司先后取得了投资咨询业务和资产管理业务资质。然而公司一直未对投资咨询业务做大的投入，资产管理业务相对起步较晚；另外，受限于人才储备及资源禀赋，公司决定将战略重点转向资产管理业务，希望以其为突破口，经过三到五年努力，成为一家"具有鲜明特色与影响力的衍生品金融机构"。

自 1992 年第一家期货经纪公司诞生至 2012 年年底期货资产管理业务正式放开，国内期货公司基本围绕单一经纪业务拼杀了整整 20 年。长期以来，期货行业一直采用经纪人制度进行展业，也就是业务人员全程参与开发、服务等一系列过程，并提取佣金提成，可以说，客户在期货市场的"生老病死"一直都由经纪人负责。因此，经纪人的收入首先取决于客户开发能力，而服务能力决定了客户在市场中生存周期的长短及能否盈利。

2007 年开始，伴随着期货市场客户权益和成交量的加速增长，以及股指期货上市预期，以部分券商系期货公司为代表的激进公司开始大量招兵买马、增设网点，连续增资，迅速跑马圈地。2008 年某期货公司曾创下一天内新设九家营业部的最高开业记录，迅速拉开行业差距。其间，我们公司过于保守，错失了行业"野蛮"积累的高速成长期，未能享受到行业井喷时期的红利，公司发展一直不温不火。但到了 2012 年，随着投资咨询业务、资产管理业务及风险管理子公司业务等创新业务的先后开闸，期货行业发生了巨大的变化，尤其是对各类高端人才的需求呈井喷之势；同时，创新业务的开展建立在传统经纪业务积累的客户资源及渠道基础之上，在为期货公司带来新的收入来源的同时，使经纪业务佣金率加速下滑。2007—2015 年，行业平均佣金率从 0.7‰ 跌至 0.1‰。因此对于期货公司来说，单靠传统经纪业务已很难维持生存，必须迅速扩大经纪业务规模并积极向创新业务转型，才有可能寻得发展。而要实现转型，就必须大力培养并引进适应创新业务的各类高端人才，并加速淘汰部分低效人员。

拿我们公司来说，我刚被任命为总经理助理时，一大半的业务单元负责人都远比我年长，从业经历也更丰富。但是，业务部门毕竟要靠业绩说话，资历不一定带来业绩，甚至可能产生负面影响。有的资深的部门负责人经常抱怨行业、抱怨公司，甚至认为自己怀才不遇；有人长久地在办公室待着，不愿出差，不愿亲力亲为，期望运筹帷幄之中，自己的下属能够出业绩；有人错把借公司资源带来的业务归因于自己的市场能力。总之，大体的氛围是坐、等、靠。而期货经纪业务与证券经纪业务一样，受市场波动影响较大，很大程度上可以说是靠天吃饭。当突然遭遇市场冰冻时，期货公司面临的成本压力就会非常大。因此，在持续引进新鲜血液的同时，部分长期不达标的老资历人员可能被淘汰。

关于刘玲

刘玲是公司最资深的员工之一。在接任投资咨询部副经理之前，是公司东兰市营业部总经理。刘玲带领营业部同事在当地深耕多年，也曾业绩颇丰。但该营业部碍于租金等成本刚性增长及市场惨烈竞争，最终被迫关闭。刘玲也因此回到总部，在李萍升任总经理助理时，降级接下了投资咨询部负责人的职位。

在李萍分管刘玲负责的投资咨询部的一年里，二人之间的沟通出了问题，进而产生了较大的个人矛盾。李萍认为，刘玲年龄偏大，行事缓慢，常听不懂管理指令，远达不到自己的要求，感觉二人间基本无法沟通，加之她还另外分管新设的资产管理部，个人精力有限，因此几次向总经理反映，希望换掉刘玲，甚至甩掉投资咨询部，以专心管理资产管理业务。总经理自然不愿接手投资咨询部，因此找我谈，希望我来分管，刘玲也由我来处理。

刘玲，47岁，大学里学的是数学，数理功底较好，对量化交易有一定的研究，多年来指导东兰市本地客户交易也取得了不错的收益。刘玲从小就在总部所在城市长大。她早年离异，有一个十几岁的儿子，一直由她母亲照顾。在东兰市工作期间，刘玲基本每月回家一次。最后两年，她几次向公司提起想回总部工作，原因是母亲年龄大了，而且需要辅导儿子的功课。但因一时没有合适的人接任其位置，且总部也没有合适的岗位，其申请被一拖再拖。直到市场变化，公司被迫关闭东兰市营业部，刘玲才回到了总部。

将刘玲降级改任投资咨询部副经理，主要是基于近两年东兰市营业部经营业绩的考虑。当然，刘玲自身的业务能力尤其是创新业务能力也是被质疑的。特别是她的沟通和表达存在短板，每次中高层会议上，刘玲的陈述总是显得拖沓且无条理。公司办公会就此事进行讨论时，无人对降级使用刘玲的方案提出反对意见。刘玲本人也表示接受公司安排，顺利接下了这一职位。

但在之后的一年里，刘玲和李萍的矛盾不断累积并最终激化。李萍做事细致且较真儿，对下属要求较高，对上对下均相对强势，在任部门经理时，就曾对分管副总拍过桌子。而刘玲的性格则几乎完全相反，是个慢性子。由于投资咨询部的业务推进缓慢，几乎毫无进展，李萍早已心生倦怠，几次向总经理提出不再分管投资咨询部或者换掉刘玲。

若将刘玲调离投资咨询部负责人岗位，则没有合适的位置予以安置，为其设立新的业务部门更不现实。刘玲早已没有了开拓市场的热情，而且她的身体也开始出现一些状况，无法频繁出差。若调整高管分工，则只能是我接；我若不接，刘玲只能走人。

刘玲在东兰市工作的最后两年曾是我的直接下属。撤销东兰市营业部就是我亲自办理的。她比我年长13岁，和我的做事风格完全不匹配，在业务能力上明显缺乏提升空间。说实话，刘玲的确不符合我的要求。

关于大力

另一个让人有些头疼的员工是大力。大力似乎从进入公司起基本就是"困难户"。他最初在研发服务部负责客户服务，与研究员们的工作几乎无交集，私下也打不成一片。部门经理也经常将其斥责一通。研发服务部拆分为研究所和投资咨询部时，时任投资咨询部经理的李萍就提出不接收大力。后经公司与几位中层沟通，将大力安排在了介绍经纪管理部，负责客户的服务和风控通知工作，直接上司是年仅27岁的部门负责人郑强。在新的部门，大力仍然与团队格格不入，甚至数次与部门经理发生争吵。如此这般过了一年，最近，由于月度绩效分配的问题，他在办公区和郑强激烈地争吵起来。

随后郑强找到我，谈了大力在部门工作中的诸多问题，认为他完全不能完成部门分配的任务，不但有客户投诉，而且始终无法融入部门，要求尽快将大力调离。

大力也越级来找我反映情况，讲了诸多直接上司的不是。我大致了解到，大力金融本科毕业，工作踏实认真。多年来，尽管住所离公司较远，却总是最早到办公室，也往往是最后一个走的。目前，大力年逾四十，收入一直不太高，妻子又赋闲在家照顾较小的孩子，经济负担较重。大力生性稍显孤僻，比较敏感，不太合群。其与部门负责人发生争执起因多是个人认为绩效分配不均，或者部门其他人去聚餐未喊他，以及对客户服务到不到位的分歧等小事。我给大力提了一些建议，希望他对部门内部的事情尽量通过沟通解决，越过部门经理找我不能成为常态。

我也私下向该部门其他员工了解情况。得到的反馈是大力个性较强，较难相处，对个人小利颇为在意，经常因小事公开顶撞所在部门的经理，彼此都下不来台，但大力和经理郑强之间并没有太大矛盾。

最后，我主动找大力谈话，想听听他的想法和打算。他提到自己有意离开介绍经纪管理部，但询问了几位业务部经理，没有人明确表示愿意接纳他。他讲了自己的委屈和难处，希望我帮他安排一个部门，也一再表示会听取我给他的关于沟通、做事的建议，承诺一定珍惜机会并保证做出改变。

我的决定

我告诉总经理，我同意分管投资咨询部。但同时也争取到了一个附加条件，那就是该部门暂时专注于客户服务职能，将交易诊断、投资咨询业务的探索等业务先放一放，等行业势头明朗且物色到更合适的人才之后再行考虑。

刘玲在公司工作了将近十年，如今身体有些状况，家庭情况也比较特殊。在目前情况下，她若离开公司重新就业，会面临较大困难。她在工作上总体是踏实勤奋有余，锐意开拓不足。她的长处在交易和指导客户服务方面。东兰市营业部后期经营不善，她是负责人，固然有责任，但当时公司的政策也有一定的失误。营业部也曾为公司创造了可观的收益。之后在职务调整上，公司对她也做了相应的降级处理。此前另外一个业务部门的客户与居间人之间出现了一些棘手的问题，在公司处理过程中，刘玲利用私人关系发挥了很重要的斡旋作用。她在担任投资咨询部副经理期间的一些问题，更多是在沟通方面。两种完全不同的做事风格拧在一起势必影响效率和结果，甚至造成了一些个人之间的误会。

我与刘玲进行了一次深入交谈。在听她讲述完自己的处境、面临的困惑和种种委屈之后，我说了我的决定。我给她分析了行业及公司转型的现状及我对分管她所在部门的一些思考，谈了对部门的重新定位，也谈了对她自己以及团队未来的希望，并着重提到了我的底线和要求。我提到有意将大力调至她的部门，对于如何用好大力，给出了一些建议。她思考之后，表示同意。

我同样与大力进行了一次深入交谈。我让他主动去找刘玲谈谈。毕竟他们年龄相仿，而且对交易服务都同样专注。我希望他珍惜或许是最后的机会，将部门内部的问题在内部沟通解决，不要直接找我。若能进入投资咨询部，我希望他自己能有所改变，注意沟通方式，尽量包容，在团队中做出自己的贡献。

最终，大力进入了由我分管的投资咨询部。该部门专注于客户服务，同时为其他业务部门客户提供交易诊断服务。之后近一年时间，该部门的客户权益及收入均稳步提升，未发生一起客户投诉。刘玲和大力之间相处还算融洽，我偶尔过问一句，两人都未曾皱起过眉头。

评析：

身为"少壮派"高管的主人公，正是春风得意马蹄疾的时候，在他面前，有一个需要接管的新部门。事业部的副经理刘玲是个"老人儿"，曾任外地营业部总经理，独当一面，营业部被关闭后，出于家庭考虑，降级出任事业部副经理，因与分管的领导沟通不畅，矛盾很深。后者想把该事业部推给其他高管。如果主人公不接，在原分管领导治下，刘玲就要走人。与此同时，主人公分管的经纪管理部中也有一位"老"员工大力，因性格原因在团队中人际关系很差，还多次与部门主管公开争吵。他希望主人公能助其转到其他部门……

甲：对这个案例你怎么看？

乙：说实话，我并没觉得主人公有什么可纠结的。

甲：不觉得纠结也并不意味着其中没有伦理问题呀！

乙：怎么说呢？就先说那位副经理刘玲吧，她与分管的公司高管李萍积怨已久，如果"我"不接手该事业部，就不是刘玲的直接上级，那么即使刘玲因与分管领导李萍的矛盾而遭解职，也与"我"无关。

甲：那间接责任总还是有的吧？

乙：李萍不直接将其解职，反倒要将其连同事业部一并转交其他高管分管，分明是在"甩包袱"。"我"为什么要接？

甲：但听上去总好像有些"见死不救"的味道……

乙：问题是，"我"有责任去帮助一位其他高管管理的部下吗？且不论那位高管是否对"我"有成见。再有，即使刘玲成了"我"的部下，"我"就一定要担保她不会被解职吗？若她确实不胜任现有岗位，"我"按规定让其走人。照章办事，有什么问题呢？

甲：问题就在于刘玲并非不称职，而只是和上司的沟通出了问题，产生积怨。先不说刘玲，大力呢？他是主人公分管的部门的员工吧？

乙：大力在"我"分管的部门不假，但他是"我"下属的下属。

甲：难道你要说"我下属的下属不是我的下属"？

乙：有点这个意思。部门经理有权决定大力的去留。我介入其中，不合适。

甲：听上去还是"多一事不如少一事"的意思。问题是，主人公身处公司高管的位置，却总想着明哲保身是否合适？

乙：那您说该怎么看？

甲：首先，总经理已经明确表达了希望主人公接手新部门，同时处理刘玲去留问题的意愿，因而主人公再推脱，恐怕就少了些替公司分忧的担当，不像"少壮派"高管所为。其次，刘玲、大力两位"老大难"员工的去留，反映的其实是公司看待、对待员工的立场和态度。两人中，一位是老员工，曾主事一方，即使没有功劳也有苦劳，如今年齿日增，公司要不要承认员工的历史贡献？另一位资历浅些，且在团队中人缘不好，而其家累很重，公司要不要因其性格孤僻、不合群、顶撞上级而将其解职，抑或因为怜惜他要养家糊口而将其留下，都是考验管理者智慧的好题目。主人公作为公司的高管，自然也应参与答题。

乙：我觉得，就算是主人公参与答题，基于他结果主义导向的人设，也不会把二人留下。案例中提到，在"我"还是部门负责人时，所选的部下都是和自己一样，"来之能战，战则能胜"的干将。

甲：人设？如果是别人贴的标签，那么它未必准确。如果是自己给自己设定的，那么它也可能会发生改变。就拿你提到的例子来说，主人公做部门负责人时的做法、作风就和担任高管后不一样。前者亲力亲为，带头冲锋陷阵，要求下属非常严格，能者上，不能者走；后者对下属经理充分授权，包容经理的各种管理风格。主人公变没变？

乙：确实，"我"有些改变了。

甲：主人公正经历着管理者成长、走向成熟的过程。

乙：那么前面那两道"测试题"该怎么答呢？

甲：最近我也在读《要领》。你来看这段："决策的过程包括反问自己一系列问题：你内心希望做这件事吗？你是否足够认可这件事或这个人，而需要为此采取行动？处理这件事是否符合你所在组织的使命？如果符合，你所在的组织是否有资源为此事提供帮助？如果不符合，你可以自己解决而不动用组织的资源吗？处理此事毫无疑问会占用你或组织可用于其他事务的资源，在充分了解这点后，你愿意为此事付出多大努力？如果决定出手，那么对于这个请求，你可以设计出一个有影响力、可持续运作的实施方案吗？"①

乙：您别说，主人公好像还真是沿着这个思路做的！

甲：这段的主题是兼顾理性与同理心。

乙：多谢，受教了！

① ［美］约翰·汉尼斯：《要领》，杨斌等译，浙江教育出版社 2020 年版，第 102 页。

王伟的故事 *

A

星期一早晨，新山化工厂基建工程部的新任经理王伟穿过嘈杂的施工现场来到办公室。在那里，他召集了本部门的工作例会。会上，除了安排一些日常事务外，他还特意对手下的十二名部门主管强调：本周将有一个补水管道施工工程要进行招标，希望各位同事认真对待，秉公办理，严格遵守公司招投标管理规定。

早会后，进度主管李强就拿着上个星期的出差报销单来找王伟签字。王伟上个星期安排李强到本市水泵厂跟踪一台水泵的生产进度。该厂地处郊区，位置十分偏僻。王伟年初也曾去过那里，并在工厂附近唯一的一家宾馆住了一夜。李强也入住了该宾馆，但发票金额明显超过了该宾馆的实际房价。李强也许看出了王伟对发票有疑问，便主动解释道："因为公司的差旅管理规定，出差过程中市内的交通费和伙食费实行包干制度，而水泵厂位置十分偏僻，交通不便，进出工厂只能乘坐出租车，总费用已经超过了公司的包干总费用，因此将一部分费用放到了住宿费里报销，让宾馆开票的时候多开了一点，以前经理在的时候我们也都是这么干的。"王伟让李强先把报销单放下，并告诉他等签完后会通知他再拿回去。

李强刚离开，王伟的手机就响了。电话是公司副总经理宋总打来的。他对王伟说："一会儿会有人过来找你，你接待一下。"通话后不久，一名陌生人来到了王伟的办公室。来人姓张，是一家建筑单位的老总，他的另一个身份是当地国土局张局长的弟弟。他此次来访，是想参投即将开标的补水管道施工工程，希望王伟能给予方便。碍于公司领导的面子，王伟只好先应承了下来。送走了张老板，王伟却不由陷入了沉思……

新山化工厂

新山化工厂是一家生产乙烯的大型化工厂，目前正在基础建设阶段。该厂属于尔威集团化工板块的一个三级公司，也是尔威集团与 A 省战略合作协议确定

---

* 本案例由清华大学经济管理学院工商管理硕士曹俊撰写，仅供课堂讨论。其中的企业及人物均已经过掩饰处理。作者无意说明相关组织经营成败及其管理措施的对错。

的一项主要工程。工程立项后，当地政府为该项目的核准提供了很多便利条件。新山化工厂项目能够在立项后的一年内顺利得到核准，很大程度上得益于这些部门的大力支持。特别是当地国土局在项目前期的土地调整规划及土地使用报批过程中十分配合，甚至还主动替新山化工厂到上级主管部门跑办一些手续。当初负责化工厂项目核准的宋总对此感激不尽。

王伟的工作经历

五年前，刚从大学毕业的王伟加入了尔威集团在邻省的一家化工厂。三年前集团安排他到刚立项的 A 省化工项目担任工程部质量主管。在工程核准阶段他负责项目核准所需要的一些支持性文件的取办，工作过程中他跟地方政府工作接触较多，并时常得到他们的帮助，使他的各项工作都能圆满地完成。由于他工作成绩突出，在工程开工一年后，工程部经理岗位出现空缺，经宋总推荐，王伟当上了工程部经理。

补水管道施工工程

补水管道施工是将海边的水引入厂内补充生产用水工程，工程预计施工费用在 300 万元左右，属于化工厂公开招标范围内的项目，由工程部卢工对口负责。因为该工程是地下管网铺设，属于隐蔽工程，一旦建成投入运行将无法返工，因此标书将质量的评分比重提高到 70% 左右，远远超过价格的评分比重。该工程的另外一个特点是补水管道需经过部分农地，但由于是地下工程，铺完管道后上部仍可进行正常农作物生产，故对这部分土地不进行征用，产权仍归当地村民。因此，在施工过程中除了对相关村民进行补偿外，还需要得到他们的配合。

今天遇到的这两件事情都让王伟十分为难。对于李强的报销单，如果让他据实重新开具住宿费发票报销，将导致下属出差还需要自己贴钱，王伟于心不忍，而且以后类似的出差任务将比较难安排。此外，王伟担心下属会因为此事对他有看法，认为他不近人情，不愿意为员工解决困难。但如果自己签字，则违反了公司住宿费据实报销的规定。

关于张老板的关照请求，尽管对方没有明说，但王伟明白是想让他在评标中在技术上多给一些分，帮助他拿下这个项目。王伟明白这肯定违反公司规定和自己的职业道德操守。他不清楚宋总的具体想法，也不方便过问。他担心如果不给张老板帮忙会得罪宋总和国土局张局长，使以后的工作陷入被动，甚至补水线路的施工用地问题都没办法顺利解决。

B

经过一夜的苦思，第二天早上王伟走进了经营副总马总的办公室。王伟跟马总请示能否对差旅制度进行改进。他跟马总解释了当前差旅费报销制度的不合理，指出这种制度一方面会造成员工的工作不便，另一方面会使一些员工不得不虚报住宿费，导致员工的不诚信。

走出马总的办公室后，王伟找到了下属刘工。刘工对工程管理及报价相当有经验，但是不负责补水管道相关工程。他向刘工说张老板想投补水管道的标，希望他在不违反公司管理规定的前提下在业余时间给予一些专业支持，并强调该项工作只是私人帮忙，不要让主管这项工作的卢工知道或者参与。随即王伟打电话给张老板，并对他说有什么困难可以直接找刘工。

一个星期后，新山化工厂补水管道评标会举行。王伟向总经理申请因工作需要带刘工去外地出差，安排卢工去参加技术评标，且没有对卢工说任何关于张老板的事情。

王伟出差五天后回到公司，卢工向他汇报了补水管道招标的结果：由于张老板的标书技术部分和商务部分都做得十分专业，得到评标委员会外部专家的一致推荐，从而中标了。

同时，财务部也下达了修订后的差旅报销制度，员工如需报销市内交通费，经分管领导许可，并在票据后背书后可实报实销，不再发放交通补助。李强拿着重新开的发票经分管领导签字后走完了报销流程。

评析：

一位刚走上公司中层管理岗位的职场新人遇到了两件棘手的工作：对于上级特别交代过的投标方，要不要在招标时给予特殊照顾？关照，有违规则；不关照，会得罪上级。对于下属提交的违反财务规定的报销单据，要不要签字批准？批，违反财务制度；不批，现实工作确有需要，而制度僵硬，带来很多不便。

甲：如果只看案例 A，你觉得主人公可以有哪些选择？

乙：我排列组合了一下，大致有四种方案：①听上级的，也替下属说话；②听上级的，但拒绝下属；③二者都拒绝；④拒绝上级，但替下属说话。说实话，我觉得后两种不具有可行性，尤其是最后一种。人在屋檐下，哪能不低头？

甲：那就只有前两种方案可选了。二者都有听从上级指示的内容，这是否意味着遇事就应当唯上级意见是从？而在依从上级意见的情况下，拒签下属提交的报销单据，理由是什么？照章办事？如何能做到自洽？如果也放下属一马，那么公司的制度不就形同虚设了？

乙：我其实没想那么多，只是觉得多一事不如少一事，结果还是让自己陷入了逻辑旋涡。看来商业场景中的伦理挑战真是无处不在！

甲：不止是普遍存在，商业伦理挑战还会随着当事人职务的变化而变化。初入职场的人士与职场资深人士面临的伦理挑战就不见得完全相同。随着职位的提升，权力变大了，但责任也会随之加重。责权总是会相互匹配的。就以案例中的上级来说，他其实也面临伦理挑战：要不要和下属打招呼，替熟人说话，在业务上予以照顾，从而把难题丢给下属？还是自己一开始就明确拒绝熟人的请托？

乙：说真的，如果上级能体谅下属的难处，把问题挡住，下属就不必受这份罪了。

甲：组织中人，往往既是上级又是下属，因而都存在挺身而出，替自己所带团队的成员"遮风挡雨"，使其免于不必要的纠结，甚至推动改变不合理的制度安排的可能。

乙：就像案例 B 中主人公做的那样？

甲：是的。更深层地，我觉得这个案例提示了职场人士该对谁负责的问题：对下的管理中，要不要包括"体谅"这个指标？对上，服从是不是一个绝对的标准？下级要不要替上级分忧？对明显有纰漏的建议或决定，要不要进行善意的规劝或"补救"？因此，除了对上和对下的责任，对己呢？保持自身人格的一致性，到底有多重要？

乙：经您这么一分析，案例的讨论空间一下子开阔了许多！

为难的大武 *

大武照例很早就来到了公司。打开电脑后，大武首先看到了老板谭穆从新加坡回复的邮件。谭穆明确表示，大武提交的团队绩效评估结果不符合要求。由于公司年度业绩下滑，谭穆要求大武对团队人员进行精简，第一步就是要在本次绩效评估时给出一名不符合要求的员工。

大武不由望了一眼桌上的团队合影。上面一张张鲜活而熟悉的面孔让大武倍感为难。本次绩效考评过后，其中一位将不得不离开这个团队。思虑良久，大武终于做出了决定。

公司背景

全能公司是一家著名的跨国公司，但由于在移动通信领域管理层决策错误，错失了移动设备爆发式增长的市场机会，导致公司在当前的移动设备市场上并没有多少份额。

无线通信行业在过去十年间不断迅猛发展，无线通信技术经历了从 2G 到 3G 的升级，正在从 3G 向 4G 演变。2010 年世界各大公司借着产业升级的机会加大了对 4G 的 LTE 芯片研发的布局。全能公司收购超越公司无线通信事业部就是在这个大背景下发生的。全能公司希望借以弥补其之前对移动通信市场的增长速度的误判，从而提高市场占有率。中国是世界上最大的移动通信市场，要想布局 4G 产品，中国市场是不可或缺的，那么在中国设立研发部门进行 4G 产品的开发，就是一个必然的选择，因为本地开发可以减少沟通和差旅成本，提高开发效率，未来也方便满足本地客户需求。

奔腾公司曾是超越公司无线通信事业部最大的客户。超越公司的无线通信事业部被全能公司收购后，奔腾公司就变成了全能公司最大的无线产品客户。奔腾公司的手机产品曾经占据市场相当大的份额，其也设立了研发和生产中心。几年前奔腾公司放弃自己的智能手机平台，从此业绩直线下滑。为了减少研发费用，两年前奔腾公司把研发中心搬到了本市。为了给这个最大的客户更好的支持，全能公司也决定在本市成立研发中心。

---

* 本案例由清华大学经济管理学院工商管理硕士刘伟、徐辉、周萌枝撰写，仅供课堂讨论。其中的企业及人物均已经过掩饰处理。作者无意说明相关组织经营成败及其管理措施的对错。

大武的团队

大武三年前加入全能公司，亲手创建了本市研发中心的软件开发部门，并担任该部门的经理。部门有两个任务：一个是进行长期演进－时分双工（LTE-TDD）软件的开发，另一个就是支持奔腾公司在本市的研发团队。

大武的团队成立时，本市分公司的售后服务部门正在进行组织结构调整，售后部门经理和大武经过协商后决定八名售后工程师由客户技术支持部门直接转入大武的团队。大武在几周后招聘了多名新的成员。就这样团队很快组建完成。

大武直接汇报的老板谭穆是法国人，在新加坡办公。同时谭穆还管理着印度班加罗尔、丹麦阿尔堡和德国纽伦堡的三个团队。几个团队同时支持全球的客户，彼此之间没有业务交叉，由于没有竞争关系，一直以来合作良好。

在过去两年中，大武带领团队成功地完成了几个项目的开发和支持工作，取得了比较好的绩效，得到了谭穆的认可。大武也在每年绩效评定时为下属争取到了理想的绩效结果，给三名员工升了职，而且从来没给过下属"亟待提高（improvement required，IR）"的绩效评定。

全能公司绩效评定分为：卓越（outstanding，O）、超出预期（exceed expectation，EE）、达标（normal，N）和亟待提高四个级别。根据公司规定，如果某一员工连续两年绩效被评定为"亟待提高"，就会被解除劳动合同，并且以后也不会再被公司录用。

大武最近隐隐感觉谭穆对本市团队的重视度不如以前了。前两年，谭穆每半年会来一次中国，与大武及团队成员见面。但今年谭穆却没有来。按他的说法是由于签证的问题。现在大武和谭穆之间的沟通，除了每天的电子邮件，就只有每周一小时固定时段的电话会议。半年前，大武团队有一个员工离职，大武多次就招聘新员工替代离职员工的事情和谭穆沟通，但迟迟没有得到明确答复。

最近一年奔腾公司的业绩加速下滑，季报越来越差，项目进展也变得缓慢。这对大武团队也产生了直接的影响。团队的成员中开始弥漫着比较悲观的情绪，大家担心失去这个最大的客户，自己的职位也会不保，其中皮特的表现最为明显。

皮特是转到大武团队的八名售后工程师中的一员，有近十年工作经验，甚至比大武还早两年加入公司，起先是在售后服务部门，那时由于绩效卓越还被提升了一级。皮特每天按时上下班，交给的任务倒也都能完成。他的绩效这两年不是很突出，但都能达标。可是从今年开始，皮特有越来越多的迟到早退现象。大武和皮特进行过一对一的交流。皮特的看法是奔腾公司已经是明日黄花，早晚会被别的公司收购或破产，所以他认为继续做奔腾公司的项目不是长久之计，他更希望与有发展前景的客户打交道。

全能公司所在的本市工作园区中有个小公园，为了与团队成员加强沟通，每天午饭后团队的大部分成员都会一起散步。这是团队成员间分享信息的机会。大武在散步时也了解到，皮特刚买了房，妻子又怀孕了。这也是他不能按时上下班的另一个原因。

团队绩效评估

今年的绩效评估马上又要开始了。大武在给皮特打分时却有些犹豫了。皮特的表现并不令人满意，但也不是一无是处。在今年慕尼黑的团队人手特别紧张时，皮特曾被临时调到慕尼黑完成其他项目，在那里待了将近六周，完成了任务。大武事后曾就皮特的表现询问过慕尼黑团队的经理，得到的反馈是皮特经验丰富，有能力。

与此同时，还有一件事让大武对皮特不是很满意。在皮特出差回来后提供的报销内容中有私人用品，这在公司报销的政策中是不允许的。大武知道之前也有员工会这么做，公司的出差政策是实报实销，酒店和饮食是公司付钱，但公司没有出差补助，所以有的员工在报销时会多报一些。大武认为皮特在这件事上违反了公司财务规定，要求其对报销内容进行修改。皮特在报销事件后，工作态度更加消极，迟到早退现象更加频繁了。大武给予了口头警告，并在其再次迟到后发出了书面警告。正式的通知是可以帮助证明员工绩效为"亟待提高"的证据。皮特在收到书面警告后认识到了情况的严重性，态度变得积极了一些，并找大武谈过，表示虽然他并不是很喜欢现在的工作，但也不想失去它。

在离绩效评估还有三周的时候，大武按照惯例和谭穆进行沟通，讨论各个绩效水平的分配比例。大武在第一轮评测中没有给任何人"亟待提高"，但报告却被谭穆否定了。大武很快收到了谭穆的指示，由于今年全能公司业绩下滑，在人员上要做减法。谭穆要求今年大武团队中有一个"亟待提高"的名额，意思就是团队中必须有一个人的绩效评定是"亟待提高"。

按照公司的绩效管理规定，员工绩效如果是"亟待提高"，随后需要启动业绩改进计划。该计划需要为员工制定未来一段时间（通常是未来 60~90 天）的工作改进目标，由员工、经理和人力资源经理共同书面签字后执行。计划中会对每项工作完成的要求做出非常具体的规定，甚至细化到对每天上下班时间的要求等，通常会对员工带来很大的压力。员工在得到"亟待提高"的绩效评定后，多数最终会离开公司。

可能的选择

很明显，皮特今年的表现不令人满意，但他毕竟是经验丰富的老员工，也曾经为公司做出过重要贡献，现在是否真的已经差到了"亟待提高"的程度，大武并不确定。

如果不是皮特，还能是谁？大武把目光投向了刚刚加入团队一年多的员工艾可。艾可是参加工作不久的年轻人，职业经验不足，由于加入的时间短和业务不熟悉，在工作上犯了几次错误，整体贡献比其他人少。如果把"亟待提高"评给艾可这样与团队相处的时间较短的新人，相对来说，大武的心理压力会小一些。但艾可入职以来工作态度一直很好，对团队分配的任务从来都是高高兴兴地接受，还经常主动帮助团队中的其他员工，一年来成长也很快，大家对艾可的评价都很高，认为他是个值得培养的员工。

这么一对比，大武似乎从二者之间找到了一点思路，他觉得，艾可的问题在于经验少，还没有得到太多锻炼的机会，而皮特更多地是自身意愿出了问题。

思绪再转回到皮特身上，两相权衡，大武觉得自己倾向于将"亟待提高"的绩效评定给予皮特，但一想到由此会对其家庭造成的影响，大武又变得非常犹豫。

B

大武的选择

在大武为难的时候，公司宣布由于业绩下滑，开启了员工主动离职计划，目的是减少运营成本。计划的内容是员工可以申请主动离职，三个月后生效，员工可以拿到以当年平均工资确定的基数乘以工作年限的补偿。

在了解了员工主动离职计划的内容后，大武知道他要找皮特认真谈一次了。随后大武约了与皮特的一对一谈话。在谈话刚开始大武首先感谢了皮特在接到紧急任务后能够完成，但是就整个年度来看他并没有达标。大武很清楚地告诉皮特，绩效评估时他会得到"亟待提高"。对他的影响是当年不能升职并且不能涨工资，还要制订绩效改进计划，如第二年还是不能有效提高业绩，那么他将会被辞退，并且"亟待提高"的绩效会记录在公司的档案中，有此记录的员工是不能再次被公司聘用的。

随后大武向皮特解释了在绩效评估前推出的员工主动离职计划，并且和他谈到职业发展的问题。大武建议皮特可以利用员工主动离职计划的三个月缓冲期，去寻找符合自己职业发展路径的工作，他还可以拿到一笔补偿，而且一年后他还可以再次在公司寻找适合他的工作。当前不可逆转的业绩持续下滑，最终会影响公司对团队的支持。大武想到谭穆对本市团队态度的变化，不知未来会如何变化，皮特早点转型未必不是件好事。

皮特并没有马上选择主动离职计划，而是说要考虑几天。三天后，皮特来到大武的办公室，说他愿意选择主动离职计划，并说这对他而言是最好的选择。

皮特的新工作

三个月后，皮特离开了公司，赔偿的金额相当于他之前半年的工资，这可以让他有充分的时间找新的适合自己的工作，而不用过分担心家庭的负担。一个月不到，皮特就在另外一家不错的公司找到了一个现场支持工程师的职位，与客户直接打交道。尽管压力比较大，但这是他自己喜欢的工作，所以心情比在全能公司时反而更好。大武很高兴看到这样的结果，也继续与皮特保持了朋友的关系。

附件：全能公司劳动合同中关于解除和终止合同的条款

10. 解除和终止

……

10.2.4 员工工作表现没有达到全能公司规定的要求或标准的，通过培训或调整工作岗位仍不能达到相关要求或标准的，包括但不限于经培训指导后未能完成行为改进计划，或两次被评为"亟待提高"的；

10.2.5 员工严重失职或有任何违法行为。

评析：

由于业绩下滑，公司要求大武精简团队人员。这意味着本次绩效评估中就要给团队中的一名员工不合格的评价。皮特近来经常迟到早退。他的妻子怀孕了，又刚刚买了房，他对其所服务的客户公司的未来失去信心，觉得它迟早会被收购或者破产，而更希望与有发展前景的客户打交道。艾可是参加工作才一年的新人，经验不足，对业务不熟悉，犯了几次错误，整体贡献较少，但工作态度一直很好，还经常主动帮助他人，大家普遍认为他是个值得培养的员工。大武非常为难……

乙：在伦理学上，康德以极度推崇理性著称。他的学说试图将情感、偏好等非理性因素从道德哲学中彻底清除出去。他认为："一种由情感和偏好的动机，同时由理性概念组合而成的混合的道德学说，必然使心灵在无法归摄到任何原则之下的种种动因之间动摇，这些动因只能极偶然地引人向善，但却也时常引人向恶。"①

甲：但问题是，在形而下的世界里，活生生的人能够彻底去除自己的情感和个人偏好吗？彻底删除了个人情感和偏好维度之后，人还是人吗？如果不能彻底去除，那么管理者又该如何看待自己的主观偏好、感情，以及职业场景中的私人关系？就拿给下属打分（从而也是裁人）这件事来说，如何客观、公正地评价下属？是该主要看当下的工作表现，还是也看历史贡献，考虑员工未来的发展潜质？

乙：非常明显，人和人是不一样的：年长的、有贡献的、业内资深人士，年轻的、有潜力的、职场新人……

甲：那么该按照怎样的尺度去衡量？一碗水端平？除了与工作直接有关的情况外，还要不要考虑下属工作以外的其他情况，比如家境，比如这份工作对于其家庭的重要程度？如果考虑了，又如何保证客观公正？如果自己觉得要考虑上述主观因素，但上级却并不认同或全然没有意识到，那么自己要不要为下属据理力争？更一般地，在一个商业组织内部，管理者对下属究竟负有何种责任？

乙：怎么又是这个问题，我们好像就没绕出去过！

甲：因为这是个大问题，借用两本书的题目，到底"人是机器"，还是说"人有人的用处"？② 我们必须有自己的态度！

---

① ［德］康德：《道德形而上学的奠基》，李秋零译注，中国人民大学出版社 2013 年版，第 28-29 页。

② ［法］拉·梅特里：《人是机器》，顾寿观译，王太庆校，商务印书馆 1959 年版；［美］N.维纳：《人有人的用处》，陈步译，商务印书馆 1978 年版。

棘手的审计报告 *

春寒料峭。朱匀会计师事务所上林分所的审计人员都在忙碌着。新提拔的年轻审计经理凯西满腹心事走回工位。桌子上放着一本已经打印上会计师事务所标识的审计报告。4月21日是向凭山房地产开发有限公司(以下简称"凭山公司"①)提交审计报告的日子。凯西将作为执业注册会计师（CPA），签署人生第一份审计报告，发表标准的审计意见。

凯西拿起报告反复翻阅，脸上仍旧是一片愁容。为了这份审计报告，她和团队已经准备了三个月。作为签字的注册会计师，她本人将对审计意见负全责。然而，客户财务报表中存货与收入科目的金额存在巨大的不确定性，可能涉及业主违约而引发的诉讼和赔偿。虽然她已就该事项存在的风险与凭山公司的管理层以及她的领导——朱匀会计师事务所合伙人杜琳开过多次电话会议，但他们均要求按期发表财务报表无差错的审计意见。凭山公司管理层还暗示，如果不签署报告，以后将不会再与朱匀会计师事务所合作。杜琳非常重视与凭山公司的合作，曾发邮件要求凯西以最大的努力维护好与凭山公司管理层的关系。

时针指向中午12点。凯西叹了口气，拿起笔，翻到签字页，内心却非常犹豫。笔尖在半空中停住，思绪不禁飘到了很久以前……

朱匀会计师事务所简介

朱匀会计师事务所的分、子公司和办事处遍布全球，共有超过十万名专业人士向各类客户提供全方位的审计、税务咨询、尽职调查、并购等业务咨询服务。朱匀会计师事务所大中华区设有多个分支机构，其中北京与上海分所是朱匀会计师事务所在华最大的两个机构。

朱匀会计师事务所采用事业部的组织架构，分为审计、税务、财务咨询三大业务单元，每个业务单元分项目组开展日常的业务工作。每个项目组根据项目规模配备不同等级的专业人员参与，至少保证每个项目均配备一个合伙人、一个项目经理，再加上高级审计员和初级审计员。

---

* 本案例系第五届伟创力商业伦理案例写作比赛获奖作品，由清华大学经济管理学院工商管理硕士李文静撰写，仅供课堂讨论。其中的企业及人物均已经过掩饰处理。作者无意说明相关组织经营成败及其管理措施的对错。

① "凭山"语见南宋赵善括《登装公亭借用杜牧之登齐山诗韵二首》之二"且向园林穷胜事，更凭山水发清晖"句。另见南宋楼钥《题林氏香严庵》诗中"瀹茗凭山槛，呼灯照石梯"句。

通常情况下，合伙人与项目经理负责洽谈承接项目；高级审计员和初级审计员去现场完成审计／咨询工作，提交工作底稿；项目经理负责管理高、初级审计员，控制项目进度，审核工作底稿的质量，同时与被审计单位管理层保持良好的沟通关系，在工作中随时与被审计单位管理层沟通进度与重大审计／咨询事项。

朱匀会计师事务所拥有享誉全球的专业声誉，就审计业务而言，其承接审计全球上市公司年度／中期的财务报表的收费标准是行业内最高的。以中国的审计业务为例，朱匀会计师事务所完全占领了审计服务市场的高端市场部分，其收费至少是国内会计师事务所报价的七倍。总部每年对中华区的收入、利润均有具体的指标，且每年均要保持至少 8% 的收入增长率。近些年来，随着中国政府推出针对国内会计师事务所的扶持政策，作为外资所的朱匀会计师事务所在承接中国央企审计服务方面面临巨大的挑战。常规的审计业务已不能满足朱匀会计师事务所收入增长的需要。为股份公司首次公开募集股份（IPO）或融资并购提供审计服务，才是新的收入增长点——这两项收费是常规审计收入的五倍以上。因此，除了继续保持与原有客户的合作关系，合伙人与项目经理的主要精力日益向寻找此类审计业务机会倾斜。

薪酬组成及晋升通道

朱匀会计师事务所拥有公平透明的薪酬组成及晋升通道。高级审计员与初级审计员仅有工资，无任何奖金，其工资根据在事务所工作的时间而定，从第一年到第五年分为五个级别，每年年末如无任何不良表现将自动上升一级，工资每年均会有 30%~40% 的增长。每个级别内部，根据上一年的业绩表现考核情况[①]，在该级别基准工资基础上，上下浮动 10% 左右。

经理与高级经理除了基本工资外，在年底会有奖金，奖金情况视当年完成的审计、咨询项目为公司创造的收入贡献而定，无固定标准。其层级的晋升也需要合伙人的推荐，一般而言，晋升时会由负责该项目的合伙人对其业绩表现进行评定。

主人公凯西的职业生涯

凯西大学毕业后即进入朱匀会计师事务所上林分所工作，至今已工作到第六个年头。在会计师事务所行业，是否拥有注册会计师证书是职业生涯非常重要的分水岭。因中国的审计准则规定，审计报告必须由两位中国注册会计师发表审计

---

① 亦即 KPI 考核情况。KPI（key performance indicator）即关键绩效指标。在朱匀会计师事务所，KPI 考核结果分为优、良、中、差 4 个等级。

意见方能生效，且签署审计报告的会计师事务所与注册会计师必须对审计报告中财务报表在重大方面披露的正确、公允与否负责。一旦查出财务报表造假，被审计单位的管理层、会计师事务所、注册会计师将受到牵连，职业生涯也将蒙上污点。

怀着对工作的热爱与专业方面的不断积累，凯西在工作的第四年通过考试取得注册会计师执业资格。按照事务所的规定，拥有注册会计师执业资格是由高级审计员晋升为项目经理的必要条件，否则将无法作为注册会计师在项目的审计报告上签字。

凭借前五年在事务所的良好表现（每年业绩考核结果均为优秀）及注册会计师执业资格证书，凯西顺利地在第五年结束时晋升为项目经理，负责她从第一年起就参与的凭山公司项目的审计工作。项目合伙人是她的老领导杜琳。她们在一起工作长达四年之久。在杜琳的提携指导下，凯西从当初刚进事务所时一无所知的小女孩成长为能够独当一面的项目经理。对杜琳的知遇之恩，凯西心存感激。

凯西的客户——凭山公司

凭山公司成立的第二年即取得了毗邻大湖风景区的几百亩土地的使用权。此后，凭山公司一直致力于临湖顶级商务会所、临湖别墅的建设。截至上年底，凭山公司已为别墅建造投入资金 20 亿元。别墅项目分为一、二、三期。其中，一期别墅已售出 3/4，二、三期正在建造中。

凭山公司的母公司北丰集团是一家涉猎房地产开发行业、酒店行业、娱乐行业的大型综合民营企业，目前未上市。根据北丰集团的董事会决议，董事会初步决定于五年内在香港证券交易所挂牌上市，以拓展更多的融资渠道。但上市计划仍处于决议阶段，尚未开始执行。

上年财务报表审计工作中存在的问题

凭山公司一期剩余别墅在近一年半的时间里出现滞销。过去一年，真正销售出去的只有一套。之前年度售出的别墅，也出现了业主要求退房，或者因业主无法偿还银行贷款导致别墅被银行查封的情况。问题的根源在于该市别墅供大于求，虽然普通住宅房价稳步上升，但高端别墅市场价格却在走下坡路。

这可急坏了凭山公司的管理层。他们面临巨大的业绩压力，销售停滞导致资金无法回流，影响了第二期、第三期工程的进度。与此同时，上一年度收入下降幅度过大导致财务报表利润出现严重亏损。无论如何，这样的财务报表是非常难看的。

凯西带领的团队发现，为了避免巨额亏损，凭山公司管理层出现了收入确认的截止性问题，将不该本年确认的售房收入体现在财务报表上。与此同时，管理层提供的利润表中"资产减值"科目为 0。凭借自己的专业经验，凯西看到财务报表时立即对该数字产生了疑问。在销售情况如此惨淡的本地别墅市场，其他在当地开发别墅的上市房地产公司披露的年报中均出现了减值，且重点提及了当年该市房地产市场的萧条。而凭山公司管理层却坚持认为他们开发的别墅目前处在"有价无市"的局面，并不存在减值问题，以后仍可以以很高的价格销售出去。

凯西认为凭山公司管理层在刻意粉饰财报，才在收入与利润科目上大做文章，但在会计准则中，减值问题本身就是管理层的判断，审计人员需要做的是评价管理层的判断合理与否。而凯西打心眼儿里觉得管理层的判断过于激进，完全是为了做高今年的利润而不顾以后年度财报的影响，她打电话给凭山公司财务总监刘经理，表达了自己的看法。

一向与她合作得颇为融洽的刘经理在电话里表现得非常生气，坚持认为凭山公司的财务报表不存在虚假之处。她指责凯西过于审慎，存在太多的职业怀疑精神。

沟通无果后，凯西找到杜琳汇报了这一情况。杜琳当时没有发表意见，只是指示凯西再与管理层沟通，并取得更加有力的证据证明自己的怀疑。

随后凯西陷入了忙碌中，她一方面与凭山公司管理层多次沟通，要求其聘请评估师对别墅价值进行评估，另一方面研究会计准则与房地产市场行业研究报告，力求寻找证据证明自己的判断。

本来按部就班无太大风险的审计项目变得棘手起来，审计报告的签字日也一拖再拖，凭山公司的管理层开始不耐烦，频繁催促凯西签署审计报告。而随着凯西调查工作的进行，更多的证据证明凯西的怀疑是正确的。手握证据的凯西联系上杜琳，一起与凭山公司的管理层开了一次电话会议。

4 月 15 日的电话会议

会上，凯西列举了自己找到的证据。凭山公司管理层则表示，他们已经找到评估师为别墅市场进行了评估，评估结果非常满意，完全不存在减值问题。凭山公司管理层指出凯西在资产价值评估方面没有评估师专业，因此应该相信评估师的判断。凯西败下阵来，却仍旧质疑评估师的评估结果，双方不欢而散。

电话会议后，杜琳向凯西表示，凭借她多年的专业判断，评估师的结果确实存在可疑之处，但既然凭山公司管理层找了评估师，她认为凯西就应该立刻签报告，不要再拖延。

当凯西回到办公室后，刘经理的电话也打了过来。她表示已经按照凯西的要求聘请了评估师，产生了不必要的评估费用，为的就是这份审计报告。在今年销售形势不好的时候，这样的费用是费了很大周折请示了总部才批准的，完全是因为凯西的质疑导致，凯西应该考虑减少这次审计的收费。另外，她还暗示凯西，总部领导对朱勾会计师事务所及凯西的这次"刁难"非常不满，如不在下周内签好报告，总部将考虑解聘朱勾会计师事务所，改聘收费更加低廉也更加"听话"的国内事务所。

随后的一周

随后的一周，凯西查到凭山公司聘请的评估公司与凭山公司总裁存在关联关系。换句话说，评估结果有 99% 的可能性是凭山公司管理层授意更改的，这更加验证了凯西对于财务报表虚假的怀疑是正确的。当她把自己的调查结果通过邮件发给正在出差的杜琳时，杜琳却一直没有回复。

杜琳去外地参加某公开募集股份审计项目招标会，结果却铩羽而归。此次失利意味着离她年底完成朱勾会计师事务所的收入业绩要求又遥远了一步。杜琳自然而然地想将业绩希望寄托于目前的客户——凭山公司的母公司北丰集团，如果能取得北丰集团首次公开募集股份（IPO）的审计业务，其审计费将极为可观。当然，目前北丰集团尚未启动上市计划，也就不存在竞争审计业务的问题，但与北丰集团保持长期愉快的合作关系无疑是需要的。

因此，当凯西第一时间向杜琳汇报了上述评估事宜时，杜琳的态度不是很好，表示她已知道凭山公司投诉凯西并威胁不再合作的事情，然而凭山公司每年的审计费非常可观，维护这个客户是必要的，更何况其母公司是朱勾会计师事务所潜在的审计客户。对这一点，杜琳强调了两次。对于凯西所做的各种调查（包括对评估公司的背景调查），杜琳认为并不能有力推翻最后的结论，因此无疑是在增加审计成本、浪费时间。

最后，杜琳指出，凯西作为项目经理晋升的时候，考核指标中很重要一部分是为公司收入所做的贡献，凭山公司审计报告虽小，但牵涉到朱勾会计师事务所与北丰集团的长期合作，请她自己好好把握利害关系。

凯西的犹豫

对于人生第一份签字负责的审计报告，凯西不希望里面的内容有虚假的成分，而诸多事实证明虚假成分的可能性极大。审计工作的意义不就在于寻找财务数据中的水分并剔除掉吗？但客户的压力与领导的暗示让凯西明白签署这份审计报告对于自己在朱勾会计师事务所的晋升、客户关系维护、与领导的关系将起到至关重要的作用。

凯西并不想离开朱匀会计师事务所，也希望能够与凭山公司长期合作。然而，签字就意味着负责，她知道凭山公司接下来极有可能拿着这份审计报告作为被公证过的财务数据向银行贷款或向某些金融机构融资，审计报告的用途凯西无法控制。她曾经私下里请教过其他的经理遇到类似的情况该如何处理，所有人都告诉她，他们都闭着眼睛签了字，之后也没有被任何监管机构质疑过，更何况目前市面上只花一两千块钱就出的审计报告多得是，那些才是真正的虚假报告。

4月21日是当初定下的最后报告日。凯西知道如果签下这份审计报告，杜琳再让她签署那些她未取得足够审计信心、不想搭上自己职业声誉的审计报告，她都将失去说不的能力。有第一次就会有第二次。如果她坚持不签报告，这份报告也终将会以朱匀会计师事务所的名义报出，只不过杜琳需要重新找一位愿意负责签报告的注册会计师而已。

审计的独立性遭受威胁，凯西的签字笔与注册会计师身份的印章就在手边，这份报告是签还是不签？每种选择的后果她能否承担得起？凯西不禁再次陷入了沉思……

后续

4月21日下午两点，凯西签好报告，她的团队迅速将报告打印装订并贴上了朱匀会计师事务所的防伪标签，于当天下午寄往凭山公司。凭山公司收到报告后立即上交给当地工商局进行企业年度检查①，并用该审计报告作为公司财务状况支持性文件向当地银行申请一亿元贷款。

在完成了凭山公司的审计报告后，凯西向杜琳申请了一个月的假。在某种程度上，凭山公司报告事件对凯西内心造成的影响是巨大的。她认为的审计公正性与朱匀会计师事务所的利益产生了冲突。假期里，她反复确认自己是否能够为了自己在事务所的职业发展规划一而再，再而三地去签署并负责一些她没有审计信心的报告，答案似乎更加趋向否定。

正好此时一家创业型的互联网公司递来了橄榄枝。休假结束后，凯西向杜琳递交了辞呈，离开了朱匀会计师事务所，加入一家创业型的互联网金融公司担任财务经理职位。

半年后，凭山公司解聘了朱匀会计师事务所，改聘某国内会计师事务所负责其之后年度的审计事务。

---

① 2013年年底，全国人大常委会对《公司法》进行了修订。2014年2月7日，国务院批准印发的《注册资本登记制度改革方案》提出"将企业年度检验制度改为企业年度报告公示制度"。

评析：

经过 5 年的历练，凯西晋升为审计经理。按照其所在会计师事务所的职务等级序列，再努力上几年，跨过高级经理，距离合伙人就不远了。不想，凯西第一次以负责人身份主导审计项目就遇到了麻烦。她和客户公司对财务报表中数据的真实性产生了严重分歧。对方暗示，如果凯西不签署报告，会影响双方以后的合作。上司也要求凯西维护好与客户的关系，因为客户公司的母公司即将启动赴港上市计划，那将是一笔大单……

甲：站在凯西的立场上看，此间的利弊非常明显。有利的是，按客户要求签署报告，注定皆大欢喜——项目顺利完成，还会带来新的订单，客户、上司都满意，自己的年度任务自然也不成问题。麻烦的是，万一财务报告中的数据确实存在问题，事后被追责，自己作为签字者，注定难辞其咎。分析起来，在夹缝中生活也许就是一种宿命：事务所收了客户的钱，安排审计师去为客户服务，但同时，法律和监管当局又将审计师视为"替代监督者"，让其检点、监督客户的行为，如果敷衍了事，就拿审计师是问。近期的利益，长远的风险，孰轻孰重？

乙：不过，如果换做客户公司管理层和上司，弊的一面好像就看淡了许多。客户似乎只关注尽快拿到审计报告（之后也许会有一系列的资本运作）。上司看重的则是通过这次合作，为日后拿下客户母公司上市审计的大单奠定基础。至于凯西担心的风险，没人在意。客户方面的逻辑大抵是自己出了钱，请人出具审计报告，对方就应该按自己的要求（包括时间，甚至包括报告的内容）来写。上司方面如今已将工作重心转向找寻重大项目（"找钱"），把具体的，尤其是难做的工作都交给了等待晋升、需要进步的凯西们去做。

甲：两方面看似具体诉求不尽相同，不过在将凯西们视为解决问题的工具或手段这一点上倒是相同的。康德说过："（理性存在者）在任何时候都不应把自己和他人仅仅当作工具，而应该永远看作自身就是目的……"[1]

乙：虽然如此，但在现实职场中，谁能不被当成手段（而维系其目的属性）？这次，凯西就成了"过河卒子"，去应对那些难解的题目。如果拒签报告，固然可以避免日后被追责，但这样做就等于是同客户、上司对着干，弄不好，这或许就是自己第一次也是最后一次做审计业务负责人，接下去，就该"夹起皮包走路"了。

甲：从业人员这种甚是拧巴的处境——一边是混合了业绩的及客户的压力，一边是职业操守，以及法律、监管当局的刚性要求——不能不说与审计制度的设

---

[1]　［德］伊曼努尔·康德：《道德形而上学原理》，苗力田译，上海人民出版社 2012 年版，第 40 页。

计有关。监管当局试图将会计师事务所和审计师塑造为自己的替代监督者，却又要被监管对象来出资付费。如此一来，被监管对象成为替代监督者的衣食父母，这样的制度安排势必危及审计机构和人员的独立性，极易使其陷入利益冲突的漩涡。

乙：同意！

甲：我这里还有证据。有媒体研究了2016年1月1日至2019年6月30日证监会发布的行政监管数据，发现5家会计师事务所的从业人员收到的行政监管措施分别达28、21、22、32和23人次。2018年6月，6家会计师事务所因审计业务被证监会立案调查。因此有业内人士认为，有必要由"监管层自己成立一个中间部门来统一委托审计"①。

乙：这让我想起了小平同志的名言："制度不好可以使好人无法充分做好事，甚至会走向反面。"②

甲：再回到本案例，主人公面对两难困境，选择离开或许是种解决方案。但不好理解的是，凯西是在艰难但成功地完成项目后才选择离开的。为何要这样？是看穿了行业的黑幕？是洞明了事务所内在的行事逻辑？是对合伙人"高处不胜寒"的恐惧？是出于对东家尽职的考虑？无论怎样，这对于规避职业风险都全无作用了。

---

① 黄思瑜、周楠：《审计行业"雷场"调查：如何拯救"失足"的瑞华们？》，载《第一财经日报》2020年1月15日A08版。

② 邓小平：《党和国家领导制度的改革》，载《邓小平文选（1975—1982）》，人民出版社1983年版，第293页。

投 资 顾 问*

A

12 月初，室外的最高气温已经降至零下，但寰球公司市场营销部的氛围仍然火一样热烈，大家似乎都准备好了为年度业绩做最后的冲刺。晨会结束时，齐刷刷的口号喊得震耳欲聋："与其用泪水悔恨昨天，不如用汗水拼搏今天！"

从会议室出来回到工位上，已经有人开始给自己的客户打电话："杨阿姨，这个周末全球市场……"也有的开始对着电话号码单拨打电话："李先生，您最近投资做得怎样？您了解现货石油投资吗……"但小可端坐在座位上，忽然没了讲话的力气，他应该如何应对这最后的冲刺？

喜忧掺半的年度业绩

晨会上，市场营销部总监武骁语通报了截至 11 月底的投资顾问排名和业绩数据。小可的年度综合业绩在 98 名投资顾问中仅位列第 51，大有被新来的年轻人赶超的趋势。如果综合进不了前 1/3，那么年终奖金额将会大打折扣。① 相对于年终奖励，小可现在更关注自己的职级晋升。截至 11 月底，他当年的客户总入金量② 已经超过 2 000 万元。只需要在最后一个月为公司创造 50 万元的交易手续费收入，他就可以晋升为资深投资顾问，那样的话，以后的手续费提成比例将再提高一个档次。③ 从长期来看，这显然远比一次性的年终奖更加诱人。

公司和业务背景

寰球公司最早的主营业务是以贵金属交易所综合会员的身份为客户提供贵金属投资服务。公司业务发展迅速，一年前又取得了原油交易所的会员牌照，可以同时为客户提供原油投资服务。

---

* 本案例由清华大学经济管理学院工商管理硕士谢晓明、李铖、祝凤彬、张鑫撰写，仅供课堂讨论。其中的企业及人物均已经过掩饰处理。作者无意说明相关组织经营成败及其管理措施的对错。

① 根据公司最新公布的考核方案，如果投资顾问综合排名进入前 1/3，可以获得相当于 24 个月底薪的年终奖励；中间 1/3 获得的年终奖励相当于 12 个月底薪；而排名后 1/3 的则只能获得年底双薪。

② 客户初始投入交易的总资金量，简称入金量。

③ 公司根据投资顾问的两项主要指标评定级别，并设定相应的手续费提成比例，具体要求和标准可见附件 1。

　　两家交易所的投资业务是近几年投资市场上异军突起的创新业务。它们发展迅速，但由于监管政策不明也被大量质疑。贵金属投资和原油投资本质上十分相似：交易所参考主流国际市场的贵金属或原油行情，根据人民币兑外币的汇率进行单位换算后，在国内市场报出交易所统一的买卖价格。[①] 客户根据这个统一价格向固定的会员进行买卖，既可以买多（先买后卖，预期价格上涨盈利），也可以卖空（先卖后买，预期价格下跌盈利）。

　　作为会员公司，寰球公司有义务按照交易所报出的价格接受客户交易，同时客户每交易一笔，寰球公司都可以按交易额的固定比例获得交易手续费收入。不过向客户收取的手续费只是会员公司三项主要收入之一。那些不在一个交易日内平仓的客户，还需要向会员公司缴纳一笔"延期费"。这是会员公司的第二项收入。另外，如果客户对价格判断错误，交易亏损了，实际上亏损的部分也是会员公司的收入（但是这项收入是有风险的，因为理论上客户也有可能交易盈利）。从长期的统计数据来看，会员公司的三项收入中，向客户收取的手续费是占比最低的。

　　寰球公司自取得交易所会员牌照后，主要通过网上精准广告和市场营销部的客户经理两个途径招揽客户来公司开户、交易。

小可的烦恼

　　小可学的是市场营销专业。两年前，他大学一毕业就加入了寰球公司，并一直从事客户开发工作。凭着一腔热情和大学里学到的专业知识，去年年底他顺利通过业绩考核，晋升为高级投资顾问。

　　但是随着业绩压力的加大，小可觉得自己这一年里好像没有之前那么有工作激情了。眼看着公司市场营销部规模翻了5倍多，从他进入公司时的不到20人增长到了近百人，小可偶尔会觉得自己老了，不像新进入公司的年轻人那样总能保持"打鸡血"的状态。甚至有一天，小可拿着部门总监分给自己的一长串陌生的电话单，连续好几个电话被拒绝后，一度觉得自己不想再开口跟陌生人说话了。

　　但即便这样，今年到目前为止，小可还是通过各种途径招来了非常多的客户，这些客户目前开户存入的投资资金已经有2 100多万元。小可并不知道这些客户总体的盈亏状况如何（这在公司内部是高度机密），但他知道他的很多客户都亏损了，有一些在开户不久后因为没赚到钱就不再继续投资了。在部门会议上，领导们会帮助投资顾问分析一个特殊的指标，就是他的客户为公司贡献的手续费与客户总入金量的比例。这个指标他们一般叫作"客户活跃度"，指标越高代表客户交易越活跃、越频繁。今年小可的客户虽然总入金量很高，但活跃度指标排名

[①]　买卖价格之间存在价差，业内叫作"点差"，一般客户买价比客户卖价高 0.2% 左右。

却是垫底的。也就是说，这一年小可把客户招来之后，并没有花太多心思去鼓励客户频繁交易。这一点被其他同事多次提到过，他们常说小可"守着金山还犯愁"。

小可非常清楚挖掘这些"金山"的价值。所有投资顾问都在一个开放的办公区域打电话，大家的"顾问"招数都非常透明。帮助客户分析未来的行情涨跌是投资顾问最常用的一招，也非常管用。他们跟客户说得言之凿凿，让客户相信他们的"专业"分析，果断地投入交易。如果未来的行情确如自己预判，投资顾问会不遗余力地强调自己的分析如何可靠，并鼓励客户推荐亲朋好友一起来投资。如果未来的行情与预期的相反，他们要么让客户再看看，说行情也不是一刻不差的，总得看长期趋势，要么让客户赶紧止损，再反向操作，并强调他们的投资工具是多么灵活……有的投资顾问甚至为自己的客户建立了微信群或者QQ群，频繁地发送行情预测，贴出一些客户盈利的账户截图，甚至有人冒充客户在客户群里发出各种诱使客户交易的假消息。

小可极少为客户做这种行情预测，主要是出于三点考虑：一是他认为自己在这方面并不专业，不能不负责任地为客户提供参考意见；二是交易所和公司合规部也有明文规定①，会员的工作人员不应该为客户把行情分析得那么明确；三是去年发生的一件事情让小可格外警惕。

神秘消失的投资顾问

与小可同期进入公司的另一名投资顾问杨光，一直是公司的业绩标杆，但却在去年年底突然离职，甚至都没有跟大家正式告别。小可后来只收到杨光的一条微信，说："我因为个人原因不得不离开公司，甚至离开这个行业了，公司待我不薄，请你们珍惜。"

后来小可看到当地报纸上的一则新闻，联想到这可能和杨光的事如出一辙。

昨日，年届古稀的李先生向本报反映，自己原想通过投资白银赚取高额收益，不料却因轻信大意导致20万元积蓄在1年的时间里只剩下了8毛8分钱。

业务员代操盘，20万元本金全赔

李先生2012年经由Q公司业务员刘先生推荐而对贵金属投资动心。不过在得知需上网操作后，不懂电脑的他打算作罢。"但小刘打保票说他帮我弄，当时行情也好能赚钱。"9月28日，李先生签完《客户协议书》便拿出20万元积蓄投资贵金属。

几个月后因着急用钱，李先生要求退资，但直到2013年8月退资仍未达成，

---

① 交易所的制度和客户协议中都明文提示了会员的工作人员对客户服务的界限，禁止其向客户做出明确的盈利保证、禁止替客户做交易。参见附件2。

而此时他发现自己的账户余额成了 8 毛 8 分钱，"20 万元几乎全赔了，小刘跟我承认是他做亏了。"李先生随即向 Q 公司提出赔偿要求。

交涉过程中，李先生了解到公司规章明令禁止业务员代客操盘，《客户协议书》中也就此提醒，但自己当初并未仔细阅读，在不知该条款存在的前提下将操作流程全权交由刘先生代理。他坦言自己的轻信大意是造成损失的原因之一，但认为刘先生和公司也应承担相应的赔偿责任。"小刘个人违规不对，公司也不能一点不负责，至少算管理不力吧。"

员工个人违规公司拒担责任

对此，Q 公司副总经理 S 先生向本报记者表示，刘先生代客操盘确系违规，公司已和其解除劳动合同。对于李先生的索赔请求，Q 公司最终答复是："客户损失主要是因为没有妥善保管账户密码，公司正常履行合同义务，没有过错所以不承担赔偿。如果李先生要通过诉讼向刘先生追讨损失，公司愿意提供交易明细等证据。"

S 先生称，二人之间的代理是私下达成的，一方面确是员工违规，另一方面公司也难以监管客户会把哪些信息外泄给业务员并由此确定交易是否全都由刘先生代为操作，李先生若仍认为公司应赔偿，可向约定机构提出仲裁请求。①

在为同事杨光感到惋惜的同时，小可也暗下决心：自己一定要坚持原则，不做杀鸡取卵、违背良心的事情。

与金进的午餐

小可大致计算了一下，如果自己仍然保持之前的工作原则，想要自己当前的存量客户在最后一个月贡献 50 万元的手续费收入，基本上是不可能的。但小可非常清楚，如果同样的问题放在其他同事那里，可能完全不是问题。

中午，小可约了同事金进在公司附近的茶餐厅共进午餐。金进比小可小一岁，也晚一年进入公司。金进能说会道，在公司人缘好，业绩也非常出色。小可是金进见习期的"导师"，尽管只做了 3 个月，小可一直颇为自己的第一个"学生"感到自豪。

听了小可讲过自己当下的苦恼之后，果然如小可所料，金进完全没把这事当问题，只是简单地说了句："哥，你就看看你那可怜的客户活跃度指标吧，按你2 100 万元的入金量，一个月别说 50 万元，200 万元手续费应该也不在话下啊！"

从金进口中得知的另一件事让小可更感纠结。报上那篇报道的主角正是前同事杨光，只是后来杨光不仅得到了公司的高额补偿，还被老板调到同一集团下开

---

①　整理自《20 万炒白银 1 年只剩 8 毛 8》，载《北京晨报》2014 年 1 月 4 日。

展类似业务的另一家公司。因为业绩出色,现在杨光已经做到了市场总监的位置。

吃完午餐后,小可独自去楼下的商场闲逛了将近一个小时。回到寰球公司,在热火朝天的市场营销部办公区里,小可终于拿起了电话……

附件1: 寰球公司投资顾问定级标准(节选)

公司根据投资顾问的年度业绩评定级别,每一自然年度结束后,计算各投资顾问当年的业绩指标,包括客户入金总额和手续费贡献总额。

只有两项指标全部达到标准,方可晋升到相应的级别。

投资顾问的手续费提成比例与级别挂钩……

级别低于金牌的投资顾问,如果连续两年未获晋升,则下一年度手续费提成比例减半……

附件2: 交易所风险提示函(节选)

……客户的全部交易必须建立在自主决定的基础之上。市场、会员(包括分支机构)及其工作人员提供的任何关于市场的分析、预测、信息或建议,仅供客户参考,不构成任何要约或承诺。客户依据前述相关分析、预测、信息或建议进行交易而造成的损失由客户自行承担。

交易所禁止会员(包括分支机构)及其工作人员与客户分享收益或共担风险,或接受客户的全权委托进行交易,由于此类行为导致的一切损失由客户自行承担。

评析:

公司拥有交易所会员牌照。交易所参考国际市场行情,以人民币汇价换算后,报出买卖价格。客户根据该报价通过公司代为买卖,既可以买多,也可以卖空。公司按客户交易额的固定比例收取交易手续费。公司还会对那些不在一个交易日内平仓的客户收取"延期费"。此外,如果客户判断错误,交易亏损的部分也将作为公司的收入。主人公在公司里担任投资顾问。公司要求投资顾问关注"客户活跃度",鼓动客户多进行交易。而主人公却知道自己的客户很多都亏损了……

甲: 我都快要相信有些商业活动是自带原罪的了!

乙: 有那么严重吗?孟德斯鸠可是说过:"商业能够治疗破坏性的偏见。因此,哪里有善良的风俗,哪里就有商业。哪里有商业,哪里就有善良的风俗。这几乎是一条普遍的规律。"[1]

甲: 分析起来,"哪里有……哪里就有"的表述可以与"只要有……就会有"

---

[1] [法]孟德斯鸠:《论法的精神》下册,张雁深译,商务印书馆1963年版,第14页。

的句式等价替换。如果是这样的话,就意味着善良风俗与商业是互为充分条件的。但真的如此吗? 对这样一条"规律",在现实中总能找到许多反例。本案例讨论的投资顾问行业就是鱼龙混杂,泥沙俱下。远说不上充斥着"善良风俗"。

乙:投资有风险,买者须谨慎。有什么不对的吗? 商业交易中双方皆为利益而来,怎能以对方没对自己说出全部实情致使自己受到损失而指责对方呢?

甲:这两个问题我们一会儿再讨论,能先分析一下案例中的交易模式吗?

乙:这个简单! 拥有会员牌照的公司利用自己的资格,根据投资者的意愿在交易所进行交易,最终结果,无论是赔是赚,都将直接归属于投资者。公司这边则是旱涝保收,只要交易完成就可以获得报酬。

甲:投资者为什么愿意把钱交给投资顾问公司呢?

乙:刚才说过,皆为利来,是希望获利啊,公司有渠道啊!

甲:其中有没有信任?

乙:应该有。

甲:其中有没有合作?

乙:也有。

甲:那么如果投资顾问不当地利用了这种合作关系和其间的信任,用一些话术、有误导性的信息劝诱客户过度投资,是正当的吗?

乙:是有点……

甲:"信任与合作的发端是以个人利益为基础的,它努力寻找'双赢',建立'假私济公'的机制。"[1] 个人之间如此,那么商业组织之间、商业组织与客户之间呢?

乙:也应该是一样的。

甲:在你卖我买这种相向的交易中,可能存在明显的此消彼长的零和博弈。与之不同,投资经纪业务中,投资者(委托方)和经纪公司(投资顾问公司)之间,往往是一种多回合的合作关系,在利益上也存在相当的一致性。如果顾问公司以消费客户的信任作为获利的手段,势必同时危及合作,最终损害自己本欲谋求的商业利益。

乙:这不就是"杀熟"吗?

甲:差不多。

乙:我想起之前看到的一则有关领地与攻击的实验的消息,实验人员在水槽中放置了 25 种鱼,每种 4 条,共 100 条。观察结果表明,同类鱼相咬与异类鱼相咬的比例是 85∶15。研究者据此认定,鱼类对同类远比对异类更容易有进攻行为。[2] 人不会是鱼进化来的吧?

---

① 郑也夫《信任论》,中信出版集团 2015 年版,第 250 页。

② 郑也夫《信任论》,中信出版集团 2015 年版,第 233—234 页。

新订单的纠结 [*]

A

引子

12月中旬的一天，和暖太阳能高科技有限公司（以下简称和暖公司）光伏组件销售经理王珂刚到公司，便被销售总监李涛叫进了办公室。李涛对王珂处理订单的优柔寡断大为不满，责令王珂必须尽快签下凯拓公司的订单，不能再耽误。对于王珂提出的不签凯拓公司的新订单以确保现有合同正常执行的提议，李涛予以否决。李涛还授意王珂，不能光知道干活儿，也要学会变通。最后，他意味深长地拍拍王珂的肩膀："我相信，以你的能力，你会处理好这件事情。"

王珂不免纠结：自己从进入公司的第一天起，便努力践行公司的企业文化——"信赖、真诚、可靠"，现在却要颠覆一直以来的信念……

和暖公司

和暖公司专注于太阳能多晶硅料、硅片、电池、组件的研发、生产和销售。公司始终对技术研发高度重视，组建了一支国际化的技术团体，配备了顶尖的专业人才和精良的专业设备，组建了最先进的生产技术，其专利申报数和获批数都创下了国内同行业历史新高。如今成立不过十几年，已然向着世界级科技领袖企业的目标迈进。

受近年来欧洲光伏市场需求迅速增长的影响，光伏组件供不应求，中国制造的组件因性价比优势，几乎占领了全球80%的供货份额，每一家工厂都几近满产。和暖公司也因规模扩产走在同行前列，订单如雪片般纷沓而至，全球市场份额不断攀升。公司还成功在海外上市。转过年，是和暖公司业绩腾飞的第二年，当年销售收入突破百亿元。

王珂

王珂怀着对国际贸易的憧憬，自学了两门外语，应聘进入和暖公司，成为一

---

* 本案例系第五届伟创力商业伦理案例写作比赛获奖作品，由清华大学经济管理学院工商管理硕士王颖璇撰写，仅供课堂讨论。其中的企业及人物均已经过掩饰处理。作者无意说明相关组织经营成败及其管理措施的对错。

名欧洲区销售跟单员。因为自己并非国际贸易专业出身，王珂比其他人都努力，勤勤恳恳学习，经常向本部门以及生产部、品质部的同事请教贸易条款、产品生产及产品质量问题。得益于良好的外语基础、丰富的产品知识和踏实肯干的精神，王珂很快就在同期进公司的员工中崭露头角，并得到总监李涛的赏识。踏着和暖公司高速发展的节奏，王珂也在不到两年的时间内，与公司一同成长，从跟单员升任销售代表、销售经理，薪资也比入职初期翻了两番。这让王珂对和暖公司有着别样亲切的情感，工作上从不懈怠，一丝不苟。

然而，近几年的行情火爆，却让王珂觉得既喜又忧。一方面是不愁销路：欧洲高额光伏补贴政策使建设光伏电站成为年收益率超过 15% 的投资项目，从而受到投资客的追捧，欧洲市场光伏电站装机量几乎是逐年翻倍增长。除了稳定的老客户订单，每年参加行业展会，多半也会与认识的新客户签下订单，销售业绩斐然。另一方面是对按时供货的忧虑：工厂的产能有限，生产部门已经应接不暇，全生产线 24 小时不间断开足马力，仍然无法满足所有订单，延迟交货的事情屡有发生。尽管和暖公司已经在加快扩建生产线和厂房的步伐，但厂房的建设、设备的调试、工人的培训，无一不需要时间，远水救不了近火，能否按时给自己的客户发货成了王珂每天上班需要跟进的头等大事。然而，更让王珂头疼不已的是，生产部门的超负荷运转，追求了数量，难免忽略质量：组件的表面有划痕、玻璃清洗不干净、边框打胶不均匀等小问题不断……王珂多次在生产会议上反馈，竟一度惹怒生产部长："被订单压得喘不过气，还要求那么高，能交货就不错了！"

放眼整个行业的厂家，并非和暖公司一家如此，家家都有类似的情形，产能不足却没人愿意放弃可以争取到的订单，甚至有的公司出现了单单拖延的不良循环：只要一柜子的组件生产出来，销售部门内部先上演"抢夺大战"——到底先发给谁的客户。轻微的品质问题在业内更是数不胜数，客户即便不满，也往往不敢明说，为了能抢到货赶项目工期，不是太过分的问题也就不再追究。于是，王珂经常扎进工厂，紧盯生产，尽量避免自己客户的订单出现纰漏，时不时与生产部门为了交货期限和质量问题发生冲突。客户对王珂好评不断，生产部门却对她的较真颇有微词。幸亏一直有总监李涛从中协调。李涛觉得王珂是个可靠的人，将重要的大客户都交给王珂负责。

令人纠结的新订单

在 11 月的环球光伏展会上，王珂新结识了 S 国客户凯拓公司。凯拓公司早已听闻晶盛公司在业界的规模，属于"找上门"的客户。因为之前的供应商屡次三番借故延迟交货，影响工程进度，凯拓公司气愤之余，决定另寻合作伙伴，于是找到了和暖公司。王珂没花费多大功夫就和凯拓公司谈妥了一笔 1.5 兆瓦多晶 245 组件的初步合作意向。凯拓公司着急要货，要求次年 1 月底之前货物到港，愿意出价每瓦 2.9 欧元，几乎是市场价格的 1.1 ~ 1.2 倍，并且可以 100% 全额预付，还许诺如果这次合作顺利，以后将与和暖公司建立长期合作关系。

对于凯拓公司这个天上掉下来的"林妹妹"，王珂不敢掉以轻心，在行业内多方打听，证实该公司确实是 S 国从业 1 年有余的电站开发商，并且去年的装机量业绩不俗，足有 18 兆瓦，是 S 国开发商中的后起之秀，也的确有一个 1.5 兆瓦电站预计在来年 2 月开工。刨去 28 天的货运船期，也就意味着，王珂如果要接下这个订单，最晚要在 12 月底发货。

时间紧迫，王珂赶紧在 11 月末的销售生产会议上汇报了该客户的需求。可是生产部部长却给王珂泼了一盆冷水："我们现在生产线是什么状况，工人一小时都恨不得赶出两小时的工，产能爆满！更何况原材料也是按排产计划订购的，12 月份是无论如何也无法生产出这批货，最快也得 1 月底才可能排得上。"

然而，销售总监李涛却对这笔能够帮助季末报表增色的订单极为重视，尤其在了解了凯拓公司的背景之后。他指示王珂："无论如何要拿下这家客户，不光是这一单，更要争取到这家客户每年 18 兆瓦的装机量。这可是每年约 5 000 万欧元的销售额，必须高度重视！"至于发货的问题，李涛要求生产部门全力配合王珂，并允许王珂在现有客户的发货计划中进行协调。

王珂暗自苦笑，"协调"谈何容易。回到办公室，王珂迅速把手头所有执行中的合同重新浏览了一遍，只有克莱尼公司的合同中没有对延迟交货的条款进行明确的赔偿约束。这是因为克莱尼公司是合作了多年的老客户，和暖公司在应对上从来都不敢大意。这两年王珂接手克莱尼公司的业务也是倾尽全力满足对方的需求，合作一直非常愉快。如果把克莱尼公司的订货改发给凯拓公司，要怎么跟克莱尼公司交代？况且克莱尼公司也是严格按照工程进度与和暖公司协定发货计划的，如果耽误一个月……王珂有点不敢想象会给克莱尼公司带来多大的损失。更让王珂忧虑的是，万一因此破坏了克莱尼公司与和暖公司的长期合作关系，以克莱尼公司签署到后年的订货量来看，这损失可不是一两家凯拓公司能弥补的。

王珂有些纠结，明知已经超出公司产能的订单，就不应该再接单，毕竟要确保已经签署的合同能够正常执行。可如果从个人利益角度考虑，且不论自己的提成奖金是按订单总金额计算的，争取到凯拓公司订单对自己明年晋升高级经理势必锦上添花，而且王珂也大约能猜到李涛的想法，对比价格，凯拓公司每瓦 2.9 欧元的价格比克莱尼公司每瓦 2.4 欧元的价格能多为公司带来 75 万欧元的利润，而且是即时回款。这对于正处于产能扩张中，急需现金流的和暖公司来说，无疑是雪中送炭，算是又给公司立了一功。凯拓公司的订单，也不是那么容易放弃的

......

　　王珂找到销售部里经验最丰富的前辈邹波,请教如何处理。邹波听过原委后,给出建议,不妨对克莱尼公司撒个谎,称 12 月的出货有批次出现质量问题,为了替克莱尼公司严守质量关,重新生产,1 月补发货,只要合同上没有明确延迟发货的赔偿,一切都可以商量。先把为克莱尼公司生产的货腾出来发给新客户凯拓公司,别白白丢失了一个送上门的优质客户。更何况,为什么凯拓公司会找上门? 邹波猜测,凯拓公司恐怕也是遭遇了订货被临时转售的情形,这才愿意出高价。现在这个市场行情,能买到货就不错了,迟点交货是常有的,临时高价转售也是行业里大伙心照不宣的事情,谁不想多挣点钱? 邹波宽慰王珂,偶尔一次为之也不为过。

　　前辈的支招的确"高明",但王珂还是觉得有些不妥。接下来的一周,王珂首先联系凯拓公司,询问能否把交货期推迟一个月,但对方很快回复:时间绝对不能推迟,错过了 2 月的开工时间,会拿不到国家补贴,如果不行就只能考虑其他厂家。无奈之下,王珂再次找到生产部长,沟通有无其他可能。部长把厚厚一沓计划表撂在王珂面前:"不是不帮你,计划表在这儿,你自己看看有没有协调的可能。"

　　看着密密麻麻的排产计划表,听着车间传来的隆隆机器声,巧妇难为无米之炊的焦灼感涌上王珂心头……

B

王珂的决断和努力

　　从总监办公室回来后,王珂痛苦地做了一番挣扎:接受新订单,对不起老客户;拒绝新订单,对不起总监。到底是遵从内心的原则,还是服从眼前的利益? 不顾及总监的指示,坚持自己的原则,以后自己还能不能在公司继续干下去了? 万一谎言被揭穿,惹怒了老客户克莱尼,丢了长期订单,又怎么向公司交代? 可所有的努力都尝试过,实在是没有两全其美的办法……

　　尽管并不情愿,王珂最终还是决定按照总监的指示和邹波的建议处理,开始起草给克莱尼公司的致歉信,以及给凯拓公司的确认订单邮件。为了使谎言显得不那么单薄,王珂还特地找到品质部,要了几张存在电池片隐裂问题的组件照片作为附件,并告知克莱尼公司,在包装前终检的测试环节,发现大批电池片隐裂问题,为了确保克莱尼公司的组件品质,提议重新为克莱尼公司生产,等待克莱尼公司的确认。

对于克莱尼公司，王珂还是希望尽量减少其损失。如果能尽快发一小部分，也能不完全耽误克莱尼公司的工程进度……想到这儿，王珂立刻找到生产部，协商是否能分批补交克莱尼公司的 1.5 兆瓦组件，每周发一次货，生产出来多少发多少，至少比让克莱尼公司足足等上一个月要好很多。最终，在生产部长支持下，确认了 0.4 兆瓦、0.4 兆瓦、0.4 兆瓦、0.3 兆瓦的组件分批发货计划。

在收到克莱尼公司大为光火的质疑邮件后，王珂及时回复了分批发货计划，并再三诚恳地表示，这已经是和暖公司能做到的最好的弥补方案。几番邮件和电话下来，克莱尼公司不得不接受了王珂的方案，毕竟此时的市场供不应求，况且与和暖公司签订的长单价格低于市场价格，同样的价格想去市场调货是不可能的。于是，克莱尼公司没有再深究，合作依然继续，只是自此克莱尼公司多了几分谨慎，立即与和暖公司增补了关于延迟发货的合同条款，并且每个月月初会再度确认发货计划，不像之前那么信任王珂了。

凯拓公司顺利地成为和暖公司的新客户，建立了长期合作关系。总监李涛对王珂的解决结果也很是满意，评价说，王珂虽然经验不足，但业务能力和执行能力还是不错的，并在年末给予了王珂嘉奖，次年擢升她为高级销售经理。

王珂的回顾

王珂觉得自己这次很是侥幸，受"卖方市场"大环境的限制，克莱尼公司并没有对延迟发货的事深究下去，而是妥协退让。自入职以来，王珂一直秉承"信赖、真诚、可靠"的公司文化，也正因为她踏实可靠地为客户服务，得到客户与总监的一致好评，才被委以重任，掌管几家长单大客户。可是真到了利益攸关的时刻，好像又不完全是那么回事了。或许总监早就料到基于当时的市场环境，克莱尼公司不会也不敢与和暖公司决裂，又或许克莱尼公司的确相信了王珂的说辞，无论如何，王珂总觉得内心有几分说不清道不明的愧疚。可是如果当时不遵从总监的授意，而是坚持不与凯拓公司签约，自己还能顺利升职吗？恐怕早已经被总监视为"无能"。王珂真心希望，不要再发生这种让她纠结的事情了。

评析：

由于市场需求强劲，订单不断涌来，光伏组件生产企业和暖公司呈现一派繁荣景象。销售经理王珂却很发愁：公司的生产能力已接近饱和，此时却有新的大客户自己找上门来。这份订单价格诱人，但要求的时限非常紧。面对唾手可得的新订单，签还是不签？签下了订单，无法及时履约交货，产品质量也会因工厂赶工而良莠不齐，怎么办？拖延？向对方如实说明？可合同中有严格的违约条款，公司要为此承担巨额违约金。赶工？那其他订单怎么办？王珂注意到合作多年的老客户克莱尼公司的合同中没有延迟交货的赔偿条款。公司里的前辈也建议她说个小谎，告诉对方产品质量有些问题，需要返工，会迟延交货，而后每个星期再像挤牙膏一般分批交付。就这样，让新客户的订单插了队。

乙：这有什么可纠结的！既然新客户订单带来的收益大于已有的老客户的订单带来的收益，既然向新客户迟延交付货物造成的损失（按合同条款违约赔偿金）大于迟延给老客户迟延交付货物造成的损失（合同中未约定迟延交货的违约责任），那么按照"两利相较取其重、两害相权取其轻"的老理儿，该怎么做，不是明摆着的嘛！

甲：问题是，对新、老客户的订单所带来收益的大小是否可以作为履约先后排序的依据？在履约问题上，要不要讲个先来后到？

乙：喜新厌旧，是有点儿不仗义……

甲：客户对于公司的价值是否仅仅依据一笔订单带来的收益金额就可以确定？要不要看客户的历史贡献，要不要看长远合作趋势？

乙：嗯……

甲：老客户的订货合同确实签得比较粗糙，上面没有明确约定逾期交货的赔偿责任。在商务交往中，合同在双方当事人之间就相当于法律。既然"法律"（合同）没有禁止逾期交货（没有明确约定逾期交货的赔偿责任），那么是否意味着供货方故意逾期交货就是对的？合同上的这种简省难道不应被看作双方长期合作关系而形成的某种信任？

乙：确实有信任在里头。

甲：在商业社会，信任值多少钱？长期合作者的信任只值新客户订单带来的溢价部分？如果主人公此举惹恼了老客户，因此使公司卷入诉讼纠纷，又该如何看？抑或这次涉险过关，但因此却失去了该客户，又该怎样核算公司的损益？

乙：还真不好说……

甲：可以推知，在销售经理心里，个人的（短期）利益诉求明显优先于公司的（长期）利益。

乙：这也不能责怪销售经理。难道不是公司业绩考核要求的自然结果吗？跟这种刚性的量化指标相比，墙上那些口号，什么"信赖、真诚、可靠"，都太假啦！

甲：从这个角度看，要让公司企业文化落地，要让公司倡导的价值观真正"内化于心，外化于行"，还有许多切实的工作要做。比如，在制度层面，如何避免销售人员单纯为了个人业绩而不计后果地签下订单？本案例中，销售经理尚且需要顾及所签订单的履行情况，但如果将缔约和履约完全分离，合同签订后完全交由其他部门负责，再与销售部门无关，想必问题会更加突出。是否应当以及如何让生产部门、质检部门也参与合同缔结环节，以避免"前恭后倨"的结果出现，都应是公司管理层预先做好的顶层设计的一部分。

乙：有道理！

甲：再来说销售人员。诚然，身在职场，难免要在商言商，不可能将几方"底牌"和盘托出，亦即无法做到"知无不言，言无不尽"，但"在商言商"是否就意味着不讲实话、意味着故意编故事说谎话？除了选择签下新客户之外，是否还有其他选择，比如如实告知对方自己公司目前的生产窘状，获得谅解，也避免陷入自己构建的两难局面？如果开诚布公注定会失去这笔订单，但可能为公司赢得一个将来的客户，之前的主动披露、主动放弃是否值得？

乙：也是。如今倒好，新客户的供货是得到保证了，但老客户也学"聪明"了，把合同中的漏洞补上了！

甲：如果还有下一次，那些贸然签下订单的销售经理们还能故伎重演，"两害相权取其轻"，用这次的说辞去搪塞老客户吗？

乙：怕是难了。

甲：更要紧的，要不要想一想，世界上有没有什么比拿下订单更重要的东西？